NUTRICION EFECTIVA = **C O M I D A VEGETARIANA**

NUTRICION EFECTIVA = COMIDA VEGETARIANA

Margarita Chávez Martínez

Lic. en Nutrición

EDITORIAL DIANA

MEXICO

1a. Edición, Agosto de 1993
4a. Impresión, Junio de 1995

ISBN 968-13-2507-9

Dedico esta obra a mi MAESTRE, el Gran Gurú Dr. José Manuel Estrada, guía e inspiración de mi vida.

A mis Padres, Pedro y Margarita quienes supieron darme las bases de la vida.

A Emmanuel y Jhazmín, mis hijos, que me han permitido realizarme como madre.

A todos aquellos que buscan en el vegetarianismo una mejor forma de vida.

Por último, de una manera muy especial a Shaya

AGRADECIMIENTOS

Mi especial agradecimiento a:

La GRAN FRATERNIDAD UNIVERSAL
Dr. Serge Raynaud de la Ferriere,
La Universidad Autónoma
Metropolitana. U. Xochimilco

SHAYA

Mis hijos:
EMMANUEL
Y
JHAZMÍN

    a

G.P. Carlota C. de Estrada
Mónica Lara
Amada Fonseca
Dra. Mary Soto
Carmelita Arana
Lic. Miguel Basurto
Lic. Martha Coronado
Arq. Rolando Espinoza
Martha Reyes

    a

Luis Felipe Castrejón
Gilberto Zúñiga

Raymundo Basurto

Por sus valiosas enseñanzas.

Por su apoyo, comprensión y paciencia.

Sin cuya valiosa ayuda no hubiera sido
posible la realización de este trabajo.

Por su trabajo eficiente y artístico.

Por su entusiasmo en la edición del libro.

Y a todas aquellas personas que de una u otra forma
colaboraron en la realización de esta obra.

CONTENIDO

15

omo el título de este libro lo indica, las recetas aquí contenidas son exclusivamente *vegetarianas, esto es que sus ingredientes no incluyen ningún tipo de carne animal: pescado, marisco, etc.*

Los títulos de muchas recetas que se refieren a carne obedecen a que son preparadas en forma tal que el resultado es un platillo casi idéntico a algunos que se preparan con carne animal, pero sin emplear esta última.

El hecho de que se trate en muchas de las preparaciones de imitar los platillos de carne animal, es el de ayudar a las personas que tienen interés en cambiar de la alimentación carnívora a la alimentación vegetariana para que de una manera más fácil puedan adaptarse a este sistema de vida que les aportará, sin duda, grandes beneficios.

Dentro de la alimentación vegetariana existen diversos sistemas:

* ☆ El OVOLACTOVEGETARIANO, que como su nombre lo indica incluye en su alimentación productos animales como la leche, queso, yogurt, mantequilla y huevos, además de todos los productos vegetales.

* ☆ El VEGETARIANO, que consume toda la gama de productos vegetales exclusivamente, excluyendo cualquier producto de origen animal, y

* ☆ El NATURISTA, cuya alimentación es exclusivamente a base de alimentos de origen vegetal. Consume, a diferencia del vegetariano, la mayoría de los alimentos en su forma natural, es decir, crudos, germinados, etc.

Estos dos últimos sistemas (el vegetariano y el naturista) se emplean de manera especial en los tratamientos naturales para diversos problemas de salud, por supuesto siguiendo una dieta adecuada para cada caso.

Este libro está especialmente enfocado para una alimentación OVOLACTOVEGE-TARIANA, sin excluir por esto que un vegetariano o un naturista puedan encontrar aquí recetas y consejos adecuados para su sistema de alimentación.

Cabe aclarar que el vegetariano y el naturista (dentro de los términos antes expuestos), requieren de una adecuada adaptación de su dieta para evitar desequilibrios en la nutrición.

Como un sistema de vida, que ha venido a revolucionar nuestros hábitos y nuestro pensamiento, el vegetarianismo se presenta en el mundo actual como una respuesta con diversos enfoques. Para unos es una moda, para otros una cuestión de salud, ética, estética, económica o filosófica o quizá todas a la vez. No es objeto de este libro el exponer argumentos en favor o en contra de la alimentación carnívora, ni el tratar de convencer al lector de que más le conviene ser vegetariano. Existen ya en el mercado numerosas obras certeramente dedicadas a este tema.

Mi propósito al escribir este libro es el de presentar, a todos aquellos que ya sea por razones éticas, de salud, económicas, etc., han decidido incursionar en el campo de la alimentación vegetariana. Y como todo cambio implica adaptación, aprendizaje, etc., he tratado (y será mi mayor satisfacción si lo logro) de brindarles a través de estas páginas mi experiencia y conocimientos en el campo de la cocina y nutrición vegetariana.

Me he esforzado en presentarlo de una manera accesible para cualquier persona y mi interés y atención se dirigen de una manera especial a las amas de casa, que tienen el mundo del futuro en sus manos, que son las encargadas y las responsables de formar hijos sanos, de cuerpo y de espíritu. "Mente Sana en Cuerpo Sano".

Para esas madres principalmente, que saben que en el vegetarianismo pueden encontrar salud y nutrición para los suyos, va dirigido este libro.

Hago hincapié en el aspecto de las proteínas, que es el punto que más preocupa a quienes anhelan cambiar a este sistema de vida, para que de una manera sencilla vayamos analizando a través del libro cómo el reino vegetal nos ofrece no sólo un medio eficaz en cuanto a nutrición se refiere, sino un mundo de mejores posibilidades para nuestra acosada economía, para la solución del hambre de los pueblos y para una vida más sana y por lo tanto más feliz.

Y aunque, como lo dije al principio, no es mi propósito el convencerles de la necesidad o las ventajas del vegetarianismo, no puedo dejar de mencionar algunos puntos al respecto.

Hace ya algunos años que la OMS (Organización Mundial de la Salud), así como otros organismos y algunos investigadores del ramo de la salud y la nutrición comenzaron a llamar fuertemente la atención para hacer notar que las toxinas que se ingieren en los alimentos constituyen un grave peligro.

Por una parte está la enorme cantidad de saborizantes, colorantes y productos químicos en general, que se ingieren en casi todos los alimentos procesados y que son tan nocivos para la salud.

Pero —y esto es de llamar la atención—, la carne se ha revelado como un alimento sumamente nocivo, tanto desde el punto de vista dietético como ecológico.

En el aspecto dietético podemos citar la grasa de la carne (la más magra contiene alrededor de un 30%), que según se ha comprobado experimentalmente, provoca la aparición de "prolactin" en la sangre de quien la ingiere, siendo ésta una hormona que estimula la producción de tumores, como está confirmado por las estadísticas, ya que en los países con elevado consumo de carne (Inglaterra, Australia, Estados Unidos, Canadá) se observa un número alarmante de tumores en los senos e intestinos, mientras que en los países de escaso consumo cárnico se registra un porcentaje mínimo de dichos tumores (1).* Sin contar además con la acumulación de colesterol, ácido úrico y otras sustancias nocivas para el organismo. Debemos tomar en cuenta, además, que la obesidad, que produce cuatro veces más muertes que el cáncer, es una enfermedad prácticamente desconocida para los vegetarianos.

Si analizamos ahora desde el punto de vista ecológico que hay una serie de sustancias tóxicas debidas a la contaminación ambiental (metales pesados, insecticidas, etc.) muchas de las cuales el organismo no es capaz de eliminar, sino por el contrario día a día las ingerimos en mayor cantidad en el aire cargado de plomo y otras sustancias nocivas, al igual que en los alimentos que han sido tratados con productos químicos.

Esto se agrava en los casos de los animales que se encuentran al final de largas cadenas alimenticias, es decir, cuando un individuo pequeño es comido por otro más grande y éste a su vez por otro mayor, etc., acumulándose en el último los productos químicos que cada uno de ellos ingirió en su alimentación, llegando a ser este acumulamiento de sustancias nocivas tan grande que puede causar la muerte al hombre, por ser el último en la cadena alimenticia.

Un claro ejemplo de este problema lo constituyen los grandes peces oceánicos como el atún, el pez espada, etc., que pueden llegar a contener hasta más de 0.5 mg. de mercurio metílico biológicamente activo por kilo de peso.

Si recordamos que sólo 70 miligramos de mercurio son suficientes para causar la muerte de un ser humano, nos daremos cuenta de la trascendencia de la situación.

Podemos hacer una analogía y referirnos igualmente al ganado que se encuentra también al final de una larga cadena alimenticia, convirtiéndose así en un condensador de contaminación.

Deducimos por tanto que el porcentaje de contaminantes que en última instancia ingerimos nosotros al comer carne, es muy superior al porcentaje que ingerimos cuando consumimos los primeros productos de las cadenas alimenticias, esto es, los vegetales.

Desde el punto de vista socioeconómico la carne está lejos de ser la solución para el problema del hambre en el mundo ya que, como decíamos, por estar el animal al final de la cadena alimenticia necesita ingerir una gran cantidad de productos vegetales para poder formar su cuerpo. Así vemos que para producir un kilo de carne, una vaca necesita comer de 15 a 16 kilos de granos y forraje convirtiendo los 14 o 15 kilos restantes en pelo, piel, estiércol o energía. Igualmente para producir un kilo de carne de pollo, el ave necesita ingerir 3 kilos de alimento. Mientras que el cerdo produce un kilo de carne cuando ingiere 6 kilos de comida.

---

* Los números entre paréntesis remiten a la Bibliografía que se encuentra al final del libro.

¡Qué desperdicio, y qué ofensa para un mundo hambriento! Según la FAO mueren de hambre 40 millones de seres humanos al año, mientras nosotros nos damos el lujo de "engordar" ganado a tan alto costo. Según los estudios de la Dra. en Nutrición Frances Moore Lappé, cada vez que usted come un bistec de 200 grs. entre 45 o 50 personas podrían comerse una taza llena de cereales cocidos, si esos cereales no se hubieran utilizado para obtener su bistec de 200 grs. La misma doctora Moore afirma que tan sólo "el ganado estadounidense ingiere cada año una cantidad de proteínas seis veces mayor que la que sería necesaria para alimentar a toda la humanidad" (1). Así pues, la alimentación vegetariana nos ofrece diversas y muy valiosas ventajas:

1) La posibilidad de nutrirnos *sin* intoxicarnos, ya que evitamos el colesterol, ácido úrico, una gran variedad de sustancias tóxicas que contiene la carne en sí, además de las sustancias contaminantes del medio ambiente.

2) La posibilidad de alimentarnos a mucho menor costo no sólo a nivel personal, sino a nivel de nuestro hambriento planeta.

3) La posibilidad de una relación menos cruel y más armónica con la naturaleza, pues nadie puede negar que la matanza de tantos miles de animales es despiadada, y por lo tanto, la alimentación a base de carne animal, es una alimentación cruenta, producto de la violencia humana.

Para concluir este capítulo y para hacernos reflexionar más sobre lo antes expuesto, citamos un escrito de Rousseau.

"Pregúntaseme, decía Plutarco, por qué se abstenía Pitágoras de comer carne de las alimañas; pero pregúntote yo qué ánimo de hombre tuvo el primero que acercó su boca a una carne manida, que con el diente quebrantó los huesos de un bruto expirado, que hizo que le sirvieran plato de cuerpos muertos, de cadáveres, y que tragó en su vientre miembros que un instante atrás mugían, balaban, andaban y veían. ¿Cómo pudo su diestra ahondar un hierro en el corazón de un ser sensible? ¿Cómo pudieron sus ojos soportar una muerte? ¿Cómo pudo ver sangrar, desollar, desmembrar un pobre animal indefenso? ¿Cómo pudo contemplar el jadear de las carnes? ¿Cómo no le hizo aquel olor levantar el estómago? ¿Cómo no sintió repugnancia y asco? ¿Cómo no le embargó horror, cuando vino a manejar la podre de las heridas y a limpiar la negra y cuajada sangre que las cubría?

"Por tierra arrastran pieles desolladas;
mugen al fuego carnes espetadas,
devorólas el hombre estremecido,
y oyó dentro del vientre su gemido.

"Esto fue lo que de imaginar y de sentir hubo la primera vez que venció la Naturaleza para celebrar este horrible banquete, la vez primera que tuvo hambre de una alimaña viva, que quiso comer un animal que todavía pacía y que dijo cómo había de degollar, de despedazar, de cocer la oveja que le lamía las manos. De los que empezaron estos crueles banquetes, y no de los que los dejan, hay por qué pasmarse; aunque aquellos primeros pudieran justificar su inhumanidad con disculpas que a la nuestra faltan, y que faltándonos, cien veces más inhumanos que ellos nos hacen.

"Empero a vosotros, hombres crueles, ¿quién os fuerza a derramar sangre? Ved la afluencia de bienes que os cerca, cuántos frutos os produce la tierra, cuántas riquezas os dan los campos y las viñas, qué de animales os brindan su leche para alimentaros y con su vellocino para abrigaros. ¿Qué más les pedís? ¿Qué furia os incita a cometer tantas muertes, hartos de bienes y manando en víveres? ¿Por qué mentís contra nuestra madre, acusándola de que no puede alimentaros? ¿Por qué pecáis contra Ceres, inventora de las sacras leyes y contra el gracioso Baco, consolador de los mortales, como si sus pródigos dones no bastasen para la conservación del linaje humano? ¿Cómo tenéis ánimo para mezclar en vuestras mesas huesos con sus suaves frutos, y para comer con la leche la sangre de los animales que os la dieron?

"Las panteras y los leones, que llamáis vosotros fieras, siguen por fuerza su instinto, y por vivir matan a los otros brutos. Empero vosotros, cien veces más que ellos fieros a vuestras crueles delicias. No son los animales que coméis los que a los demás se comen: no los coméis esos animales carniceros, que los imitáis; sólo de inocentes y mansos brutos tenéis hambre, de los que no hacen mal a nadie, de los que con vosotros se amistan, de los que os sirven, y devoráis en pago de sus servicios.

"Oh matador contra la naturaleza. Si te empeñas en sustentar que te crió ésta para devorar a tus semejantes, a seres de carne y hueso, que como tú sienten y viven, ahoga el horror que a tan espantosos banquetes te inspira; mata tú mismo a los animales, digo con tus manos mismas, sin hierro ni cuchillo; destrózalos con tus uñas, como hacen los leones y los osos, muerde ese toro, hazle pedazos, ahonda en su piel tus garras, cómete a ese cordero vivo, devora sus carnes humeantes y bébete con su alma su sangre... ¡Te estremeces! ¡No te atreves a sentir que entre tus dientes palpita una carne viva! Hombre compasivo, que empiezas matando el animal y luego te lo comes, para hacer que dos veces muera. No basta con eso; todavía te repugna la carne muerta, no la pueden llevar tus entrañas; fuerza es transformarla al fuego, cocerla, asarla, sazonarla con drogas que la disfracen; necesitas de pasteleros, de cocineros, de hombres que te quiten el horror de la muerte, y te atavíen cuerpos muertos, para que, engañado el sentido del gusto con estos disfraces, no deseche lo que le horroriza, y paladee con deleite cadáveres cuyo aspecto ni aun los ojos hubieran podido sufrir." (2).

NUTRICIÓN

NUTRIMENTOS INDISPENSABLES

Para su correcto mantenimiento, funcionamiento y desarrollo, nuestro organismo requiere de una serie de nutrimentos que debemos obtener a través de la alimentación, aunque hay algunas excepciones como el oxígeno que respiramos o la vitamina D que en su mayor parte se forma con la acción de los rayos solares sobre nuestra piel.

Estos nutrimentos indispensables se dividen en:

1) Proteínas
2) Lípidos (Grasas)
3) Hidratos de Carbono
4) Vitaminas y
5) Minerales

En los alimentos encontramos todos estos nutrimentos combinados, mas aquí los separaremos para su análisis. Consulte la Tabla del Valor Nutritivo de los Alimentos —en relación al contenido de nutrimentos del alimento deseado (Anexo I).

Cada alimento que ingerimos contiene varios o todos los 5 nutrimentos mencionados aunque, por supuesto, en diferente proporción y esto es lo que desde el punto de vista de la nutrición nos lleva a preferir algunos alimentos sobre otros, o a seleccionar aquellos que contienen los nutrimentos que para nuestro caso particular necesitamos.

Decimos que en nuestro caso particular, porque no existe un patrón rígido al respecto.

Las necesidades nutricionales de cada individuo varían según su raza, edad, sexo, estatura, actividad a la que se dedique y al clima.

Sin embargo, existen patrones de referencia al respecto, que nos sirven de base para conocer nuestros requerimientos y los de nuestra familia en una forma general.

Incluimos el cuadro de Recomendaciones para el Consumo de Nutrimentos elaborado por el Instituto Nacional de la Nutrición, que está adaptado a la alimentación en nuestro país (vea Anexo II); nos será de gran utilidad consultarlo como referencia para comprender mejor el propósito de nuestro libro: una nutrición efectiva.

LAS VITAMINAS

Nuestro análisis de los nutrimentos comenzará por las vitaminas, sustancias orgánicas cuya presencia en el organismo es indispensable para la vida. Aunque desde la antigüedad se aceptaba como un hecho que la dieta se hallaba íntimamente relacionada con la salud o la enfermedad y que existían algunos alimentos específicos para corregir algunos problemas de salud.

Sin embargo, no se conocían las vitaminas en sí, ni su función en el organismo. Su descubrimiento es muy reciente, ya que apenas en 1912 cuando el científico inglés F. G. Hopkins demostró experimentalmente que se requerían algunos factores que él denominó "accesorios", además de los hidratos de carbono, proteínas y lípidos, para la supervivencia animal.

Las vitaminas deben su nombre a Casimir Funk, químico polaco, quien también en 1912 obtuvo un concentrado de una amina (sustancia orgánica que contiene una molécula de nitrógeno y 3 moléculas de hidrógeno) a partir de la cascarilla del arroz, con la cual encontraron alivio sobre todo los marineros japoneses para quienes era común padecer beriberi, enfermedad que en la actualidad es bien sabido se debe a la carencia de Vitamina B1.

Como ellos estaban limitados a una dieta de arroz descascarillado, por consiguiente su alimentación carecía de Vitamina B1, ya que ésta se encuentra en la cascarilla de casi todos los cereales y por lo tanto la presencia de beriberi era algo muy común entre los marineros.

Así pues, al obtener estos resultados positivos Funk bautizó este concentrado con el nombre de VITAMINA que significa: amina esencial para la vida.

Aunque en la actualidad conocemos que la estructura molecular de algunas de las llamadas vitaminas no corresponde a una amina, se siguen clasificando todas bajo el mismo nombre.

Algo muy importante que debemos saber respecto a las vitaminas es que éstas se dividen en dos grupos:

a) Las vitaminas hidrosolubles (solubles en agua) y

b) Las vitaminas liposolubles (solubles en grasa)

Bioquímicamente hablando, las vitaminas se clasifican como coenzimas, es decir, sustancias que aceleran la velocidad de las reacciones químicas de nuestro organismo y aunque sus requerimientos son muy pequeños (consulte Anexo II) en comparación con los de otros nutrimentos como las proteínas e hidratos de carbono, su presencia en el organismo es vital.

Como su nombre lo indica, las vitaminas hidrosolubles son solubles en el medio acuoso y fácilmente eliminadas a través del sudor, la orina y las heces fecales; de ahí pues que su ingestión no requiere ningún cuidado en particular. Si acaso las ingerimos en exceso, las vitaminas sobrantes serán desechadas sin ningún problema. No sucede lo mismo con las vitaminas liposolubles ya que su etimología nos indica que son solubles en los lípidos, no se excretan fácilmente ya que los excedentes se acumulan en el tejido adiposo, ocasionando diversos trastornos (4), (5).

Las vitaminas hidrosolubles más importantes son:

Tiamina (Vitamina B1)

Es la sustancia antiberiberi y antineurítica. Esencial en el metabolismo. Indispensable para la salud del sistema nervioso. Auxiliar en la digestión y metabolismo de los hidratos de carbono.

FUENTES NATURALES:

Levadura de cerveza, pulido de arroz, germen de trigo, salvado de trigo, cereales integrales, nueces y semillas, frijol de soya, lácteos en general, betabeles, vegetales de hojas verdes.

REQUERIMIENTOS:

Consulte el Anexo II.

La cocción prolongada destruye esta vitamina.

Riboflavina (Vitamina B2)

Esencial para la salud en general y un crecimiento adecuado.

FUENTES NATURALES:

Leche, queso, cereales integrales, levadura de cerveza, germen de trigo, semillas de girasol, almendras.

REQUERIMIENTOS:

Consulte el Anexo II.

Ácido Nicotínico (Niacina o Vitamina B3)

Es el factor antipelagra. Importante para el saludable funcionamiento del sistema nervioso.

FUENTES NATURALES:

Levadura de cerveza, pulido de arroz, germen de trigo, semilla de girasol, nueces, cereales integrales, vegetales verdes.

REQUERIMIENTOS:

Consulte el Anexo II.

Ácido Pantoténico (Vitamina B5)

Implicada en muchos de los funcionamientos vitales del organismo.

Importante como factor antistress.

Estimula las glándulas adrenales (suprarenales) y aumenta la producción de cortisona y otras hormonas adrenales.

FUENTES NATURALES:

Levadura de cerveza, germen de trigo, jalea real, cereales integrales, frijol, cacahuate, yema de huevo.

REQUERIMIENTOS:

No establecidos, aunque se estiman entre 30 a 50 mg diarios.

Piridoxina (Vitamina B6)

Auxiliar en la asimilación de los alimentos y en el metabolismo de grasas y proteínas.

Esencial para la síntesis y actividad de DNA y RNA. (Material genético de la célula.)

Importante para la salud del sistema nervioso.

Esta vitamina regula el balance entre el sodio y el potasio en el organismo, función de vital importancia. Además es indispensable para la absorción de la vitamina B12 y para producción del ácido hidroclorhídrico.

FUENTES NATURALES:

Levadura de cerveza, aguacate, frijol de soya, nueces, plátanos, germen de trigo, leche, yema de huevo, col, melaza, vegetales de hoja verde, pimientos, cacahuates, zanahorias.

REQUERIMIENTOS:

2 mg. para adultos, 0.2 mg. para niños y 2.5 mg. para embarazadas y lactantes.

La cocción destruye la vitamina B6.

Biotina

Necesaria en el metabolismo de las grasas y las proteínas.

FUENTES NATURALES:

Levadura de cerveza, arroz integral, frijol de soya. Si nuestra flora intestinal es sana y abundante es capaz de sintetizar esta vitamina.

REQUERIMIENTOS:

150 a 300 mg. diarios.

Ácido Fólico (Vitamina B9)

Actúa en unión con la Vitamina B12 y es esencial para la producción de glóbulos rojos. Importante en división celular y la producción de DNA y RNA (material genético).

Auxiliar en el metabolismo de las proteínas.

FUENTES NATURALES:

Vegetales de hoja verde, levadura de cerveza, germen de trigo, nueces, brócoli, espárrago.

REQUERIMIENTOS:

0.4 mg. al día.

Cianocobalamina (Vitamina B12)

Esencial para la regeneración y producción de glóbulos rojos. Auxiliar por tanto en casos de anemia. Importante para el buen desarrollo de los niños y en muchas funciones metabólicas.

FUENTES NATURALES:

Leche, quesos añejos o roquefort, levadura de cerveza, semilla de girasol, algas marinas, cacahuates, plátanos, germen de trigo crudo.

REQUERIMIENTOS:

1 a 5 mg. al día.

Colina

Es otro de los miembros del Complejo B. Es esencial para el metabolismo de las grasas. Ayuda a reducir los depósitos excesivos de grasa y colesterol en el hígado y arterias.

FUENTES NATURALES:

Lecitina de soya, levadura de cerveza, yema de huevo, germen de trigo, legumbres y verduras de hojas verdes.

REQUERIMIENTOS:

No establecidos.

El Complejo B es un grupo de vitaminas que bioquímicamente dependen unas de otras y para que cumplan plenamente sus objetivos nutricionales se les debe ingerir juntas.

Vitamina C o Ácido Ascórbico

Es el factor antiescorbútico. Necesario para una correcta función fisiológica. Auxiliar específico en desórdenes gastrointestinales y como antibiótico natural. Importante en los resfriados comunes.

Esencial en el correcto funcionamiento de la glándula tiroides y las glándulas adrenales.

Es un importante antioxidante.

FUENTES NATURALES:

Todas las frutas y vegetales frescos. De una manera muy especial los pétalos de rosa y los frutos cítricos, guayabas, fresas, jitomates, pimientos, hojas de nabo.

REQUERIMIENTOS:

Consulte el Anexo II.

Las vitaminas liposolubles se clasifican en:

Vitamina A (Retinol)

Su papel es vital en el ciclo visual. Ayuda a prevenir enfermedades de los ojos tales como ceguera nocturna, miopía, etc. De vital importancia para la nutrición de la piel, así como durante el embarazo y la lactancia. Su deficiencia provoca malformación de los huesos y del sistema nervioso, escaso crecimiento, resequedad y engrosamiento de la piel, degeneración de los riñones y de otras glándulas y esterilidad. Su carencia es más común en los niños, ya que en los adultos el hígado es capaz de almacenar suficiente Vitamina A para meses e incluso años.

Su exceso provoca huesos frágiles y de fácil fractura en los niños, así como un desarrollo anormal del feto, entre otros.

FUENTES NATURALES:

Hortalizas verdes y amarillas, especialmente zanahorias, melón, huevos, jitomate. Los chiles secos (guajillo, pasilla, etc.) son especialmente ricos en carotenos que son los precursores de esta vitamina.

REQUERIMIENTOS:

Consulte el Anexo II.

Vitamina D (Calciferol)

Se sintetiza con la acción de los rayos ultravioleta solares sobre la piel, auxiliar en la asimilación del calcio, fósforo y otros minerales.

Muy importante en la infancia y adolescencia para la correcta formación de huesos y dientes. Su ausencia produce raquitismo, caries dental, crecimiento retardado. Su exceso provoca, al igual que la Vitamina A la fragilidad ósea.

FUENTES NATURALES:

Yema de huevo, leche, mantequilla, germinados, champiñones, semillas de girasol.

REQUERIMIENTOS:

400 UI.

Vitamina E (Tocoferol)

Posee actividad antioxidante, es decir, impide la autooxidación de los ácidos grasos muy insaturados cuando se hallan expuestos al oxígeno molecular. En los estudios experimentales en animales se ha determinado como un factor importante para la fertilidad, de ahí su nombre, tocoferol, que viene del griego *tokos*: alumbramiento.

FUENTES NATURALES:

Aceite de germen de trigo, aceite de soya y los aceites vegetales en general cuando son prensados en frío. Germinados, nueces y cereales integrales. Vegetales de hojas verdes y huevos.

REQUERIMIENTOS:

De 8 a 10 mg. al día.

Vitamina K

La única función que se le reconoce está relacionada con la coagulación de la sangre. Si los niveles de Vitamina K son muy bajos, la sangre tardará más tiempo de lo normal en coagularse e incluso puede haber una gran pérdida de sangre.

Aunque la Vitamina K no interviene directamente en el prcceso de coagulación, su presencia estimula en el hígado la producción de 4 proteínas específicas que determinan la coagulabilidad de la sangre, entre las que se encuentra la protrombina, la que gracias a la presencia de la vitamina K, se convierte en trombina, proteína fibrosa e insoluble que forma una red en la pared dañada del vaso sanguíneo, en la que se coagulan los glóbulos rojos, para formar el coágulo.

FUENTES NATURALES:

Coliflor, coles de bruselas, brécol, lechugas, algas marinas, espirulina, alfalfa, aceite de soya, yema de huevo, espinacas, repollo, tomates, papas, leche de vaca.

REQUERIMIENTOS:

No establecidos.

CONSIDERACIÓN FINAL:

El reino vegetal es por excelencia la fuente que nos brinda adecuadamente las vitaminas que requerimos de una forma fácil, natural, apetitosa, saludable y por fortuna en nuestro país, económica y variada.

Las frutas, verduras y cereales son ricas en toda clase de vitaminas variando por supuesto la cantidad y el tipo de ellas según el fruto de que se trate. A este respecto consulte el Anexo I (6).

LOS MINERALES

Los minerales son los compuestos químicos cristalinos que resultan de los procesos inorgánicos de la naturaleza. Cuando en el transcurso del tiempo las rocas son reducidas a millones de fragmentos diminutos debido a la lluvia, el viento, etc., estos fragmentos dan origen al polvo y la tierra que son la base del suelo. Además de estos diminutos cristales de sales minerales, el suelo es fértil en microbios que inician la transformación de estos minerales, a "orgánicos"; proceso que continúa al ser absorbidos por la planta y que culmina cuando son utilizados para la nutrición humana.

Los minerales se clasifican de la siguiente manera: metales, metaloides, iones positivos, iones negativos, bases y ácidos.

Son indispensables para la nutrición de las células y la constitución del sistema óseo; entran en la composición química de todos los tejidos, participan en el metabolismo y en la digestión y asimilación de los alimentos. La importancia de los minerales al igual que las vitaminas es vital.

Lo mejor es obtenerlos de sus fuentes naturales. Los encontramos en abundancia en las verduras, frutas, cereales, leguminosas, etc., es decir, en todo el reino vegetal.

Los minerales más importantes son:

Calcio

Esencial para las funciones vitales del organismo. Necesario para la formación de huesos y dientes.

FUENTES NATURALES:

Tortillas, leche, queso, vegetales crudos especialmente los de hojas verdes oscuras, semillas de girasol, avena, almendras, nueces, ajonjolí.

REQUERIMIENTOS:

Consulte el Anexo II.

Fósforo

Su acción va unida a la del calcio y ambas deben encontrarse en balance adecuado para poder ser aprovechados por el organismo.

El fósforo se utiliza también para la construcción de huesos y dientes. Es también un factor importante en el metabolismo de los hidratos de carbono y en la conservación del equilibrio ácido-base en la sangre y tejidos.

FUENTES NATURALES:

Cereales integrales, productos lácteos, leguminosas, nueces, semillas, yema de huevo, frutos secos, maíz, etc.

REQUERIMIENTOS:

Adultos 800 mg., niños o mujeres embarazadas o lactantes 1,000 a 1,400 mg. diarios.

Magnesio

Es un catalizador de muchas e importantes reacciones enzimáticas, especialmente en aquellas involucradas en la producción de energía.

Ayuda a la digestión y asimilación de las Vitaminas B y E, las grasas, el calcio y otros minerales.

También está involucrado en la producción de lecitina.

FUENTES NATURALES:

Nueces, frijol de soya, vegetales de hojas verdes, higos, duraznos, limones, almendras, manzana, cereales integrales, semillas de girasol y ajonjolí.

REQUERIMIENTOS:

350 mg. diarios.

Potasio

Previene el exceso de acidez ya que es un importante agente para mantener un balance adecuado entre acidez-alcalinidad en sangre y tejidos. Esencial para la contracción muscular, por lo tanto, de suma importancia para la adecuada función cardíaca. Es un magnífico auxiliar renal en la purificación sanguínea.

FUENTES NATURALES:

Vegetales en general, especialmente los de hojas verdes, cereales integrales, naranjas, semillas de girasol, nueces, leche, plátanos y papas en especial en la cáscara.

REQUERIMIENTOS:

2,000 a 2,500 mg. al día.

Sodio

Es necesario para la producción de ácido clorhídrico en el estómago. Su función está muy ligada a la del cloro y potasio en diversas funciones del organismo. Estos 3 minerales ayudan a mantener y controlar la presión osmótica, que es responsable de la transportación de nutrientes de los intestinos a la sangre.

FUENTES NATURALES:

Apio, lechuga romanita, algas marinas, melón, agua de mar, espárragos.

REQUERIMIENTOS:

De 200 a 400 mg. diarios.

Cloro

Esencial en la producción del ácido clorhídrico en el estómago, el cual es utilizado para la correcta digestión de las proteínas y asimilación de los minerales.

FUENTES NATURALES:

Aguacate, algas marinas, jitomates, col, nabos, pepinos, piñas, avena, espárragos.

REQUERIMIENTOS:

500 mg.

Azufre

Esencial para la salud y belleza de la piel, las uñas y el pelo. Involucrado en los procesos de óxido-reducción.

FUENTES NATURALES:

Cebolla, apio, rábanos, nabo, ejotes, frijol de soya.

REQUERIMIENTOS:

Aún no se han establecido pero se considera que una dieta apropiada provee el azufre necesario.

Hierro

Elemento esencial en la formación de hemoglobina, sustancia transportadora de oxígeno, desde los pulmones a cada célula del organismo. Aumenta la resistencia a las enfermedades, constituye un factor determinante en la calidad sanguínea. El ácido clorhídrico es un factor importante en la asimilación del hierro. Las frutas que contienen hierro tienen sus propios ácidos y enzimas requeridas para la digestión y asimilación del hierro, de ahí que ellos sean las fuentes naturales más recomendables. Asimismo, la Vitamina C ayuda a la absorción y asimilación del hierro mientras que el café y el té negro interfieren en ellos.

FUENTES NATURALES:

Duraznos, chabacano, plátano, melaza, frutas secas, levadura de cerveza, hojas de nabo, cereales integrales, betabel, espinaca, alfalfa, hojas de betabel, semillas de girasol, ajonjolí, lentejas, yema de huevo, frijoles, nueces, algas marinas.

REQUERIMIENTOS:

Consulte el Anexo II.

Cobre

Sus funciones son similares a las del hierro. Éste no puede ser asimilado sin la presencia del cobre.

Está relacionado con el metabolismo de las proteínas.

Auxiliar en el correcto desarrollo de los huesos, nervios y tejido conectivo. Necesario en la producción del RNA (Ácido ribonucleico encargado de la transmisión genética).

FUENTES NATURALES:

Almendras, frijoles, vegetales de hojas verdes, cereales integrales, ciruelas pasas, uvas pasas.

RECOMENDACIONES:

2 mg. diarios.

Manganeso

Es un componente importante de varias enzimas involucradas en el metabolismo de proteínas, grasas y carbohidratos.

Auxiliar en la nutrición nerviosa y cerebral, así como en la coordinación de la actividad entre el cerebro, los nervios y músculos.

FUENTES NATURALES:

Espinacas, vegetales de hojas verdes en general, betabel, frambuesas, colecitas de Bruselas, uvas, naranjas, chabacanos, pulido de arroz, salvado, algas marinas, germen de trigo, yema de huevo.

(El germen de trigo debe consumirse fresco ya que se hace rancio rápidamente perdiendo sus valores nutritivos y siendo además tóxico.)

REQUERIMIENTOS:

No determinados.

Zinc

Esencial para la síntesis de las proteínas y la formación de DNA y RNA (material genético de la célula) está implicado en la reproducción hormonal.

Esencial para el desarrollo de los órganos sexuales y el funcionamiento normal de la próstata.

El zinc es importante para el metabolismo de la Vitamina A.

Su carencia afecta la respiración celular y el proceso normal de crecimiento.

FUENTES NATURALES:

Levadura de cerveza, semillas de calabaza y de girasol, salvado y germen de trigo fresco, leche, huevos, cebollas, nueces, vegetales de hojas verdes.

En los cereales y semillas el zinc se encuentra cautivo por una enzima que inhibe su asimilación, pero al germinarlos el zinc es liberado.

REQUERIMIENTOS:

15 mg. diarios.

Cromo

Cofactor de la insulina para remover la glucosa de la sangre dentro de las células. Parte integral de varias enzimas y hormonas.

Importante también en el metabolismo del colesterol.

FUENTES NATURALES:

Levadura de cerveza, cereales integrales, aceite de maíz, aguas minerales, jugo de caña.

REQUERIMIENTOS:

No determinados.

Selenio

Es un antioxidante cuya actividad biológica está íntimamente relacionada con la Vitamina E. Previene la oxidación de la hemoglobina en la sangre.

FUENTES NATURALES:

Levadura de cerveza, algas marinas o espirulina, ajo, champiñones, leche, huevos, cereales y la mayoría de los vegetales.

REQUERIMIENTOS:

No determinados.

Existen otros minerales traza que, como su nombre lo indica, se encuentran presentes en el organismo en cantidades mínimas, aunque no se ha determinado si son o no esenciales para la vida. Algunos de ellos son: níquel, vanadio, bromo, estroncio, etc.

Es importante aclarar que ingeridos en exceso son sumamente tóxicos, de allí que no se aconseja su ingestión en forma aislada sin un control extremo.

El obtener nuestros nutrimentos ya sea vitaminas o minerales en su forma natural, es decir, a través de frutas, verduras, jugos de los mismos o cereales, es la forma más adecuada para la obtención de estos elementos vitales (5), (6).

LA ENERGÍA

Todo ser vivo necesita energía para llevar a cabo el trabajo biológico que lo distingue de los seres inanimados (contracción, transporte a través de membranas, síntesis de macromoléculas y sustancias metabólicas útiles, reparación, reproducción, etc.).

Los organismos autótrofos (aquellos que sólo utilizan materiales inorgánicos como fuente de alimentos, ejemplo: dióxido de carbono como única fuente de carbono) pueden captar energía electromagnética del sol.

Los organismos heterótrofos, entre ellos el hombre (aquellos que requieren uno o más compuestos orgánicos) sólo pueden utilizar la energía química contenida en algunas sustancias: hidratos de carbono, lípidos y proteínas (7).

La energía es liberada de los alimentos cuando éstos son digeridos, siendo el calor un producto de la energía. Esta misma energía se mide en términos de calorías. Las calorías no son pues un nutrimento en sí, sino una medida de la energía proporcionada por los nutrimentos.

Podemos definir una caloría como la cantidad de calor capaz de elevar la temperatura de 1 gramo de agua 1 °C, de 14.5 a 15.5 °C.

Nuestro organismo utiliza la energía para las siguientes funciones:

1) Para actividades internas: Los procesos básicos involuntarios, también conocidos como metabolismo basal, procesos tales como: latido cardíaco, respiración, circulación, etc.

2) Para actividades externas: Cada movimiento voluntario, desde el más sencillo hasta el que requiere el máximo esfuerzo.

3) Para almacenamiento: Acumular y proporcionar energía cuando sea requerida, principalmente durante la infancia y el embarazo.

Durante la infancia los requerimientos totales de energía incluyen no sólo el metabolismo basal y la actividad muscular, sino también otro aspecto muy importante: el crecimiento.

A menos que exista una alimentación adecuada que permita la reserva de energía requerida durante la infancia, el desarrollo del niño será normal.

No se sabe exactamente qué proporción de la energía ingerida en los alimentos es usada como material de reserva y cuál es usada para la actividad muscular.

Sin embargo, el organismo llenará primero sus requerimientos de energía para actividad, de tal forma que si un niño no obtiene la cantidad necesaria de energéticos, su actividad se desarrollará a expensas de su crecimiento. También el embarazo y la lactancia implican formas de crecimiento.

El mayor requerimiento de energía durante la gestación se debe a los más altos niveles metabólicos existentes en ese estado a partir del cuarto mes.

El aumento se origina por la mayor cantidad de tejido protoplásmico en el cuerpo de la madre, debido al crecimiento de los tejidos uterinos y mamarios y al desarrollo del feto. El metabolismo basal de la madre puede aumentar hasta en un 20%.

Algo similar ocurre durante la lactancia, cuando los requerimientos mayores de energía son requeridos para la producción de leche (8).

Aunque las necesidades de energía varían de acuerdo a la actividad, estatura, peso y edad de cada individuo, la tabla del Anexo II nos proporciona los requerimientos aproximados.

Como ya habíamos mencionado, la energía la obtenemos de los hidratos de carbono, los lípidos y las proteínas en la siguiente proporción:

1 gr. de hidratos de carbono	=	4 calorías
1 gr. de lípidos (grasa)	=	9 calorías
1 gr. de proteína	=	4 calorías

Es importante destacar cómo un gramo de grasa nos proporciona más del doble de calorías que los hidratos de carbono o las proteínas.

LOS HIDRATOS DE CARBONO

Aunque todos los nutrimentos son importantes (vitaminas, minerales, proteínas, lípidos e hidratos de carbono), son estos últimos los más esenciales en la nutrición, ya que como mencionamos son los especialmente destinados a proporcionar energía, aunque, como veremos más adelante, cuando faltan en el organismo, se utilizarán las grasas o las proteínas para suplir esta necesidad.

La proporción en que nuestro organismo necesita los nutrimentos para una correcta nutrición es de:

60 a 65% de hidratos de carbono
15 a 25% de lípidos
15 a 20% de proteínas

Además de las vitaminas y minerales ya mencionados en el capítulo así titulado.

Para que conozcamos un poco mejor de estos compuestos tan importantes (los hidratos de carbono) vamos a hablar un poco de ellos.

Como su nombre lo indica, los hidratos de carbono se llaman así porque son átomos de carbono a los cuales se les ha agregado agua, es decir, están hidratados.

Las plantas toman dióxido de carbono de la atmósfera y agua del suelo, empleando la energía del sol para unir a ambos, combinándolos para formar series de cadenas complejas llamadas azúcares o almidones.

Así, la planta realiza el trabajo más crucial de manera que el hombre pueda, al comerla, consumir los hidratos de carbono que ella elaboró, quemarlos con el oxígeno que respira, produciendo dióxido de carbono que al exhalarse se reintegrará a la atmósfera, y agua que será después evaporada en la respiración y excretada a través de la orina liberando finalmente la energía que la planta había obtenido de la luz solar y que nos servirá para todas las funciones mencionadas en el capítulo anterior.

De esta forma, nuestro organismo es capaz de mantener dentro de sí una fuente de energía que actúa como un sol en miniatura.

La formación y asimilación de los hidratos de carbono da origen a un ciclo constante: éstos son formados por la planta con la liberación de oxígeno y la captación de la energía solar; mientras que los hidratos de carbono son oxidados por el animal, con la excreción de dióxido de carbono y agua, aprovechando la energía obtenida del sol por la planta. Esta última es pues la que capta la energía, mientras que el animal la libera para su aprovechamiento.

Una molécula de hidratos de carbono es pues, una estructura simple. Contiene sólo carbono, hidrógeno y oxígeno además de la energía solar captada durante su combinación.

La molécula o unidad más pequeña de hidratos de carbono producido por la planta, es llamada un "azúcar". Existen varios tipos de moléculas de azúcar. Algunas contienen cinco átomos de carbono, pero la mayoría contiene seis.

Unido a cada uno de estos átomos de carbono, existen hidrógeno, oxígeno o una combinación de ambos. La secuencia de estos elementos es lo que determina el tipo de azúcar, bien sea fructosa que es el azúcar de las frutas o glucosa, que es el azúcar primario en la sangre, etc.

Algunos azúcares están hechos de estas moléculas simples. Por ejemplo, cuando la fructosa y la glucosa se unen, se forma la sacarosa o sea el "azúcar de mesa".

41

De igual manera al unirse la glucosa y la galactosa se forma la lactosa, también llamada "azúcar de leche".

Cuando el nivel de azúcar en la sangre empieza a declinar, se da en nuestro organismo una sensación de hambre. Cuando sube nuevamente el nivel de azúcar esta sensación desaparece.

Cuando el hombre vivía en armonía con la naturaleza, este mecanismo no presentaba ninguna dificultad.

Los alimentos que el hombre primitivo consumía, contenían una moderada cantidad de azúcar. En la medida en que ésta era absorbida por el estómago e intestinos, arribando al torrente sanguíneo, el apetito desaparecía.

Esto se deriva en cierto grado del contenido de azúcares en los alimentos, pero principalmente de la digestión de los almidones contenidos en ellos.

Cuando se ingieren alimentos naturales e integrales, el organismo digiere y absorbe junto con el almidón, los numerosos nutrientes que necesita tales como proteínas, grasas, vitaminas y minerales. No sucede lo mismo cuando se consumen azúcares simples o refinados.

Cuando el azúcar entra en el organismo nuestra necesidad de carbohidratos está satisfecha, al mismo tiempo que la sensación del hambre es eliminada; sin embargo, quedan sin cubrir las necesidades de los demás nutrientes (grasas, proteínas, vitaminas, minerales) ya que el azúcar por ser procesado consiste esencialmente de las llamadas calorías "vacías".

Nutricionalmente hablando podemos decir que quedamos entonces en deuda con nuestro cuerpo por faltarle la mayoría de los nutrientes esenciales, siendo ésta además una causa común de obesidad por la siguiente razón:

Al consumir el azúcar en forma aislada no solamente se le ahorra al organismo el trabajo de romper los enlaces del almidón en pequeñas unidades de azúcar, sino que al ser ingeridas directamente como tales, son rápidamente absorbidas, desapareciendo la sensación de hambre al elevarse de inmediato el nivel de azúcar en la sangre. Esto hace que se experimente un estallido de energía que por desgracia durará muy poco. Más tarde al bajar nuevamente el nivel de azúcar en la sangre "sentiremos" otra vez hambre y la sensación de debilidad que le acompaña, hecho que nos conducirá a comer nuevamente, formándose así un círculo vicioso causante del sobrepeso, en aquellas personas habituadas al consumo de pastelillos, bebidas embotelladas y azúcares refinados en general. Obesidad y mal nutrición pueden ir de la mano. Bajo una montaña de grasa muchas personas obesas "viven muriendo" por no obtener los nutrientes requeridos.

El problema de las "calorías vacías" no queda ahí, pues no sólo ellas carecen de los elementos indispensables para la salud sino que además, para poder metabolizar los carbohidratos el organismo requiere de vitaminas y minerales, que si no se encuentran en lo que come, tendrá que obtenerlos de sus tejidos causando un doble perjuicio.

Derivados de este hecho, existen una gran diversidad de problemas de salud, así por ejemplo se ha comprobado que después de consumir azúcar se presenta una eliminación considerable de calcio en la orina.

Luego de unas horas de comer azúcar se presenta también una disminución tan drástica de fósforo en la sangre, que por un par de horas se cuenta con muy poco fósforo para colaborar en la calcificación de los huesos (calcio, fósforo y magnesio se balancean recíprocamente en el organismo).

De esta manera la destrucción ósea puede exceder a la formación ósea en ese periodo. Y si ese consumo de azúcar se repite dos, tres, o más veces al día es muy fácil llegar luego a experimentar los problemas de osteoporosis (ablandamiento de los huesos) u otros problemas óseos tan comunes hoy en día (9).

Sabemos de la necesidad vital de los carbohidratos como fuente de energía. Dependerá de nosotros la elección de la clase de alimento que querramos consumir. Sin duda, que en la medida en que hagamos conciencia de este hecho nos inclinaremos más hacia los alimentos naturales e integrales como la mejor fuente de nutrición.

La tabla que incluimos a continuación nos permitirá observar la diferencia entre el contenido de vitaminas y minerales de los diversos azúcares.

Azúcares, miel y melaza comparados (10).

Podemos ver que de los carbohidratos simples el menos recomendado es el azúcar blanca y la más rica en nutrientes es la melaza. Cabe sin embargo aclarar, que aun ésta usada en abundancia, puede acarrear problemas de salud.

Los carbohidratos complejos, es decir los almidones serían pues los ideales para satisfacer nuestras necesidades de energía, consumiéndolos tal y como nos los ofrece la naturaleza en los cereales, semillas, tubérculos, etc.

COMPOSICIÓN EN 100 GRS. (Estos valores varían en otras fuentes)

	Azúcar blanca mg.	Azúcar morena mg.	Melaza (3ªextracción)	Miel
MINERALES				
CALCIO	0	85	684	5
FÓSFORO	0	19	84.0	6.0
HIERRO	0.1	3.4	16.1	0.5
POTASIO	3.0	344	2927	51.0
SODIO	1.0	30	96.0	5.0
VITAMINAS				
TIAMINA	0	0.01	0.11	INDICIOS
RIBOFLAVINA	0	0.03	0.19	0.04
NIACINA	0	0.2	2.0	0.3

Recordemos que los almidones son la forma de almacenamiento de hidratos de carbono en la planta. Es el almidón el que la alimenta, durante las primeras etapas de su desarrollo, antes de que se establezca en ellas un sistema de alimentación a través de las hojas y raíces de forma que sea capaz de producir sus propios nutrimentos.

A esto se debe que en la planta, los almidones estén ligados a los demás nutrimentos vitales: vitaminas, minerales, lípidos y proteínas, además de la fibra tan importante para una adecuada función intestinal.

Resumiendo podemos afirmar que las fuentes más valiosas de almidones son los cereales, las semillas y los tubérculos (11).

LOS LÍPIDOS (GRASAS)

Las grasas y aceites, al igual que los almidones, están formadas de cadenas de átomos de carbono, pero en una forma más simple y compacta. Se les llama también hidrocarburos (están relacionadas estructuralmente con el petróleo).

En nuestro organismo se encuentran como ácidos grasos y desempeñan un papel sumamente importante, ya que son combustibles ricos en energía y pueden almacenarse fácilmente en grandes cantidades en las células.

No es el objetivo de este libro el hablar en forma técnica de estos compuestos, sino el de hacernos ver su importancia en la nutrición.

Como vimos en el capítulo anterior las grasas nos proporcionan 9 calorías por gramo. Más del doble de la que nos dan los hidratos de carbono y las proteínas (4 calorías por gramo).

De ahí su importancia como reservas de energía, ya que pueden acumularse fácilmente en forma casi anhidra, como gotitas de grasa intracelulares.

Esto hace posible que en los periodos de ayuno o hibernación, los ácidos grasos constituyan por así decirlo la fuente única de energía.

La mayoría de los animales tienden a almacenar su energía en cadenas saturadas a las que comúnmente nos referimos como grasas, mientras que las plantas la almacenan en forma insaturada que conocemos como aceites, con excepción del coco y el cacao que son saturadas. Las más apropiadas para nuestro organismo son las insaturadas, es decir toda la gama de aceites vegetales, pues resultan más fáciles de asimilar y aprovechar ya que contienen los ácidos grasos idóneos para nuestro organismo. Son mejores todavía cuando se procesan en frío. Por supuesto los aceites están presentes en la mayoría de los cereales, granos, vegetales y aun en las frutas. Mientras formen parte de ellos están en la forma idónea para nuestro organismo, siempre y cuando nuestra dieta sea balanceada. Sin embargo, una vez que el aceite es extraído de los vegetales, se hace susceptible a diversas influencias negativas.

Debido a que estas grasas son insaturadas, las cadenas de carbono que habíamos mencionado tienen espacios vacíos, es decir, sin el hidrógeno que acompaña al carbono. Estos espacios se van llenando gradualmente con átomos de oxígeno, lo que vuelve a los aceites "rancios". Estos átomos de oxígeno por no encontrarse firmemente unidos a la cadena del aceite son muy activos y pueden pasar fácilmente a otras moléculas tales como vitaminas, oxidándolas o quemándolas y cambiando su estructura lo suficiente para que no sean funcionales biológicamente.

Existen algunos compuestos que combaten a estos radicales libres o elementos agregados evitando que hagan daño. Se llaman antioxidantes. Uno de ellos es la vitamina C, siendo aún más eficiente la vitamina E. Investigaciones recientes acerca de la vitamina E sugieren que la necesidad de estos antioxidantes en la célula es esencial en personas que han consumido aceites poliinsaturados en gran cantidad. Existen evidencias de que los aceites consumidos en gran cantidad aceleran el proceso de envejecimiento de la piel, ocasionando un aumento considerable en arrugas faciales.

Esto debido probablemente a la presencia de los radicales libres que mencionamos anteriormente.

Por otra parte el calentamiento de los aceites da origen a la polimerización, que es una alteración de la estructura de las moléculas haciendo que sean menos digeribles.

La temperatura a que se someten los aceites cuando se fríen es sumamente elevada y en esto estriba el riesgo de consumirlos. Se consideran como un factor que contribuye de una manera importante a la arterioesclerosis. Aquí lo mencionamos solamente para que se tenga en cuenta en el aspecto nutricional, pero si le interesa profundizar, existe suficiente literatura al respecto.

Tenga en cuenta además que aunque la calidad de los aceites que consumimos sea de la mejor calidad, no deja de ser un alimento vacío en sí, como el azúcar refinada, que sólo nos proporciona calorías, es decir, energía, pero ninguno de los otros nutrimentos (proteínas, vitaminas, minerales, hidratos de carbono).

Recuerde que en nuestros requerimientos nutricionales los lípidos ocupan del 15 al 25%, las proteínas del 15 al 20% y los hidratos de carbono del 60 al 65% del total de la dieta.

Cualquier exceso nos acarrea sin duda problemas de salud. Algunos signos de exceso de grasas y aceites en la dieta son el de un cutis graso, con acné o espinillas aun en otras partes del cuerpo.

Lo ideal entonces para una dieta saludable, es eliminar las grasas saturadas en general (las grasas animales) utilizando las insaturadas (los aceites vegetales) pero siempre con medida. Aun mejor sería el consumir estos aceites en su forma natural, es decir, en las semillas y oleaginosas, en los cereales y granos y en las frutas como el aguacate.

LAS PROTEÍNAS

¿Qué son?

Las proteínas son el material estructural que permite a las plantas y animales crecer, erguirse, desarrollarse.

Son tan importantes que sin ellas no es posible la vida, ya que mientras los hidratos de carbono, grasas y proteínas contienen hidrógeno, oxígeno y carbono, sólo las proteínas poseen además nitrógeno, fósforo y azufre, sustancias esenciales para los seres vivos.

Es impresionante saber que del 18 al 20% de nuestro peso corporal son proteínas. Las moléculas de proteína son los gigantes en el mundo de la bioquímica. Su peso es tan enorme que pueden sumergirse fácilmente hasta el fondo de un tubo de ensaye por centrifugación. Y su tamaño es tan grande que no pueden pasar a través de la membrana celular para su asimilación a menos de que sean desdobladas en sus componentes que son los aminoácidos, de los cuales hablaremos posteriormente.

Comparando a las proteínas con otras moléculas nos asombramos de la enorme diferencia que existe entre sus pesos: mientras que el agua tiene un peso molecular de 18, una molécula de azúcar de caña tiene un peso molecular de 342, las moléculas de las proteínas pueden variar en sus pesos moleculares de 6,000 a 100,000 o aún hasta 1'000,000 o más.

Las proteínas en los seres vivos son indispensables, de ellas se dice que son el material primitivo de la vida. Son esenciales para el crecimiento de los niños y para una buena salud en los adultos ya que las funciones que ellas realizan en el organismo son numerosas y sumamente importantes.

¿Cuáles son sus funciones?

La versatilidad de las proteínas es enorme, están involucradas en una serie tan amplia de procesos vitales, que sería prácticamente imposible enumerarlos a todos, por lo que mencionaremos sólo los más importantes.

Crecimiento y manutención. Muchas partes de nuestro organismo están hechas de proteínas: las uñas y el pelo; todos los músculos y órganos del cuerpo están formados por grupos de proteínas fibrosas que tienen la capacidad de responder a cambios químicos en el organismo, contrayéndose o relajándose.

Las proteínas son el eje alrededor del cual, calcio y fósforo son depositados para formar el esqueleto óseo.

Otra de las funciones esenciales de la célula, la transmisión genética, es también realizada por proteínas: DNA (ácido desoxirribonucleico) y RNA (ácido ribonucleico).

Las células rojas de la sangre (hemoglobina) y el tejido conectivo (tendones y cartílagos), también son proteínas. Las primeras tienen un promedio de vida de un mes debiendo al cabo de éste, ser reemplazadas por nuevas células que son elaboradas en la médula ósea.

Un tipo de célula que se encuentra en el tracto intestinal vive menos de una semana y es constantemente reemplazada y excretada por el organismo.

Una infinidad de células en nuestro cuerpo están constantemente muriendo y siendo reemplazadas por otras nuevas que a su vez morirán y darán cabida a otras más y así sucesivamente, dando origen al ciclo vital para lo cual es indispensable la obtención apropiada de proteínas (aminoácidos) a través de la dieta.

Enzimas y hormonas: El cuerpo depende de las proteínas para un sinnúmero de reacciones que conocemos como "metabolismo".

Las enzimas son unas de las proteínas más importantes formadas por las células, son catalizadoras de reacciones enzimáticas, esto es, permiten a dos sustancias unirse para formar una tercera, o ayudan a que una sustancia compleja pueda ser desdoblada en otras más simples, etc.

Existen alrededor de 1,000 enzimas diferentes en una sola célula.

Las hormonas son similares a las enzimas, aunque no todas las primeras están hechas de proteínas. A diferencia de las enzimas que catalizan reacciones específicas dentro de la célula, las hormonas regulan sobre todo las condiciones corporales tales como: el nivel de glucosa en la sangre a través de la insulina, el metabolismo por medio de la tiroxina, el crecimiento, etc.

Anticuerpos: La síntesis de proteínas nuevas es necesaria para la formación de anticuerpos como respuesta a la presencia de partículas extrañas (virus, bacterias, toxinas) que invaden el organismo.

Una vez que el organismo recibe las señales de que ha sido invadido por alguno de estos virus o bacterias, que por lo general son también proteínas, empieza a elaborar anticuerpos cuya tarea específica será la de inactivar a las proteínas extrañas.

Balance de líquidos: Las proteínas del suero sanguíneo juegan un importante papel en la regulación del equilibrio acuoso del cuerpo que es debido a la distribución equitativa de los líquidos a ambos lados de la membrana celular.

Demasiado líquido daría como consecuencia la ruptura de la célula, y la falta del mismo haría imposible su correcto funcionamiento.

Manteniendo un nivel adecuado de proteína en el interior de la célula, ésta es capaz de retener el nivel correcto de líquido; cabe mencionar que también los minerales son utilizados con este propósito.

De una manera similar, la célula secreta proteínas y minerales en los espacios extracelulares para mantener también un balance acuoso adecuado alrededor de cada célula.

En casos de carencias proteicas graves, este equilibrio se rompe dando origen a la acumulación de líquido en los espacios intersticiales de las células, como puede claramente observarse en los vientres hinchados de los niños famélicos.

Balance de sales minerales: Así como es fundamental la cantidad de líquidos en la célula, también es fundamental la composición de éstos.

Aquí radica una importantísima función de las proteínas transportadas. Ellas deben trabajar para mantener un equilibrio adecuado de sustancias dentro y fuera de la célula.

Un ejemplo claro lo observamos con el sodio y el potasio, el primero es concentrado fuera de las células, el segundo dentro de ellas, propiciando así el correcto funcionamiento muscular y nervioso.

Balance ácido-base: Las proteínas de la sangre contribuyen a mantener la neutralidad corporal evitando la acumulación de demasiada base o demasiado ácido.

Los procesos corporales normales producen continuamente como resultado de estos mismos procesos metabólicos, ácidos y bases que deben ser llevados por la sangre a los órganos de excreción para ser expulsados.

Este balance ácido-base, es llamado pH y sus valores deben ser entre 7.35 y 7.45 que es el punto neutro. Si estos límites llegaran a excederse, las consecuencias para ese organismo serían fatales sobreviniendo coma e incluso la muerte.

Las proteínas de la sangre tienen una capacidad extraordinaria para mantener el balance ácido-base. Por lo tanto ellas captan hidrógeno (ácido) cuando hay en exceso o los liberan cuando hay muy pocos.

Una vez más vemos qué indispensables son las proteínas para los procesos vitales del organismo.

Producción de energía: El requerimiento principal de nuestro organismo es la energía, todas las demás necesidades se vuelven secundarias cuando la energía es requerida. Como vimos en los capítulos anteriores la mejor fuente de ésta son las grasas, le siguen los hidratos de carbono, pero cuando ninguno de los dos están disponibles en el organismo, éste echa mano de las proteínas para cubrir sus necesidades energéticas, ayudando así a mantener el nivel de glucosa en la sangre cuyo principal consumidor es el cerebro.

Este órgano consume dos terceras partes del total de la glucosa circulante en nuestro organismo. La otra tercera parte va a los músculos y al torrente sanguíneo.

La capacidad de las proteínas de ser utilizadas como fuente de energía (una proteína está formada por la unión de diferentes tipos de aminoácidos y cada uno de éstos a su vez se compone de un grupo amino y un grupo ácido, de ahí su nombre: aminoácidos), estriba en que al ser desdobladas para su asimilación, los grupos amino son generalmente transformados por el hígado en urea y enviados al riñón para ser excretados, mientras que los fragmentos restantes están constituidos de carbono, oxígeno e hidrógeno al igual que las grasas y los hidratos de carbono pudiendo por lo tanto ser usados como tales para proporcionar la energía requerida. Utilizando así las valiosas proteínas tan importantes para todas las funciones antes mencionadas, como fuente de energía.

Por otra parte, cuando el consumo de proteínas es inferior al requerido, la cantidad de aminoácidos disponibles por las células será insuficiente, entonces el organismo tiene que degradar tejidos de la piel y músculos para que sus aminoácidos sirvan para llenar los requerimientos del corazón, cerebro y pulmones, principalmente, conservando así las prioridades para que la vida continúe.

Por el contrario, si las proteínas son consumidas en exceso, el organismo sólo utilizará las que se requieren en ese momento y debido a que no tiene la capacidad de almacenarlas como tal, excretará sus grupos aminos y convertirá los residuos a glucosa o a grasas para ser almacenadas y poder más tarde en caso necesario obtener de ellas energía.

Concretando, es importante precisar que el consumo proteico debe ser adecuado. Ni demasiadas proteínas porque es un derroche inútil y factor de obesidad, ni pocas porque se afecta el sistema (13).

¿Cuántas Proteínas debemos consumir?

Ya habíamos mencionado que los requerimientos nutricionales varían según la edad, sexo, raza, peso, actividad, clima, etc. Incluso las tensiones físicas o sicológicas pueden aumentar las necesidades nutricionales del organismo.

Sin embargo, existen ciertos patrones a seguir. Consulte el Anexo II, Tabla de Recomendaciones de Nutrimentos del Instituto Nacional de la Nutrición, especialmente adaptada a la población mexicana.

Le será también de utilidad consultar el Anexo I, en donde encontrará los alimentos más comúnmente empleados y su contenido nutricional.

Cabe aclarar a este respecto que el verdadero valor de las proteínas no está constituido por la cantidad de éstas en cierto alimento, sino por su Valor Biológico y Digestibilidad, de lo cual hablaremos con más amplitud.

¿Cómo están constituidas las Proteínas?

Debemos primero aclarar que existen muchas clases de proteínas, cada una de ellas específica para una función biológica diferente.

Como acabamos de ver existen unas proteínas que actúan como enzimas, otras como hormonas, unas más son anticuerpos, otras sirven como estructuras o como encargadas de la transmisión genética.

Todas ellas contienen carbono, hidrógeno, nitrógeno y oxígeno, algunas contienen además azufre u otros elementos adicionales como cobre, zinc, hierro, etc. (1).

Así pues dependiendo de la función de una proteína serán sus elementos componentes y su tamaño.

Se clasifican en dos clases principales: proteínas fibrosas y proteínas globulares.

Las primeras como su nombre lo indica forman fibras o láminas largas sumamente resistentes que sirven como estructuras básicas en el tejido conjuntivo de los animales superiores.

Las segundas tienen formas esféricas compactas. Entre las proteínas globulares se encuentran casi todas las enzimas, los anticuerpos, algunas hormonas, etc.

Existen otras proteínas cuya estructura es algo fibrosa y algo globular.

Cuando una proteína es sometida a hidrólisis ácida resultan de su desdoblamiento compuestos orgánicos sencillos a los que se denomina a m i n o á c i d o s, éstos difieren entre sí dependiendo de la estructura de sus cadenas laterales. Generalmente se encuentran 20 diferentes tipos de aminoácidos conformando las proteínas.

¿Cuál es el Valor Biológico de las Proteínas?

Como ya hemos mencionado, las proteínas no son idénticas entre sí y su diferencia estriba en la secuencia y clase de los aminoácidos que las conforman.

Las proteínas utilizadas por nuestro organismo se componen de 20 aminoácidos diferentes: 10 esenciales y 10 no esenciales, que son los siguientes:

Aminoácidos esenciales:		Aminoácidos no esenciales:	
Lisina	Fenilalanina	Tirosina	Asparagina
Valina	Metionina	Cisteína	Prolina
Leucina	Triptófano	Ácido glutámico	Serina
Isoleucina	Histidina*	Ácido aspártico	Alanina
Treonina	Arginina*	Glutamina	Glicocola

*Estos aminoácidos son indispensables solamente para los niños ya que su organismo sintetiza una parte de ellos, pero no alcanza a cubrir los requerimientos, mientras que el organismo adulto sí los sintetiza en cantidad suficiente.

Los otros ocho Aminoácidos Esenciales (AAE) no pueden ser sintetizados por el ser humano y deben por tanto obtenerse de fuentes externas, esto es, a través de la alimentación.

Fue sólo hasta 1935 cuando se estableció claramente la necesidad de estos ocho Aminoácidos Esenciales (AAE) y el hecho de que debían estar presentes en las proteínas ingeridas en una proporción adecuada para poder ser utilizadas por el organismo.

En esto precisamente estriba el Valor Biológico de una proteína. Es decir, que una proteína que contiene todos los AAE requeridos por el organismo en la proporción correcta será eficientemente utilizada, mientras que si otra carece de uno o más de los AAE, este o estos Aminoácidos Esenciales limitarán la utilización de los demás AAE que tendrán que ser desechados. A la primera proteína se le considera de alto Valor Biológico, mientras que en la segunda el Valor Biológico será mínimo.

Una proteína a la que le falta uno de los AAE, no puede ser utilizada en la síntesis de proteínas a menos que el aminoácido faltante sea suministrado también a través de otro alimento. En el primer caso, la síntesis de proteínas desciende a un nivel muy bajo o puede incluso interrumpirse.

A este Aminoácido Esencial (AAE) que por estar ausente total o parcialmente en una proteína limitando la síntesis de ésta por el organismo, se le llama precisamente "Aminoácido limitante".

La síntesis de proteínas resulta pues para nuestro organismo un juego un tanto complicado:

* Se requiere simultáneamente la presencia de cada uno de los 8 AAE.

* Los ocho AAE deben también estar presentes en las proporciones correctas.

Según la FAO (Organización para la Alimentación y la Agricultura) la proporción en la que deben estar presentes los AAE es:

Por cada 100 gramos de proteína pura:

Isoleucina	4.0 grs.
Leucina	7.0 grs.
Fenilalanina	6.0 grs.
Metionina	3.5 grs.
Treonina	4.0 grs.
Triptófano	1.0 grs.
Valina	5.0 grs.
Lisina	5.5 grs.

Para ejemplificar esto con más claridad citaremos lo siguiente en base a la tabla anterior:

Suponiendo que en la comida del mediodía, usted ingirió hoy proteínas que satisfacían el 100% de los requerimientos de Isoleucina, Leucina, Lisina, Fenilalanina, Metionina, Treonina y Valina, pero el Triptófano sólo estaba presente en un 60%. La célula entonces sólo es capaz de utilizar los demás AAE (aminoácidos esenciales) al 60% desechando el otro 40% de AAE que serán utilizados como energía, derrochándose así una valiosa cantidad de las proteínas ingeridas.

Aunque recientemente se cuestiona si nuestro organismo tendrá más capacidad de la que se creyó en un principio para compensar el desequilibrio natural de los aminoácidos de los alimentos, a través de algunos mecanismos en el lumen intestinal, todavía no hay nada preciso al respecto.

Resumiendo podemos decir que el Valor Biológico de una proteína es igual a la proporción que de ésta retiene el cuerpo al ser absorbida por el tubo digestivo, o sea el porcentaje de proteínas que realmente utiliza el organismo (1).

¿Qué es la UNP?

La UNP (Utilización Neta de Proteínas) de un alimento está determinada (según lo define la Dra. Frances Moore), "por la fidelidad con que los aminoácidos esenciales de sus proteínas equivalen al patrón utilizable del cuerpo".

Así pues para determinar la UNP de nuestra alimentación debemos considerar que aquélla no está determinada por la cantidad de proteínas ingeridas sino por su:

DIGESTIBILIDAD		VALOR BIOLÓGICO:	
La proporción de proteínas absorbidas por el tubo digestivo.	+	Proporción de proteínas absorbidas que fueron retenidas por el organismo.	= UNP

Como vemos aquí no solamente interviene el "Valor Biológico" anteriormente expuesto, sino también la "Digestibilidad", otro factor sumamente importante en la determinación de UNP (1).

Lea lo anterior cuidadosamente y familiarícese con estos términos ya que precisamente en ello estriba la calidad mayor o menor de una proteína.

Si todas las proteínas fueran iguales no habría controversias acerca de cuáles son las mejores fuentes de proteína para la alimentación humana, pero a este nivel de nuestra exposición ya podemos claramente comprender por qué las proteínas difieren en sus valores de UNP: debido a que algunas de ellas llenan mejor los requerimientos de aminoácidos esenciales del patrón que el organismo requiere.

La UNP se determina por medio de minuciosos estudios de laboratorio, sus valores están ya establecidos para los alimentos de consumo más común.

Precisamente de estos estudios se concluyó que el huevo contiene la proteína más perfecta para la alimentación humana. Tiene una UNP de 94*. De manera que como fuente de proteínas es un alimento excelente. Sin embargo, es importante no abusar en su consumo ya que como sabemos, la yema de huevo tiene un alto contenido de colesterol.

Haremos un paréntesis para indicar al respecto que el Profr. Jean Mayer de la Universidad de Harvard comenta que cualquier persona que ignore su nivel de colesterol o tenga más de 200 mg. no debería consumir más de dos huevos a la semana. El Profr. Mayer también aconseja que los adolescentes disminuyan su consumo de huevo ya que durante esta etapa de la vida suelen producirse graves lesiones arteriales.

Debo sin embargo mencionar que existen controversias al respecto, ya que también es sabido que además de contener colesterol, la yema de huevo contiene lecitina, compuesto que tiene la propiedad de disolver el colesterol y otras grasas.

Recuerde que el colesterol se encuentra en los alimentos de origen animal, mientras que la lecitina es un componente natural de muchas leguminosas (soya, frijol, alverjón, etc.) Dando fin a este paréntesis continuaremos con el estudio que nos atañe: la UNP.

Pasemos ahora a analizar la Gráfica 1, que indica el porcentaje de proteínas que contienen los alimentos ahí mencionados. Así, cuando usted escuche que la leche tiene aproximadamente 4% de proteínas, el arroz integral un 7%, el huevo 14%, la carne alrededor de un 30% y la harina de soya cerca del 43%, etc., se están refiriendo a la cantidad de proteínas de dichos alimentos, pero no a la calidad de sus proteínas, o sea la cantidad que de ellas aprovecha realmente nuestro organismo, es decir, su UNP (Utilización Neta de Proteínas).

Si ahora analizamos la Gráfica 2, veremos cómo varían los valores, ya que aquí encontramos que la UNP de la leche es de casi 83; el arroz integral tiene un 70 de UNP, el huevo llega hasta el 94; la carne un 68 de UNP y la harina de soya 63. Comparando ahora ambas tablas vemos que aunque la leche tiene solamente el 4% de proteínas, su Valor Biológico y Digestibilidad, es decir, su UNP, es tan bueno que de esas proteínas aprovechamos el 82%. Igual podemos decir del huevo, ya que del 14% de las proteínas que contiene, nuestro organismo utiliza el 94%, siendo ésta la UNP más elevada de los alimentos de consumo humano, de aquí que se le tome como proteína patrón.

---

*OMS, FAO, 1965.

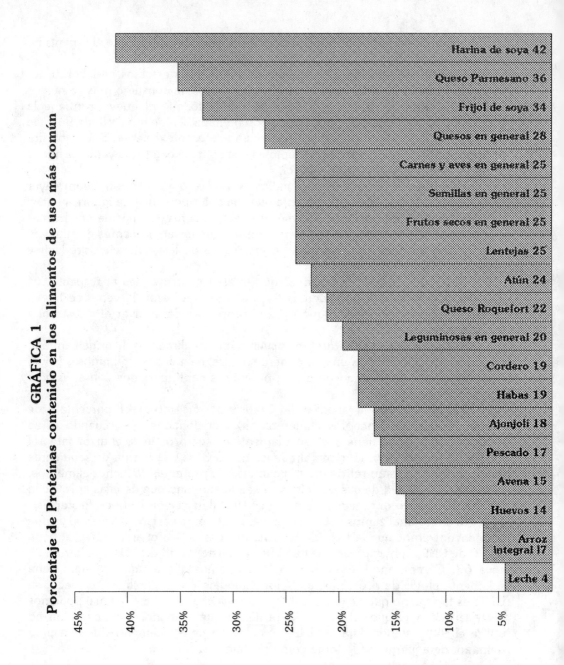

GRÁFICA 1

Porcentaje de Proteínas contenido en los alimentos de uso más común

- Harina de soya 42
- Queso Parmesano 36
- Frijol de soya 34
- Quesos en general 28
- Carnes y aves en general 25
- Semillas en general 25
- Frutos secos en general 25
- Lentejas 25
- Atún 24
- Queso Roquefort 22
- Leguminosas en general 20
- Cordero 19
- Habas 19
- Ajonjolí 18
- Pescado 17
- Avena 15
- Huevos 14
- Arroz integral 17
- Leche 4

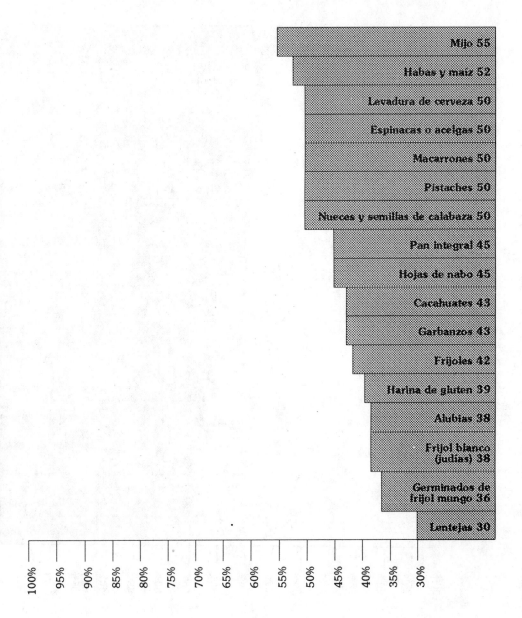

GRÁFICA 2

Alimentos de uso más común y sus Valores de UNP*

- Mijo 55
- Habas y maíz 52
- Levadura de cerveza 50
- Espinacas o acelgas 50
- Macarrones 50
- Pistaches 50
- Nueces y semillas de calabaza 50
- Pan integral 45
- Hojas de nabo 45
- Cacahuates 43
- Garbanzos 43
- Frijoles 42
- Harina de gluten 39
- Alubias 38
- Frijol blanco (judías) 38
- Germinados de frijol mungo 36
- Lentejas 30

100% 95% 90% 85% 80% 75% 70% 65% 60% 55% 50% 45% 40% 35% 30%

55

Alimento	%
Champiñones	72
Arroz integral	70
Quesos en general	70
Carnes y aves	68
Pulido de arroz	67
Germen de trigo	67
Avena	66
Tofu (queso de soya)	65
Frijol y harina de soya	63
Papas	60
Cebada	60
Bulgur (trigo precocido)	60
Trigo integral	60
Harina de centeno	58
Semillas de girasol	58
Arroz pulido	57
Judías mung	57
Germinados de soya	56

100% 95% 90% 85% 80% 75% 70% 65% 60% 55% 50% 45% 40% 35% 30%

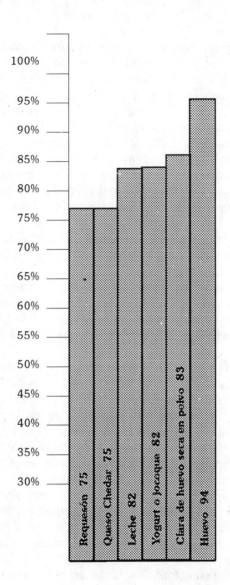

GRÁFICA 2
- - Continuación- -

100%
95%
90%
85%
80%
75%
70%
65%
60%
55%
50%
45%
40%
35%
30%

Requesón 75
Queso Chedar 75
Leche 82
Yogurt o jocoque 82
Clara de huevo seca en polvo 83
Huevo 94

*Recuerde que la UNP es la cantidad real total de proteína que de un determinado alimento absorbe y utiliza nuestro organismo.

La proteína patrón es el huevo con la UNP más elevada: 94.

No debemos olvidar que al combinar los alimentos en la forma adecuada, de tal suerte que sus contenidos de Aminoácidos Esenciales se complementen, los valores de UNP de dichos alimentos pueden duplicarse o aun triplicarse.

(Los Valores de UNP de carnes, aves y pescado, se incluyen como punto de referencia.)

Entonces pues, para determinar el verdadero valor proteico de un alimento debemos considerar, no la cantidad de proteínas que contiene, sino su UNP, o sea, la cantidad que de éstas utiliza realmente el organismo.

Recuerden que esto es debido a la calidad y cantidad de los aminoácidos esenciales (AAE) que forman parte de determinada proteína ya que como lo analizamos anteriormente, una proteína puede contener los 8 AAE, 7 en la proporción adecuada y 1 al 50% del patrón requerido, entonces este último aminoácido, limitará toda la asimilación de la proteína al 50%.

De igual forma, si "X" proteína contiene solamente 6 de los AAE, nuestro organismo no podrá sintetizar su proteína en lo absoluto, por la carencia de 2 AAE.

Sin embargo, en la realidad esto no resulta tan drástico, ya que es muy raro que alguien consuma un solo tipo de alimento aislado, sino que lo común es combinar en una comida 2 o 3 o más tipos de alimentos, complementándose entonces mutuamente las proteínas entre ellos, como lo veremos con más amplitud posteriormente.

Volviendo entonces a la UNP, podemos observar en la gráfica, que sus valores oscilan entre 38 y 94. No se incluye ninguna proteína con una UNP menor de 38 por considerársele de muy baja calidad biológica. En realidad son los valores alrededor de 70 de UNP, los que se consideran buenos nutricionalmente.

En la Gráfica 2 de UNP podemos observar que los alimentos de origen animal se encuentran entre los valores más altos debido a que su contenido de AAE (aminoácidos esenciales) se ajusta más perfectamente al patrón requerido por el organismo. A esto se debe el porqué se les ha marcado con tanto énfasis como idóneos para la alimentación humana.

Por supuesto que esto se aceptaba íntegramente hasta hace algunos años, ya que como lo hemos venido analizando a lo largo del libro, si bien es cierto que la carne es excelente como fuente de proteínas, es también una realidad científicamente apoyada que ella es causa de un sinnúmero de padecimientos que aquejan al hombre moderno, sobre todo en los países desarrollados, donde el elevado consumo de carnes y el alto índice de enfermedades cardíacas, circulatorias, reumáticas, etc. van de la mano, como nos lo muestran las estadísticas.

Resulta interesante anotar cómo en algunos países desarrollados, citaremos a Noruega como caso concreto, el gobierno ha establecido incentivos económicos para estimular el mayor consumo de alimentos vegetales y la disminución del consumo de ganado.

Las razones principales estriban en que tanto las estadísticas como los expertos sanitarios noruegos atribuyen al elevado consumo de alimentos animales la causa por la que el índice de longevidad en ese país ha disminuido considerablemente.

Así pues varias de las ideas existentes a nivel popular respecto a la carne como la única o la mejor fuente de proteínas (UNP 67), no son del todo válidas. Pues si bien es cierto que es una fuente excelente de proteínas, también es igualmente cierto que causa muchos problemas de salud.

Además no es la única buena fuente de proteínas, se encuentran en un nivel muy superior la leche y el huevo (82 y 94 UNP respectivamente). Por otra parte, el arroz integral está situado en una escala un poco superior a la de carne y aves, en el 70 el primero, en comparación con el 67 de la carne y aves. (El arroz pulido tiene una UNP de 57). Igualmente el germen de trigo y el pulido de arroz tienen una UNP de 67 al igual que la carne y aves.

Las leguminosas en general tienen un valor bastante aceptable de UNP, y combinada además con otros alimentos, forman proteínas completas, como lo analizaremos más adelante.

Un mito muy difundido respecto a una proteína animal es el que existe con respecto a la gelatina, que suele recomendarse como suplemento proteico. En realidad éste tendría que ser nuestro último recurso ya que su contenido de AAE es pobrísimo y tiene una UNP de tan sólo 2.

Para concluir diremos que si usted desea seguir una dieta vegetariana sean cuales fueren los motivos que lo impulsen a ello, los conocimientos que hemos venido exponiendo y una adecuada combinación de alimentos vegetales, lácteos, etc., asegurará una nutrición correcta. No solamente por contener los requerimientos indispensables para la salud y correcto desarrollo y funcionamiento de nuestro organismo sino por ser además alimentos sanos, sin los numerosos inconvenientes de la carne.

¿CÓMO COMBINAR LOS ALIMENTOS PARA OBTENER PROTEÍNAS COMPLETAS?

Una adecuada combinación de diferentes tipos de alimentos, nos proporciona todos los requerimientos de nutrimentos que nuestro organismo necesita.

Si incursionamos un poco en la alimentación clásica de cualquier país, veremos que sus comidas tradicionales están sabiamente basadas en estas combinaciones de alimentos. Debe haber sido a través de la observación y la experiencia de muchas décadas que llegaron a diseñar de una forma tal sus menús cotidianos, en las combinaciones perfectas tanto en cantidad como en calidad, que llenaban todos los requerimientos nutricionales.

Ellos descubrieron con la vivencia, lo que la ciencia y la tecnología hace apenas unos años postularon: que en la combinación de los alimentos estriba la nutrición adecuada, aun cuando ellos por separado no contengan todos los nutrientes requeridos. Ya que la deficiencia de AAE en ciertos productos, es complementada por la presencia de esos AAE existentes en otros alimentos. Por ejemplo, los cereales pueden combinarse con leguminosas formando así una proteína completa, pues sus AAE son complementarios, ya que los que le faltan a un alimento los tiene el otro.

Este hecho tan sencillo ha sido apenas recientemente aceptado e integrado en la enseñanza científica universitaria.

Así pues, comer una mezcla de fuentes proteicas acrecienta el valor proteínico total de la comida. Estas combinaciones pueden aumentar la calidad de las proteínas hasta en un 50%, sobre el promedio de esos mismos alimentos ingeridos por separado.

Analicemos el porqué de una manera más objetiva.

Las leguminosas son deficientes en "metionina".

Recuerden que a este AAE faltante se le denomina "aminoácido limitante". Por otra parte, los cereales en general contienen una adecuada cantidad de metionina pero son deficientes en lisina, su "aminoácido limitante". De tal forma que combinando cereales y leguminosas sus AAE se complementan aumentando sus valores nutritivos considerablemente. Esta mezcla de cereales y leguminosas incrementa la utilidad proteica de ambas, es decir, aumenta su UNP hasta en un 50%.

FIGURA 1

	LEGUMINOSAS	LEGUMINOSAS Y CEREALES COMIDOS JUNTOS	CEREALES

Fuente: FAO, Roma 1970.

Estudios experimentales con animales de 5 semanas de edad, han demostrado que, por ejemplo, una dieta que incluye 18% de proteína de trigo, incrementaba el aumento de peso en 40 gramos. Otro grupo en experimentación, alimentado con 18% de proteína de lenteja obtuvo un incremento de peso

60

semejante; mientras que un tercer grupo alimentado con 18% de proteínas pero esta vez combinadas, una tercera parte de lentejas y dos terceras partes de trigo, obtuvo un aumento de peso de 130 grs. Más de 3 veces el obtenido con las proteínas administradas por separado (8).

Existe una forma óptima de combinar leguminosas y cereales a fin de obtener el máximo provecho. Por lo general los resultados se obtienen con un mayor consumo de cereales que de leguminosas; esto es, dos terceras partes del cereal y una tercera parte de la leguminosa.

Recuerde que las leguminosas, además de ser magníficas fuentes de proteína, son también excelentes auxiliares de nuestra salud, ya que como lo mencionamos anteriormente contienen cantidades importantes de lecitina, sustancia que tiene la capacidad de disolver el colesterol y otras grasas, ayudando a disminuir el endurecimiento arterial.

Abramos un paréntesis para aclarar que, a pesar de que las leguminosas son nutritivas y relativamente económicas, muchas personas rehúyen su consumo debido a que les resultan difíciles de digerir causando gases y flatulencias.

Esto surge, principalmente, con toda la variedad de frijoles, cuando la persona no está habituada a su consumo. En estos casos se aconseja comer sólo una pequeña cantidad de ellos, mientras el tracto intestinal se adapta.

La formación de gases que se originan de la ingestión de frijoles es causada principalmente por dos tipos de almidones no muy comunes: estaquiosa y rafinosa, cuyos enlaces no pueden ser rotos por las enzimas intestinales. Por consiguiente estos almidones no pueden ser absorbidos pero son metabolizados por algunas bacterias que son más comunes en los intestinos de personas carnívoras, que rompen estos almidones formando dióxido de carbono e hidrógeno, los causantes de gases y flatulencias.

Existen métodos muy efectivos de evitar estos problemas. El más sencillo es el de remojar los frijoles durante toda la noche, ya que esto hace que los almidones sean desdoblados a azúcares mejorando así su digestión considerablemente.

Un método muy efectivo para el frijol de soya, el cual es quizá el más difícil de digerir debido a que contiene grandes cantidades de inhibidores de tripsina que precisamente interfieren con la acción de esta enzima —que es la que ayuda a la digestión en el tracto gastrointestinal—, es el siguiente:

Hervir los frijoles durante 5 minutos, dejarlos remojando en el agua caliente durante media hora, frotándolos después hasta que suelten el hollejo y enseguida cocinarlos por espacio de una hora.

Si usted está habituado al consumo del frijol no tiene necesidad de usar estos métodos. Por otra parte, en nuestro país es muy común el hervir los frijoles con algunas hierbas o especias (epazote, hierbabuena, cilantro, pápalo, ajo, cebolla, etc.) y esta tradición no tiene como único propósito el añadir un sabor y aroma agradables, sino el de ayudar precisamente a su digestión.

Volvamos a nuestro tema sobre la combinación de alimentos para complementar las proteínas.

1. Explicamos ya la combinación de leguminosas con cereales en una proporción de una tercera parte de las primeras por dos terceras partes de los cereales.

   Recuerde que las leguminosas son las semillas que crecen en vainas: lenteja, garbanzo, frijol, alverjón, alubias, cacahuates, soya, judías, etc.

   Mientras que los cereales crecen directamente en las espigas: trigo, maíz, cebada, centeno, arroz, mijo, ajonjolí, etc.

2. Otra excelente forma de combinar alimentos para obtener proteínas completas es:

   a) **lácteos** (leche, queso, yogurt, requesón, etc.) más **cereales** (arroz, trigo, maíz, cebada, etc.)

   b) **lácteos** más **leguminosas.**

   c) **lácteos** más **semillas** u **oleaginosas**, ajonjolí, semilla de calabaza, semilla de girasol, nueces, almendras, avellanas, etc.

Los cereales, semillas y oleaginosas tienen deficiencias de los mismos AAE. Para complementarlos debidamente deben combinarse con leguminosas o con lácteos.

Es interesante saber que el trigo de grano entero, el centeno, la avena y el mijo se pueden cocinar en la misma forma que el arroz (1).

Recuerde estas pequeñas y sencillas claves cuando vaya a elaborar el menú del día. Si usted aprende a manejar estas sencillas combinaciones, obtendrá con casi el mismo esfuerzo y seguramente al mismo costo, una alimentación que redundará en una mejor salud y nutrición de su familia.

Sin embargo, no es éste el único método a seguir. Existe otro sistema surgido no hace muchos años y que considero mucho más completo y quizá también mucho más fácil de manejar. Más completo porque en este método no solamente se hace referencia a las proteínas sino que incluye todos los demás nutrimentos: vitaminas, minerales, lípidos, hidratos de carbono e incluso fibra, que sin ser precisamente un nutrimento, como ya lo veremos posteriormente, es un elemento indispensable para la salud.

Más sencillo, porque está diseñado de tal forma que tanto un niño, como un adulto, con educación escolar e incluso analfabeta, puedan manejarlo para beneficio propio y de quienes le rodean.

Me estoy refiriendo al sistema de los 5 grupos de alimentos.

LOS CINCO GRUPOS DE ALIMENTOS

Al concluir la Segunda Guerra Mundial, muchos países quedaron en la más absoluta miseria. Sus ciudades destruidas, las familias sin hogar y desintegradas por la pérdida de uno o varios de sus miembros, pero el problema más agudo al que se tenían que enfrentar era el hambre. Había que alimentar a la población y había que proporcionarle los medios necesarios y educarla de tal forma que supiera obtener alimentos de rápido crecimiento, fáciles de cultivar, que además fueran nutritivos y supieran administrarlos en forma tal que les brindaran los nutrimentos indispensables.

Fue de esta necesidad que los expertos en el área de la salud y la nutrición idearon y postularon por primera vez los grupos de alimentos como un medio sencillo y eficiente de educar a la población en la combinación adecuada de los alimentos para obtener los requerimientos nutricionales. A partir de entonces han surgido diferentes grupos de alimentos. Los más importantes son:

1. Los tres grupos de alimentos que postulaba el Instituto Nacional de la Nutrición en México y que consisten en: a) el grupo que proporciona energías; b) el grupo que proporciona proteínas y, c) el grupo que proporciona vitaminas y minerales.
2. Recientemente ha surgido la "Pirámide de la Salud" que es una pirámide dividida horizontalmente en cuatro partes de las cuales la base corresponde al grupo de "frutas y verduras", la siguiente sección a los "granos y sus derivados", enseguida viene el grupo de los "alimentos animales" y por último, en la cúspide de la pirámide, indicando así que son los que se deben de consumir en menor cantidad, están las "grasas y azúcares".
3. Los cinco grupos de alimentos.

Este último es el que aconsejo en esta obra por considerarlo el que se adapta en forma óptima no sólo a nuestro país, sino a cualquier otro, con cualquier tipo de alimentos, y sobre todo, para la adecuada obtención de proteínas de alto valor biológico en la dieta ovolactovegetariana. Como veremos más adelante está diseñado en tal forma que resulta fácil de comprender y manejar para cualquier persona, sin importar su edad, idioma, nivel cultural, etc.

El más importante aspecto que debe observarse al desarrollar este tipo de modelos, es el de que se debe satisfacer los requerimientos nutricionales, evitando por supuesto los excesos. Un segundo aspecto, es el de que el grupo contenga alimentos que a la vez que sean básicos en la nutrición, sean también accesibles a la población, tanto en la economía como en hábitos y cultura (14). El tercer aspecto es de suma importancia y consiste en la universalidad de los criterios con que se determinan los grupos. Esto es que en el modelo del grupo de alimentos se pueda clasificar fácilmente y por cualquier persona, cualquier alimento, aun cuando no haya sido anteriormente integrado al grupo. En el caso de los cinco grupos de alimentos si se encuentra una fruta por más

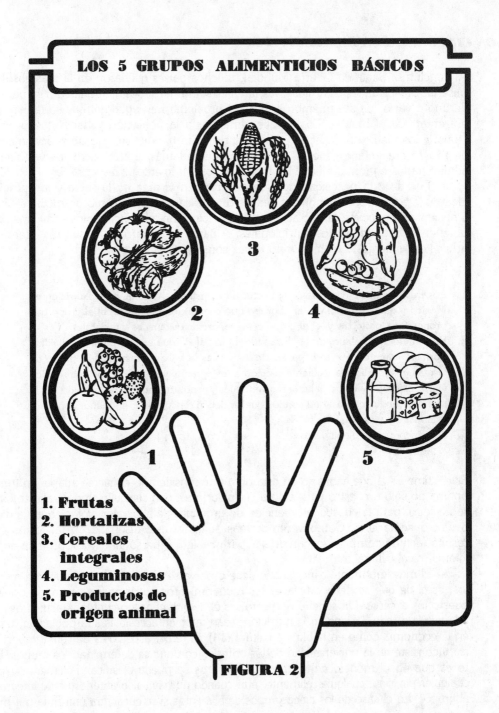

LOS 5 GRUPOS ALIMENTICIOS BÁSICOS

1. Frutas
2. Hortalizas
3. Cereales
   integrales
4. Leguminosas
5. Productos de
   origen animal

FIGURA 2

64

rara que sea, originaria del país más exótico, facilmente podremos clasificarla en el dedo meñique de nuestro modelo, que pertenece a "frutas". De la misma forma procederíamos con respecto a un cereal o a alguna hortaliza desconocida, incorporándolos al grupo tres o dos respectivamente.

Como podemos observar nuestro modelo consta de 5 grupos de alimentos:

1. Frutas
2. Hortalizas
3. Cereales integrales, semillas y oleaginosas
4. Leguminosas
5. Huevos y lácteos

Por las características del modelo, podremos darnos cuenta que resulta sumamente útil didácticamente, ya que puede ser enseñado a adultos con cualquier nivel de educación e incluso para los niños resulta ameno, sencillo e interesante.

Ya hemos postulado previamente los nutrimentos indispensables para el ser humano; recordemos que consiste en: vitaminas, minerales, lípidos, hidratos de carbono y proteínas, además de la fibra, que sin ser un nutrimento es indispensable para la salud, como veremos en el capítulo correspondiente a ella.

Hago especial hincapié en la importancia de que aprenda a manejar este método ya que le resultará de suma utilidad. Como ama de casa le guiará en la elección de sus menús, como madre le servirá de método de enseñanza para que sus hijos vayan poco a poco aprendiendo las bases sencillas pero indispensables para una buena nutrición. Es especialmente importante para cualquier persona ya que desde la infancia debe comprenderse que salud y alimentación, van de la mano; que depende de la sabia elección de nuestros alimentos no sólo el adecuado desarrollo y crecimiento, sino una vida sana, plena y feliz.

Pasemos entonces a explicar la forma en que este modelo debe manejarse:

Si usted hace dos comidas al día, e incluye una porción en cada comida de cada uno de los cinco grupos poniendo especial énfasis en los grupos tres y cuatro, llenará en términos generales sus requerimientos nutricionales.

Si realiza tres comidas al día deberá combinar los grupos 3 y 4 en una de ellas (3. Cereales integrales, semillas y oleaginosas y 4. Leguminosas); los grupos 3 y 5 en otra comida (3. Cereales integrales, semillas y oleaginosas y 5. Huevos y lácteos); y en la tercera comida puede elegir entre los grupos 3 y 4 ó 4 y 5 ó 3 y 5 y agregar además porciones de los dos grupos restantes: grupo 1. Frutas o grupo 2. Hortalizas, en cada comida.

Este sistema de combinación de alimentos le permitirá además de una adecuada nutrición una amplísima gama de posibilidades culinarias de tal forma que además de poder elegir una alimentación nutritiva, tiene la facilidad de poder preparar menús sabrosos y variados.

Las numerosas opciones de recetas de cocina que le brinda este libro, le serán de gran utilidad al respecto.

LA FIBRA

Hace todavía algunos años, la dieta humana en general estaba constituida de alimentos naturales e integrales que contenían no sólo los nutrimentos requeridos, sino también la cantidad de fibra necesaria para una correcta función intestinal.

La constipación y demás problemas derivados de ella eran casi desconocidos para el hombre. A medida que la civilización y con ella la tecnología avanzaron, se fueron introduciendo poco a poco en la alimentación humana productos procesados y refinados tales como la harina y el azúcar, los cereales pulidos, etc.

Alimentos que al ser sometidos a estos procesos no sólo perdían varios elementos nutritivos como la variedad de los minerales y vitaminas que se encuentran en el azúcar mascabado, en la miel o melaza (vea el capítulo de Hidratos de carbono). O como la vitamina E que se encuentra en los cereales y que es un importante factor en la nutrición celular (vea capítulo de Vitaminas), sino que (y quizá esto sea lo más grave) se estaba eliminando de la dieta la fibra, constituyendo este hecho el principio de una gran serie de problemas del aparato digestivo.

Cuando el consumo de fibra en la dieta es muy pequeño, los residuos que llegan al colon no son fácilmente eliminados, ya que en lugar de una masa voluminosa que puede ser removida fácilmente, sólo encontramos una pequeña cantidad de material pastoso.

Los restos de tales dietas bajas en fibra, pasan a través del tracto intestinal con mucha mayor lentitud, convirtiéndose el estreñimiento en un problema crónico.

Se han realizado estudios en Inglaterra sobre personas habituadas al consumo frecuente de pastelitos, dulces y alimentos refinados y se ha encontrado que en casos como éstos se requiere más de una semana para que la pequeña masa sobrante de la asimilación de estos productos sea evacuada.

En contraste con los países en donde la gente consume alimentos no refinados ni procesados, el tránsito de la comida a través del tracto intestinal puede reducirse a tan sólo 4 o 6 horas (11).

Cuando el estreñimiento se ha vuelto crónico las heces que no se han eliminado pueden llegar a endurecerse y adherirse a la pared intestinal, formando así divertículos que al inflamarse dan lugar a la diverticulosis.

Recientemente se ha estudiado cómo las enfermedades frecuentes en el hombre occidental moderno, tales como cáncer del colon, eran prácticamente desconocidas en los grupos humanos que tenían una dieta integral.

La fibra tiene la capacidad de absorber o retener ciertas sustancias tóxicas o irritantes del organismo, eliminándolas a través de las heces. Entre estas sustancias se encuentra la bilis que cuando no es eliminada normalmente puede llegar a ser modificada por ciertas bacterias que la convierten en una sustancia capaz de causar cáncer en el colon. Este tipo de bacterias son mucho menos comunes en los intestinos de aquellas personas cuya dieta no incluye carne y es rica en fibra.

De lo anterior se dedujo que muchos problemas de salud eran debidos a la falta de fibra en la dieta y como consecuencia se inició una tendencia casi exagerada de añadir grandes cantidades de salvado en la alimentación.

Uno de los componentes más importantes de la fibra es la celulosa, un polisacárido, casi idéntico al almidón (una de nuestras principales fuentes de energía) cuya única diferencia estriba en el tipo de enlace que une a cada una de sus moléculas. Nuestro organismo tiene la capacidad de romper los enlaces alfa del almidón aprovechando así sus elementos nutritivos. No sucede lo mismo con los enlaces beta de la celulosa, ya que nuestro organismo no tiene las enzimas requeridas para romper este tipo de enlace. De ahí que la celulosa no se digiera. Sin dejar por esto de ser importante como ya hemos mencionado.

Por lo tanto la fibra no es un elemento nutritivo pues no la podemos digerir. Su importancia estriba en absorber agua y bilis durante la digestión, aumentando el volumen del excremento y ayudando así a que este pueda ser eliminado en forma plena, adecuada y en menor tiempo.

Sin embargo, debe aclararse que la actitud que tanto se ha incrementado recientemente de agregar salvado en la dieta no es la solución ideal para la constipación.

El salvado contiene un ácido que al ser consumido en mayor cantidad de la que se encuentra en forma natural en los alimentos integrales puede capturar minerales durante el proceso digestivo "robándoselos" a nuestro cuerpo, produciendo así deficiencias en zinc, calcio, etc.

Además, los experimentos han demostrado que cuando el salvado es incluido en la dieta en forma aislada, en lugar de utilizar alimentos integrales ricos en fibra, varios de los beneficios que se obtienen en la digestión y asimilación de estos últimos se pierden.

Por ejemplo, uno de los beneficios del consumo de dietas integrales es que su fibra ayuda a disminuir el nivel del colesterol en la sangre casi al doble que cuando se ingiere el salvado en forma aislada aun en el caso de que se consuma doble cantidad de salvado.

Otro gran beneficio del consumo de alimentos integrales es lo ya mencionado varias veces a lo largo de esta obra, la obtención de todos los nutrimentos a la vez: proteínas, lípidos, hidratos de carbono, vitaminas, minerales y fibra.

Debemos mencionar también otro tipo de fibra importante, la pectina, un hidrato de carbono hidrosoluble pero resistente a las enzimas digestivas. La pectina se encuentra en la mayoría de las frutas, especialmente en las manzanas y en muchos vegetales (12).

La pectina tiene la capacidad de absorber agua dentro del organismo, dando volumen y suavidad a las heces y facilitando así su eliminación. La pectina tiene además compuestos que ayudan a disminuir el nivel de colesterol en el organismo.

Para concluir podemos decir que los tipos ideales de fibra más benéficos para el intestino, especialmente cuando hay problemas de estreñimiento crónico, son las fibras suaves y mucilaginosas como la pectina ya mencionada.

La semilla de la linaza es especialmente benéfica en estos casos ya que tiene la capacidad de suavizar y lubricar el tracto intestinal evitando la constipación. Cuando ésta es crónica se aconseja tomar una cucharada de semilla de linaza remojada durante 20 minutos en agua caliente dos veces al día. También se puede comer seca masticándola perfectamente. Recuerde, sin embargo, que la forma ideal de obtener la fibra es a través de una **alimentación integral.**

El YOGURT

Quizá la preparación del yogurt surgió de la necesidad de encontrar una forma de preservar la leche fresca.

El resultado fue un alimento que además de sabroso y refrescante es muy nutritivo y que es utilizado por muchas culturas, en una gama muy amplia de posibilidades culinarias.

El objeto de hervir la leche con la que se va a preparar el yogurt es el de destruir cualquier bacteria o enzima de la leche que pueda interferir con el crecimiento del cultivo que se le agrega o que pueda ser dañina al organismo. El yogurt es una alternativa ideal para aquellas personas que tienen intolerancia a la leche debido a la falta de la enzima llamada "lactasa". Durante el proceso de acidificación de la leche para convertirse en yogurt, la lactosa se rompe formando ácido láctico, siendo éste fácilmente tolerado por aquellos que no digieren el azúcar de la leche (11).

Más del 50% de las heces fecales están formadas por bacterias.

Esas colonias de bacterias habitan el intestino humano y son de carácter vital para la buena digestión y salud en general.

Esos millones de bacterias colaboran en la digestión y eliminación, además de sintetizar algunas vitaminas que el organismo no puede elaborar y/o no puede obtener en cantidades suficientes a través de la dieta.

El uso de antibióticos destruye gran cantidad de la flora bacteriana.

Esto, aunado a la dieta rica en azúcares y productos refinados, más el consumo de carnes principalmente, favorece el desarrollo de bacterias de putrefacción en detrimento de las de fermentación. En consecuencia hay irregularidades en la digestión, acné, putrefacción intestinal (9).

El yogurt contiene gran cantidad de bacterias benéficas, por lo que se recomienda consumirlo de una manera muy especial, cuando se está haciendo el cambio de la alimentación carnívora a la vegetariana, ya que en el primer caso la digestión se realiza a través de las bacterias de putrefacción y cuando cambiamos el sistema de nuestra alimentación a una dieta vegetariana, requerimos para una buena digestión y asimilación, de esas benéficas bacterias de fermentación que contiene el yogurt y que poco a poco irán reemplazando a las bacterias de putrefacción, repercutiendo este hecho de una manera muy positiva en nuestra salud en general. Es un magnífico auxiliar para corregir padecimientos estomacales como colitis, estreñimiento, úlceras, gastritis, etc.

El yogurt es además fácil de digerir, proveyendo al mismo tiempo proteínas, calcio, fósforo, riboflavina, vitamina B12, magnesio, zinc, ácido pantoteico, vitamina C. (Consulte Anexo I.)

En una región de Rusia donde la gente goza de buena salud y longevidad se encontró que en gran parte se debe al consumo habitual de yogurt.

Se puede aplicar externamente al cutis para refrescar y devolver lozanía a la piel.

En la cocina su uso es variadísimo, se puede emplear en la preparación de postres, aderezos, panes, sopas, etc.

Consulte el Contenido.

Respecto a las variantes del yogurt como son: la leche búlgara y el jocoque, sus beneficios y propiedades nutritivas son más o menos los mismos. Así que se pueden emplear cualquiera de ellos indistintamente, dependiendo de lo que nos sea más fácil obtener.

Su preparación se detalla a continuación.

YOGURT

Ingredientes:

* 2 lts. de leche,
* 2 cucharadas soperas de leche en polvo (opcional)
* 150 ml. de yogurt (3/4 de taza)

Procedimiento:

Se hierve la leche, se deja enfriar durante 30 minutos, se agrega la leche en polvo y el yogurt bien batido, se tapa el recipiente y se envuelve perfectamente con una tela de lana o una cobijita para que guarde el calor durante 5 horas o más según si la temperatura exterior es templada o fría.

Una vez cuajado el yogurt se refrigera.

*Si el yogurt no cuaja bien y le quedó con mucho suero, puede deberse a las siguientes causas:

A) Leche de muy mala calidad. En este caso se debe agregar más leche en polvo (4 a 6 cucharadas) o

B) Los bacilos del yogurt necesitan para reproducirse un medio ambiente calientito (37° C).

Si usted no mantuvo la leche lo suficientemente cubierta para que conservara su temperatura, al enfriarse, los lactobacilos ya no se pueden reproducir.

EL FRIJOL DE SOYA

Antecedentes:

Ya desde muchos años atrás se ha utilizado el frijol de soya, en el Lejano Este como comestible.

Reemplaza al trigo y al maíz ventajosamente y es bastante más nutritivo. Los aminoácidos que constituyen las proteínas de la soya, son casi tan asimilables como los aminoácidos de las proteínas contenidas en la carne, ya que sólo es carente en metionina.

Su contenido proteico es de 33% y su UNP es de 63 como frijol y de 65 como tofu, lo que lo coloca en un nivel proteico excelente, ya que por ejemplo la carne de res y las aves tienen un UNP de 67 (consulte el capítulo de Proteínas).

En el libro de P en "T" *Sao Kong Mu*, que describe los 5 granos sagrados: arroz, soya, trigo, cebada y mijo, se encuentra el primer informe escrito del frijol de soya por el año 2838 antes de Jesucristo. Era considerado como la leguminosa más importante y esencial para la existencia de la civilización china (15).

El frijol de soya es utilizado sin cáscara, para formar la harina de soya que presenta un alto poder alimenticio, mayor que otro tipo de harinas. Esta harina se usa en las industrias de dulces y panaderías como sustituto de leche en polvo, así como para otros usos. Su contenido proteico es de 36.7%.

Sabemos que además de existir aminoácidos esenciales, también existen ácidos grasos esenciales que son indispensables en la dieta humana, y la soya es muy rica en ellos 20.3%, además de contener lecitina y vitaminas liposolubles. (Consulte Anexo I.)

Su contenido en hierro, fósforo, cobre, magnesio y sodio permite que este alimento sea muy útil para prevenir cierto tipo de anemias. La soya es un alimento completo y nutritivo, además de muy versátil, ya que se puede preparar en forma de germinados, como carne de soya texturizada (se compra deshidratada en las tiendas de autoservicio y de nutrición), se puede hacer leche o queso de soya, también harina o aceite del mismo grano. Con la harina podemos preparar una gran variedad de atoles, panes, galletas, etc. Como frijol verde y germinado contiene: Vitamina A, B1, B2 y Vitamina C.

Como frijol seco abunda en varias vitaminas, sobre todo en la B1 y la B2, y en cantidades considerables de A, E y K. (Consulte Anexo I), y en forma de aceite contiene: Vitamina A, D, E, K.

Otra de las formas de utilizar la soya es preparar leche en base a este grano, obteniendo nutritivos resultados.

Contiene más del doble de calcio que la leche de vaca (278 mg. contra 118 mg. de la leche de vaca), elemento importante para fortalecer los huesos y dientes.

Al preparar la leche, el agua extrae las proteínas, las cuales emulsifican el aceite produciendo una leche muy semejante a la leche de vaca. Esta leche a su vez se puede cuajar produciendo un queso que es muy conocido y utilizado en el Oriente (Tofu).

Respecto a la economía, la leche de soya es una magnífica solución, que de 1 kg. de frijol de soya se pueden obtener de 8 a 9 litros de leche de soya.

Ofrece además una magnífica alternativa para los niños o adultos que presenten intolerancia a la leche de vaca. Dicha intolerancia es debida a la carencia en el organismo de una enzima denominada lactasa (vea capítulo de Yogurt). Para los bebés, la leche de soya preparada en casa puede ser de difícil digestión, así que debe de vigilarse su consumo en niños menores de 6 meses.

A continuación indicamos cómo preparar la leche y el queso de soya:

LECHE DE SOYA

Ingredientes:

* 1/4 de kg. de frijol de soya
* 2 lts. de agua
* 1 raja de canela
* Piloncillo o azúcar mascabado al gusto

Procedimiento:

Poner a remojar la soya en agua hirviendo durante 5 minutos. Escurrirla y dejarla remojando durante 17 horas en agua fría.

Moler en la licuadora con el agua indicada, vaciar a una manta o servilleta donde se filtre y enseguida se exprime, el líquido blanco que resulte, o sea la leche, se pone a hervir con el piloncillo y la canela durante el tiempo necesario para que hierva y suba al igual que la leche de vaca, moviendo de vez en cuando para que no se pegue.

Servir caliente o fría. Emplear al igual que la leche de vaca para chocolate, café, atole, licuados o sola.

NOTA: La masa o bagazo sobrante del frijol (ÓKARA) es utilizada para preparar galletas, panes o pasteles.

QUESO DE SOYA

Ingredientes:

* 1 taza de frijol de soya
* 2 lts. de agua
* El jugo de dos limones

Procedimiento:

Remojar el frijol de soya en agua hirviendo durante 5 minutos. Escurrir y dejar en remojo en agua fría durante 17 horas.

Molerlo con el agua indicada utilizando el agua del remojo para completar los dos litros.

Colocar sobre una olla un cedazo de manta húmeda y vaciar ahí el líquido a que se filtre, se exprime después la manta.

Poner el líquido blanco, o sea la leche de soya al fuego lento, cuando esté tibia retirar del fuego, añadir el jugo de limón moviendo para que se incorpore todo perfectamente.

Dejar en reposo en un lugar tibio para que cuaje. Aproximadamente una hora.

Una vez cuajado, vaciar nuevamente en una manta y se cuelga a que escurra el suero, cuando ya esté casi seco amasar con un poco de sal o salsa de soya y moldear para darle forma de queso. Se puede servir bañado con salsa de soya como botana. En chop suey u otros platillos chinos. Se puede también cortar en rebanadas, freír a que dore y agregar unas gotitas de salsa de soya. Dejándolo como requesón, se puede servir con fruta y miel o espolvorear sobre ensaladas, etc.

NOTA: Recuerde que el bagazo del frijol que quedó en la servilleta se puede utilizar para hacer galletas, panes, chorizo, etc.

$Ó$KARA

Es la parte restante del frijol de soya que se obtiene al extraer la leche de éste.

Podemos decir que es el bagazo del frijol, una vez que se ha molido, pero no debemos verlo como un desecho ya que conserva un porcentaje apreciable de las proteínas de la soya, pero sobre todo es la parte fibrosa del frijol.

La fibra como sabemos es esencial para el buen funcionamiento intestinal. (Consulte Fibra.)

Sáquele partido al ókara, lo puede utilizar como sustituto de la carne de soya, en la elaboración de chorizo, atún, picadillo, etc.

Al preparar panes, tortillas, tamales, etc. emplee la mitad de la harina indicada en su receta y la otra mitad de ókara, así aumentará el valor nutricional de su platillo, evitará el desperdicio resultando en bien de su economía y sobre todo le proporcionará a su organismo la fibra tan escasa en la alimentación moderna, redundando esto en beneficio de su salud.

EL GLUTEN

Alimento sano y nutritivo que preparándolo en la forma correcta tiene la misma apariencia que la carne y claro está, no contiene las toxinas y el ácido úrico de ésta.

El gluten contiene la parte proteica del trigo ya que en su preparación, el almidón es eliminado. Es rico en vitaminas y minerales, pero sobre todo en proteínas (45%).

Su UNP es de 39 (consulte capítulo de Proteínas), ya que es deficiente en lisina; de ahí que para obtener una proteína de mejor calidad se debe combinar con leguminosas o con lácteos, que son ricos en este aminoácido.

Este alimento tiene grandes ventajas, ya que además de ser nutritivo es barato, fácil de hacer y conservar.

Con una asombrosa versatilidad que nos permite elaborar con él una gran variedad de vistosos y sabrosos platillos.

CUADRO DEL CONTENIDO NUTRICIONAL DEL GLUTEN

Proteínas	45%
Hidratos de Carbono	20%
Grasas	10%
Agua	20%
Minerales	5%
Total	100%

Las vitaminas que contiene son:
B1, B2, B3, B5, B6 y la E.

GLUTEN

Ingredientes:

* 3 kilos de harina de trigo blanca o integral
* Agua, la necesaria

Caldo de Cocción:

* 3 lts. de agua
* 1 taza de salsa de soya
* 1 cucharada de orégano
* 1 rama de apio en trocitos

* 1 cabeza de ajo
* 1 cebolla en trozos
* Hierbas de olor
* Perejil y cilantro al gusto

Procedimiento:

1. Colocar la harina en una palangana grande e ir agregando poco a poco el agua necesaria para formar una masa como cuando se va a hacer pan. Una vez obtenida esta pasta, dejarla en la misma bandeja y cubrirla de agua. Dejarla reposar de 5 a 6 horas. Si se amasa en la noche se dejará reposar hasta la mañana siguiente.

2. Ya pasado el tiempo del reposo lavar la masa con ambas manos como si se estuviera amasando. Cuando el agua de la palangana esté ya muy blanca se tira y se agrega más agua limpia, se sigue lavando repitiendo los mismos pasos; una vez que el agua esté muy blanca tirarla, poner más agua limpia y continuar así hasta que el agua del lavado quede solamente blanquecina.

   Se cambia entonces nuevamente agua limpia a que cubra la masa restante que es precisamente el gluten en crudo y se deja reposar durante 1 o 2 horas a que tome consistencia.

   Durante el lavado vamos eliminando de la masa el almidón, que es lo blanquecino del agua, y nos resta el gluten que es precisamente la proteína de trigo. Mientras esté lavando el gluten debe tenerse cuidado de que al cambiar el agua no se tiren trocitos de gluten pues esto mermaría mucho el producto final.

3. Veinte minutos antes de que se cumpla el tiempo de reposo del gluten, se procederá a preparar el caldo de cocción, colocando en una olla todos los ingredientes. Ponerlos al fuego y cuando suelte el hervor, agregar poco a poco los bisteces de gluten que se prepararán así:

4. Cuando ya el gluten hubo reposado, se saca del agua y se cortan trocitos del tamaño deseado. Extenderlos con un vaso o rodillo, dándoles la forma del bistec.

Se dejan cociendo a fuego suave durante 20 minutos.

Se retiran del fuego, se escurren y se preparan al gusto.

Pueden guisarse como milanesas, como se hace comúnmente con la carne, o adobarse, o hacerse al carbón. Igualmente se pueden preparar bisteces encebollados, o fritos solamente, en fin, de cualquiera de las formas como comúnmente se prepara la carne, (vea el Contenido) con la grandísima ventaja de que está obteniendo carne vegetal, nutritiva y sin los inconvenientes que presenta la carne: ácido úrico, innumerables bacterias de putrefacción, y por tanto infinidad de problemas para la salud.

Sin contar por supuesto que esta carne vegetal estará siempre fresca, limpia, sin cisticercos, sin nervios o gordos, y sobre todo al alcance siempre de su bolsillo, ya que de 3 kilos de harina obtenemos de $1^{1/2}$ a $1^{1/4}$ de kilos de gluten, lo que rinde para 20 o 25 filetes medianos. Imagínese usted los grandes beneficios que reciben usted, su familia y su bolsillo.

Una vez que hemos aprendido la receta básica del gluten vamos a proceder a preparar otros platillos con base en él.

Tenga presente que su experiencia en la preparación de carne animal es muy valiosa, pues puede preparar las mismas recetas conocidas por usted, solamente sustituyendo la carne por el gluten; con la única salvedad de que cuando por ejemplo, usted vaya a preparar pancita o cuete, etc. el gluten se deberá cocer, en lugar de bisteces, en la forma requerida por su receta, es decir: si es pancita o carnitas, en trocitos cuadrados o rectangulares; si es cuete o lomo, en un trozo o rollo grande que se mechará después.

Igualmente cualquier platillo que se prepare con carne de soya, se puede suplir por gluten.

A continuación damos una lista de sugerencias de platillos que puede preparar con gluten.

Busque en el Contenido en la sección de Guisados para encontrar la receta que haya elegido:

* Bisteces de gluten al carbón
* Birria
* Caguama
* Callos a la madrileña
* Carne adobada
* Carne china c/verduras
* Carne con plátano estilo veracruzano
* Carne en chile pasilla
* Carne en escabeche
* Carne en salsa de crema
* Carne empapelada
* Cochinita pibil
* Cuete mechado a la vinagreta
* Chicharrón
* Chorizo
* Gluten en mole rojo
* Lomo con champiñones
* Lomo con chorizo
* Lomo de carne de soya o gluten
* Mancha mantel
* Pancita vegetariana
* Pastel de carne
* Pollo
* Tortitas de maíz con pollo
* Tortitas de gluten

LOS GERMINADOS

Una maravillosa capacidad de las semillas es la de que al ser germinadas se multiplican en una forma tan asombrosa, que con 3 cucharadas de ellas, obtenemos al germinarlas casi un frasco de litro de germinados.

Son por lo tanto un magnífico complemento alimenticio, que combinado con cereales o leguminosas nos brinda la oportunidad de obtener un producto nutritivo, pero sobre todo que puede usted mismo prepararlo en casa fácilmente, resultando por tanto muy económico.

En general, todos los granos contienen proteínas, carbohidratos, vitaminas y sales minerales, pero cuando se germinan, su contenido nutricional cambia.

Una taza de germinados de soya contiene 6 gramos de proteínas de las cuales 3 gramos son utilizadas por el organismo. Su UNP es de 56 (consulte el capítulo de Proteínas).

Al germinar las semillas el contenido de Vitamina C se multiplica, su naturaleza feculosa se reduce, las sales minerales como el calcio, fósforo, hierro, potasio y magnesio también se multiplican, y el contenido proteico de la semilla está presente en el germinado.

Los germinados constituyen un alimento sano, fresco, fácil de asimilar; además son un excelente medio para complementar nuestra alimentación diaria.

¿Cómo obtener los germinados en casa?

Ingredientes:

* 1 frasco de vidrio de un litro con boca ancha
* 3 cucharadas de semilla bien lavada (lenteja, soya, alfalfa, garbanzo, etc.)
* 1/2 lt. de agua

Procedimiento:

1. Vaciar las semillas al frasco y dejar remojando toda la noche en el agua simple, cubriendo la boca del frasco con un cuadrito de gasa o tela delgada y sujetar apretando con una liga o cinta para que no se tiren las semillas y no entren los insectos o el polvo en el frasco.

2. Escurrir el agua sin destapar el frasco, enjuagar el grano y volver a escurrir; acomodar los granos a lo largo de la pared del frasco y dejar reposar donde no le de la luz directa (puede ser en la alacena). El agua donde se han remojado las semillas es rica en vitaminas y algunos minerales y es recomendable por tanto que la tome.

3. Al día siguiente volver a enjuagar el grano, escurrir y acomodar otra vez en la pared del frasco para que se sigan germinando. Este último paso habrá que repetirlo 1 o 2 días más y estará listo para comer cuando el brote tenga 2 o 3 centímetros de largo y/o la semilla suelte la cáscara.

Estos germinados se utilizan para ensaladas, atoles, aguas, guisados, sopas, etc.

NOTA: Es recomendable que cuando los germinados ya estén listos, se expongan a la luz solar indirecta por espacio de unas 2 horas para que se forme la clorofila en las hojitas. Esto favorece además el aumento de Vitamina C y les da un sabor más agradable.

Es importante que las semillas que se vayan a destinar para germinados estén libres de fungicidas, insecticidas, etc. Asegúrese de ello ya que estos productos químicos son sumamente nocivos para la salud. El lugar más seguro para comprarlas es en los mercados o tiendas de nutrición y no donde venden artículos para los agricultores, pues lo más seguro es que esas semillas estén fumigadas.

TABLAS DEL VALOR NUTRITIVO DE LOS ALIMENTOS

ANEXO I

Por cada 100 gramos

	CALORÍAS	PROTEÍNAS gramos	GRASAS gramos	CARBOHIDRATOS gramos	CALCIO miligramos	FÓSFORO miligramos	MAGNESIO	HIERRO miligramos	SODIO miligramos	POTASIO miligramos	RETINOL u.i.	TIAMINA miligramos	RIBOFLAVINA	NIACINA	ASCÓRBICO
ACEITE	884	0.0	100.0	0.0	0			0.0			0	0.00	0.00	0.0	0
ACELGA, cruda	25	2.4	0.3	4.6	88	39	65	3.2	147	550	6,500	.06	.17	.5	32
cocida	18	1.8	.2	3.3	73	24		1.8	86	321	15,400	.04	.11	.4	16
ACEROLA, fruto crudo	28	.4	.3	6.8	12	11		.2	8	83		.02	.06	.4	1,300
ACEROLA, jugo, crudo	23	.4	.3	4.8	10	9	45	.5	3		290	.02	.06	.4	1,600
AGUACATE, crudo	167	2.1	16.4	6.3	10	42		.6	4	604		.11	.20	1.6	14
AGUA MIEL	22	0.3	0.0	5.3	10			0.4			0	0.10	0.01	0.5	11
AJO, crudo	137	6.2	.2	30.8	29	202	36	1.5	19	529	min*	.25	.08	.5	15
AJONJOLÍ, semillas secas, enteras	563	18.6	49.1	21.6	1,160	616	181	10.5	60	725	30	.98	.24	.4	0
ALBARICOQUES, crudos	51	1.0	.2	12.8	17	23	12	.5	1	281	2,700	.03	.04	.6	10
ALBARICOQUES, secos sin cocinar	260	5.0	.5	66.5	67	108	62	5.5	26	979	10,900	.01	.16	3.3	12
ALCACHOFAS, crudas	9.47	2.9	0.2	10.6	51	88		1.3	43	430	160	.08	.05	1.0	12
cocidas	8.44	2.8	.2	9.6	51	68		1.1	30	301	150	.07	.04	.7	8
ALCACHOFAS, pataca cruda	7.75	2.3	.1	16.7	14	78	11	3.4			20	.2	.06	1.3	4
ALGARROBA, harina	180	4.5	1.4	80.7	352	81									
ALGAS MARINAS, crudas		5.0	1.1		1,093	240	740	3.7	3,007	5,273					5,140
ALMENDRAS, secas	598	18.6	54.2	19.5	234	504	270	4.7	4	773	0	.24	.92	3.5	min*
ALUBIAS (promedio)	332	20.3	2.8	58.6	132			6.7			3	0.46	0.19	2.0	3
ALVERJÓN	349	20.5	2.0	64.2	72			7.5			2	0.91	0.18	2.3	0
ANONA	73	2.3	0.2	17.8	62	28	22	2.9	126	341	240	0.08	0.11	0.7	9
APIO, crudo	17	.9	.1	3.9	39			.3			0	.03	.03	.3	9
ARROZ BLANCO	364	7.4	1.0	78.8	10			1.1			0	0.23	0.03	1.6	0
ARROZ (harina de)	363	6.9	0.6	79.7	9			1.3			0	0.08	0.03	1.6	0
ARROZ INTEGRAL, cocido	119	2.5	.6	25.5	12	73	29	.5	3	70	0	.09	.02	1.4	0
ARROZ PULIMENTO	265	12.1	12.8	57.7	69	1,106		16.1	min*	714	0	1.84	.18	28.2	0
ARROZ SALVADO DE	276	13.3	15.8	50.8	76	1,386		19.4	min*	1,495	0	2.26	.25	29.8	0
AVELLANAS	634	12.6	62.4	16.7	209	337	184	3.4	2	704		.46		.9	min*
AVENA, hojuelas o desmenuzada, seca	390	14.2	7.2	68.2	53	405	144	4.5	2	352	0	.60	.10	1.0	0
cocida	55	2.0	1.0	9.7	9	57	21	.6		61	0	.08	.02	.1	0
AZÚCAR REFINADA	384	0.0	0.0	99.1	0			0.0			0	0.00	0.00	0.0	0

	CALORÍAS	PROTEÍNAS gramos	GRASAS gramos	CARBOHIDRATOS gramos	CALCIO miligramos	FÓSFORO miligramos	MAGNESIO	HIERRO miligramos	SODIO miligramos	POTASIO miligramos	RETINOL u.i.	TIAMINA miligramos	RIBOFLAVINA	NIACINA	ASCÓRBICO
BERENJENA, cocida	19	1.0	.2	4.1	11	21		.6	1	150	10	.05	.04	.5	3
BERROS, crudos	19	2.2	.3	3.0	151	54	20	1.7	52	282	4,900	.08	.16	.9	79
BERZA (col rizada), hojas, crudas	45	4.8	0.8	7.5	250	82	57	1.5	75	450	9,300	.16	.31	1.7	152
cocidas	33	3.6	.7	5.1	188	52	38	.8	43	262	7,800	.11	.20	1.2	76
BERZA (común), hojas, crudas	53	6.0	.8	9.2	249	93	37	2.7		378	10,000	.17	.26	2.1	186
cocidas	39	4.5	.7	6.1	187	58	25	1.6		221	8,300	.10	.18	1.6	93
BETABEL, crudo	43	1.6	.1	9.9	16	33	15	.7	60	335	20	.03	.05	.4	10
cocido	32	1.1	.1	7.2	14	23		.5	43	208	20	.03	.04	.3	6
BETABEL, hojas, crudas	24	2.2	.3	4.6	117	40	106	3.3	130	570	6,100	.10	.22	.4	30
cocidas	18	1.7	.2	3.3	99	25		1.9	76	332	5,000	.07	.15	.3	15
BRÓCOLI, crudo	32	3.6	.3	5.9	103	78	24	1.1	15	382	2,500	.10	.23	.9	113
cocido	26	3.1	.3	4.5	88	62	21	.8	10	267	2,500	.09	.20	.8	90
CACAHUATES, crudos con cascarilla	564	26.0	47.5	18.6	69	401	206	2.1	5	674		1.14	.13	17.2	0
CACAHUATE, tostado	571	27.6	46.7	20.9	72			3.5			0	0.25	0.26	16.8	0
CACAO, sin cáscara	556	16.0	49.5	21.1	85			3.1			0	0.27	0.11	0.6	0
CAIMITO MORADO	52	1.3	1.7	9.4	33			4.4	1		0	0.05	0.03	1.0	12
CALABACITAS, verano todas las variedades, crudas	19	1.1	1.1	4.2	28	29	16	0.4	1	202	410	.05	.09	1.0	22
cocidas	14	.9	.1	3.1	25	25	16	0.4	1	141	370	.05	.08	.8	10
invierno, crudas	50	1.4	.3	12.4	22	38	17	.6	1	369	3,700	.05	.11	.6	13
cocidas (horneadas)	63	1.8	.4	15.4	28	48	17	.8	1	461	4,200	.05	.13	.7	13
CALABAZA, cruda	26	1.0	.1	6.5	21	44	12	.8	1	340	1,600	.05	.11	.6	9
CALABAZA, semillas secas	553	29.0	46.7	15.0	51	1,144	31	11.2			70	.24	.19	.4	
CAMOTE, tubérculo crudo	101	2.1	.2	23.2	20	69		.6	3	600		.10	.04	.5	9
CAÑA DE AZÚCAR	64	0.5	0.5	17.2	18			0.7			0	0.69	0.03	0.2	8
CAPULÍN	66	1.5	0.0	16.8	45			1.4			35	0.04	0.03	1.0	13
CAQUI (persimon), crudo	127	.8	.4	33.5	27	26	8	2.5		310	230	.05	.05	.3	66
CASIS (grosella negra), crudas	54	1.7	.1	13.1	60	40	15	1.1		372		.22	.22	.6	200
CASTAÑAS, frescas	194	2.9	1.5	42.1	27	88	41	1.7	6	454	0	0.00	0.03	0.0	0
CEBADA (agua fresca)	25	0.0	0.0	6.0	10			1.1			0				
CEBADA, perla, ligera	349	8.2	1.0	78.8	16	189	37	2.0	3	160		.12	.05	3.1	0

Por cada 100 gramos

	CALORÍAS	PROTEÍNAS gramos	GRASAS gramos	CARBOHIDRATOS gramos	CALCIO miligramos	FÓSFORO miligramos	MAGNESIO	HIERRO miligramos	SODIO miligramos	POTASIO miligramos	RETINOL u.i.	TIAMINA miligramos	RIBOFLAVINA	NIACINA	ASCÓRBICO
CEBOLLA BLANCA	38	1.5	.1	8.7	27	36	12	.5	10	157	40	.03	.04	.2	10
tiernas, bulbo y hojas	36	1.5	.2	8.2	51	39		1.0	5	237	2,000	.05	.05	.4	32
CEBOLLA MORADA	32	0.8	0.0	7.7	33			1.4			0	0.04	0.02	0.3	11
CENTENO, grano, entero	334	12.1	1.7	73.4	38	376	115	3.7	1	467	0	.43	.22	1.6	0
harina integral	327	16.3	2.6	68.1	54	536	73	4.5	1	860		.61	.22	2.7	0
CEREZAS, guinda, roja, crudas	58	1.2	.3	14.3	29	19	14	.4	2	191	1,000	.05	.06	.4	10
dulces, crudas	70	1.3	.3	17.4	22	19	9	.4	2	191	110	.05	.60	.4	10
congelada, guinda, roja	55	1.0	.4	13.4	13	22	10	.7	2	188	1,000	.04	.07	.3	5
CILANTRO	26	2.6	0.3	4.7	108		9	2.3			384	0.12	0.06	1.0	11
CIRUELA, tipo pasa, cruda	75	.8	.2	19.7	12	18		.5	1	170	300	.03	.03	.5	4
CIRUELA AMARILLA	71	0.6	0.6	17.9	29			3.4			76	0.09	0.12	1.0	19
CIRUELA ROJA	48	0.8	0.4	11.8	15			0.8			11	0.05	0.03	0.9	12
CLARA	53	11.0	0.2	1.0	9			0.8			0	0.01	0.26	0.1	0
COCO, fresco	346	3.5	35.3	9.4	13	95	46	1.7		256	0	.05	.02	.5	3
seco	662	7.2	64.9	23.0	26	187	90	3.3	23	588	0	.06	.04	.6	
COCO, AGUA DE, de cocos verdes	22	.3	.2	4.7	20	13	28	.3	25	147	0	min*	min*	.1	2
COCO DE ACEITE	644	6.1	67.4	14.3	8			19.6				0.00	0.04	0.2	0
COCO (LECHE DE)	19	0.2	0.1	4.1	20			0.4				0.000	0.01	0.1	2
COL AGRIA, tiras y líquido	18	1.0	.2	4.0	36	18		.5		140	50	.03	.04	.2	14
COL BLANCA, cruda	24	1.3	.2	5.4	49	29	13	.4	20	233	130	.05	.05	.3	47
COL MORADA, cruda	31	2.0	.2	6.9	42	35		.8	26	268	40	.09	.06	.4	61
COLECITAS DE BRUSELAS, crudas	45	4.9	.4	8.3	36	80	29	1.5	14	390	550	.10	.16	.9	102
cocidas	36	4.2	.4	6.4	32	72	21	1.1	10	273	520	.08	.14	.8	87
COLIFLOR, cruda	27	2.7	.2	5.2	25	56	24	1.1	13	295	60	.11	.10	.7	78
cocida	22	2.3	.2	4.1	21	42		.7	9	206	60	.09	.08	.6	55
COLINABO, crudo	29	2.0	.1	6.6	41	51	37	.5	8	372	20	.06	.04	.3	66
CREMA 20%	204	3.0	20.0	4.0	97			0.1			200	0.04	0.63	0.1	1
CREMA 40%	340	2.3	36.6	2.1	77			0.1			365	0.03	0.11	0.1	2
CHABACANO	44	0.6	0.3	11.0	24			1.6			137	0.03	0.05	0.6	8
CHAYOTE con espinas	27	1.0	0.1	6.6	16			1.7			0	0.03	0.04	0.2	12
CHAYOTE sin espinas	26	1.0	0.1	6.3	27			1.0			0	0.03	0.07	0.4	8

Por cada 100 gramos

	CALORÍAS	PROTEÍNAS gramos	GRASAS gramos	CARBOHIDRATOS gramos	CALCIO gramos	FÓSFORO miligramos	MAGNESIO	HIERRO miligramos	SODIO miligramos	POTASIO miligramos	RETINOL u.i.	TIAMINA miligramos	RIBOFLAVINA	NIACINA	ASCÓRBICO
CHÍCHAROS, crudos de la vaina	53	3.4	.2	12.0	62	90	35	.7		170	680	.28	.12		21
tiernos, cocidos	71	5.4	.4	12.1	23	99		1.8	1	190	540	.28	.11	2.3	20
arvejas, secas, cocidas	115	8.0	.3	20.8	11	89		1.7	13	296	40	.15	.09	.9	0
CHICOZAPOTE	76	0.7	1.1	18.0	31			1.5			0	0.02	0.00	0.3	12
CHILACAYOTE	14	1.2	0.2	2.7	17			0.6			6	0.03	0.07	0.3	7
CHILE ANCHO (seco)	334	11.5	9.8	62.7	94			5.7			3081	0.18	1.03	5.3	76
CHILE CASCABEL (seco)	312	12.9	6.4	63.6	142			4.7			1716	0.22	0.86	8.9	55
CHILE CHILACA	32	1.5	0.3	7.3	40			4.0			194	0.08	0.06	1.0	178
CHILE CHIPOTLE (seco)	293	14.1	6.3	57.6	255			6.1			459	0.28	0.72	9.8	0
CHILE GUAJILLO (seco)	302	11.6	8.6	56.7	140			10.1			3281	0.19	0.94	4.8	100
CHILE HABANERO	31	2.2	0.8	5.3	18			2.4			59	0.11	0.16	0.7	94
CHILE JALAPEÑO	23	1.2	0.1	5.3	25			2.0			28	0.06	0.04	0.6	72
CHILE LARGO	18	2.7	0.2	2.6	46			3.6			42	0.21	0.15	1.4	120
CHILE MORITA (seco)	297	13.2	5.4	61.6	150			7.7			993	0.22	1.04	15.0	79
CHILE MULATO (seco)	298	9.6	5.1	65.0	98			12.8			4333	0.22	0.73	5.3	108
CHILE para rellenar	48	2.6	0.6	10.4	30			3.3			41	0.14	0.06	1.0	364
CHILE PASILLA (seco)	327	12.7	9.6	60.5	154			6.3			9030	0.37	1.20	8.6	68
CHILE PIQUÍN (seco) c/ semilla	320	14.4	6.4	64.9	166			7.8			500	0.32	0.60	1.5	36
CHILE SERRANO	35	2.3	0.4	7.2	35			1.6			56	0.14	0.05	1.3	65
CHIRIMOYA	63	2.4	0.4	14.3	60			5.1			0	0.10	0.20	1.8	8
DÁTILES	274	2.2	.5	72.9	59	63	58	3.0	1	648	50	.09	.10	2.2	0
DIENTE DE LEÓN, hojas crudas	45	2.7	.7	9.2	187	66	36	3.1	76	397	14,000	.19	.26		35
DURAZNO AMARILLO	46	0.9	0.1	11.7	16			2.1			22	0.02	0.04	0.6	19
DURAZNO BLANCO	56	1.2	0.2	14.0	23			2.1			3	0.05	0.05	0.7	26
ENDIVIA (achicoria), cruda	20	1.7	.1	4.1	181	54	10	1.7	14	294	3,300	.07	.14	.5	10
ESPÁRRAGOS, crudos	26	2.5	.2	5.0	22	62	20	1.0	2	278	900	.18	.20	1.5	33
cocidos	20	2.2	.2	3.6	21	50	14	.6	1	183	900	.16	.18	1.4	26
ELOTES en mazorca, crudos	96	3.5	1.0	22.0	3	111	48	.7	min*	280	490	.37	.12	2.2	12
cocidos en mazorca	91	3.3	1.0	21.0	3	89	19	.6	min*	196	400	.15	.12	1.7	
ESPINACAS, crudas	26	3.2	.3	4.3	93	51	88	3.1	71	470	8,100	.10	.20	.6	51
cocidas	23	3.0	.3	3.6	93	38	65	2.2	50	324	8,000	.07	.14	.5	28
EPAZOTE	27	2.7	0.2	5.3	284			4.7			158	0.03	0.11	0.5	11

ALIMENTO	CALORÍAS	PROTEÍNAS gramos	GRASAS gramos	CARBOHIDRATOS gramos	CALCIO milligramos	FÓSFORO milligramos	MAGNESIO	HIERRO milligramos	SODIO milligramos	POTASIO milligramos	RETINOL u.i.	TIAMINA milligramos	RIBOFLAVINA	NIACINA	ASCÓRBICO
FLOR DE MAGUEY	30	0.9	0.2	7.3	114			0.9			0.11	0.05	0.2	59	48
FLOR DE YUCA	31	2.6	0.4	6.0	95			0.6		199	min*	0.16	0.18	1.6	273
FRAMBUESA, cruda, negra	73	1.5	1.4	15.7	30	22	30	0.9	1	168	130	.03	.09	0.9	18
roja	57	1.2	.5	13.6	22	22	20	0.9	1	164	60	.03	.09	.09	25
FRESAS, crudas	37	.7	.5	8.4	21	21	12	1.0	1		0	.03	.07	.6	59
FRIJOL AMARILLO	337	14.2	1.7	67.1	347			4.8			0	0.62	0.12	0.1	0
FRIJOL AZUFRADO	337	20.9	1.5	61.9	254			5.3			0	0.52	0.14	1.3	0
FRIJOL BAYO GORDO	332	22.7	1.8	58.5	200			5.7			0	0.69	0.14	1.7	0
FRIJOL, blanco común, cocido	118	7.8	.6	21.2	50	148		2.7	7	416		.14	.07	.7	0
rojo, cocido	347	7.8	.5	21.4	38	140	37	2.7	3	340		.11	.06	.7	
pinto, crudo	349	22.9	1.2	63.7	135	457		6.4	10	984	min*	.84	.21	2.2	29
ejotes, tiernos cocidos	123	8.4	.5	22.1	52	142	46	2.8	2	650	290	.24	.12	1.4	
ejotes, maduros cocidos	138	8.2	.6	25.6	29	154	48	3.1	2	612	20	.13	.06	.7	19
mungo, brotes, crudos	38	3.8	.2	6.6	19	64		1.3	5	223		.13	.13	.8	19
ejotes, crudos	32	1.9	.2	7.1	56	44	32	.8	7	243	600	.8	.11	.5	12
ejotes, cocidos	25	1.6	.2	5.4	50	37	21	.6	4	151	540	0.7	.09	.5	1
FRIJOL NEGRO	322	21.8	2.5	55.4	183			4.7			1	0.63	0.17	1.8	0
GARBANZO	373	20.4	6.2	51.0	105		38	8.9	30	920	7	0.74	0.17	1.5	
GIRASOL, pepita de la semilla seca	560	24.0	47.3	19.9	120	837		7.1			50	1.96	.23	5.4	
GRANADA CHINA	79	2.8	1.4	16.1	53			1.3			28	0.01	0.10	1.5	2
GRANADA ROJA	50	1.0	1.2	10.2	13			0.4			0	0.09	0.04	0.3	15
GROSELLA SILVESTRE, cruda	39	0.8	.2	9.7	18	15	9	0.5	1	155	290	0.49	0.45	1.6	33
GUAJE VERDE (semilla de)	91	8.7	0.6	13.7	158			3.8			39	0.04	0.07	0.6	40
GUANÁBANA	38	0.4	1.6	6.5	52			2.3			39				21
GUAYABA, entera, cruda	62	.8	.6	15	23	42	13	.9	4	289	280	.05	.05	1.2	242
HABA SECA	354	22.6	2.2	63.1	49			7.3			9	0.91	0.31	2.3	0
HABA VERDE	75	5.9	0.2	13.1	36			0.8			27	0.20	0.10	1.6	52
HARINA NIXTAMALIZADA	377	7.1	4.5	77.4	140			3.9			1	0.22	0.05	1.3	0
HARINA SIN CAL	390	8.2	5.1	78.8	35			2.6			1	0.26	0.05	1.7	0
HIGOS, crudos	80	1.2	.3	20.3	35	22	20	.6	2	194	80	.06	.05	.4	2
secos	274	4.3	1.3	69.7	126	77	71	3.0	34	640	80	.10	.10	.7	0
HOJAS DE CHAYA	57	7.2	1.9	6.7	324			5.6			947	0.24	0.35	1.6	235
HOJAS DE QUELITE DE TRAPO	80	4.1	1.5	16.0	68			6.2			191	0.16	0.16	0.6	45

	CALORÍAS	PROTEÍNAS gramos	GRASAS gramos	CARBOHIDRATOS gramos	CALCIO miligramos	FÓSFORO miligramos	MAGNESIO	HIERRO miligramos	SODIO miligramos	POTASIO miligramos	RETINOL u.i.	TIAMINA miligramos	RIBOFLAVINA	NIACINA	ASCÓRBICO
HONGOS (promedio)	27	3.2	0.4	4.4	19			4.3			0	0.48	0.39	3.6	3
HORCHATA (de arroz)	37	0.8	0.1	7.9	1			0.1			0	0.02	0.00	2	0
HUAZONTLE	60	4.6	0.7	12.1	163			6.1			252	0.20	0.31	0.5	45
HUEVOS, completo, crudo	163	12.9	11.5	.9	54	205	11	2.3	122	129	1,180	.11	.30	.1	0
yema, cruda	348	16.0	30.6	.6	141	569	16	5.5	52	98	3,400	.22	.44	.1	0
entero, cocido	163	12.9	11.5	.9	54	205		2.3	122	129	1,180	.09	.28	.1	0
HUEVO DE IGUANA	218	14.9	15.2	4.3	421			2.1			425	0.14	0.60	0.5	0
HUEVO DE PATA	195	13.0	14.2	2.7	58			1.7			70	0.13	0.55	0.1	0
HUEVO DE TORTUGA	115	12.6	6.3	0.9	62			1.6			65	0.28	0.31	0.1	0
JÍCAMA	33	1.1	0.0	7.9	20			0.9			1	0.02	0.04	0.2	21
JITOMATE, maduro, crudo	22	1.1	.2	4.7	13	27	14	.5	3	244	900	.06	.04	.7	23
JOCOQUE, fermentado de leche descremada	36	3.6	.1	5.1	121	95	14	min*	30	140	min*	.04	.18	.1	1
LECHE CONDENSADA	322	8.3	8.1	55.7	271			0.1			100	0.08	0.40	0.2	1
LECHE DE BURRA	43	1.7	1.2	6.5	126			0.2			20	0.02	0.09	0.1	2
LECHE DESCREMADA (polvo)	343	33.7	1.5	47.2	1,080			0.2			0	0.20	0.96	0.3	2
LECHE ENTERA (polvo)	497	27.6	26.0	38.9	902			0.8			394	0.36	1.87	0.7	0
LECHE EVAPORADA	141	8.1	6.7	12.2	234			0.6			748	0.06	0.32	0.1	0
LECHE FRESCA DE CABRA	75	3.6	4.1	6.1	126			0.7			25	0.06	0.18	0.3	1
LECHE FRESCA DE VACA	58	3.5	3.4	3.5	113			0.3			28	0.05	0.10	0.1	1
LECHE HERVIDA DE VACA	63	3.5	3.8	3.9	113			0.3			17	0.04	0.09	0.1	0
LECHE MATERNA	70	1.1	4.0	6.8	33			0.1			42	0.02	0.04	0.2	3
LECHE MATERNIZADA (polvo)	507	13.3	27.0	55.1	335			0.5			860	0.04	0.63	3.0	3
LECHUGA ROMANITA, cruda	18	1.3	.3	3.5	68	25		1.4	9	264	1,900	.05	.08	.4	18
LECHUGA OREJONA	19	1.3	0.1	4.1	25			0.6			44	0.14	0.05	0.3	6
LENTEJAS	331	22.7	1.6	58.7	74			5.8			4	0.69	0.19	2.0	0
LENTEJAS, secas, cocidas	106	7.8	min*	19.3	25	119	802	.1		249	20	.07	.06	.6	0
LEVADURA DE CERVEZA	283	38.8	1.0	38.4	210	1,753	231	17.3	121	1,894	min*	15.61	14.28	37.9	min*
LIMA	20	0.5	0.0	5.0	16			2.1			2	0.05	0.03	0.3	54
LIMÓN, jugo, crudo	25	.5	.2	8.0	7	10	8	.2	1	141	20	.04	.02	.1	53
LIMÓN, pelado, crudo	27	1.1	.3	8.2	26	16	10	.6	2	138	150	.13	.19	.6	1
MAICENA	357	0.6	0.2	85.6	8			0.9			1	0.00	0.02	0.0	0
MAÍZ CACAHUAZINTLE	364	11.7	4.7	70.8	159			2.2			0	0.31	0.24	3.1	0

Por cada 100 gramos

Alimento	CALORÍAS	PROTEÍNAS (gramos)	GRASAS (gramos)	CARBOHIDRATOS (gramos)	CALCIO (miligramos)	FÓSFORO (miligramos)	MAGNESIO	HIERRO (miligramos)	SODIO (miligramos)	POTASIO (miligramos)	RETINOL (u.i.)	TIAMINA (miligramos)	RIBOFLAVINA	NIACINA	ASCÓRBICO
MAÍZ, grano entero seco, crudo	348	8.9	3.9	72.0	22	268	147	2.1	1	284	20	.03	.01	.1	46
harina	368	7.8	2.6	76.8	6	164	106	1.8	1	157	400	.12	.10	1.4	9
pan, grano entero	207	7.4	7.2	29.1	120	211		1.1	628		340	.20	.06	1.4	0
MAÍZ NEGRO	366	8.0	4.3	74.6	159			2.5			5	0.43	0.10	1.9	0
MAÍZ PARA PALOMITAS	365	12.2	4.6	71.1	17			1.8			9	0.60	0.14	2.6	5
MALANGA	121	3.9	0.2	26.9	25			3.0			0	0.17	0.06	0.7	
MANDARINA	44	1.0	0.0	11.2	65			0.3			108	0.10	0.03	0.2	71
MANGO (promedio)	46	0.9	0.1	11.7	19			1.5			208	0.06	0.08	0.6	65
MANGO DE MANILA	43	0.8	0.0	11.1	12			0.8			192	0.11	0.06	0.8	76
MANTECA VEGETAL	871	0.0	98.5	0.0	0			0.0			0	0.00	0.00	0.0	0
MANTEQUILLA, salada	716	.6	81.0	.4	20	16		0	987	23	3,300				0
sin sal	720	.6	82.0	.4	20	16	2	0	8	9	3,350				
MANZANA BLANCA	65	0.3	0.5	16.5	7			0.8				0.02	0.01	0.2	11
MAMEY	69	1.7	0.6	16.2	46			2.4			619	0.03	0.03	1.5	23
MARGARINA	716	0.6	81.0	0.4	3			0.3			660	0.000	0.00	0.0	0
MASA	189	4.4	2.2	38.5	88			1.7			0	0.17	0.05	0.8	
MELÓN DE CASTILLA, crudo	30	.7	.1	7.5	14	16	16	.4	12	251	3,400	.04	.03	.6	33
melón dulce	33	.8	.3	7.7	14	16		.4	12	251	40	.04	.03	.6	23
MIEL DE ABEJA	302	0.2	0.0	78.0	20			0.8			0	0.01	0.07	0.2	4
MIEL DE CAÑA	284	0.5	0.2	72.6	70			1.2			0	0.02	0.06	0.4	3
MIJO	327	9.9	2.9	72.9	20	311	162	6.8		430	0	.73	.38	2.3	0
NABO, crudo	30	1.0	.2	6.6	39	30	20	.5	49	268	min*	.04	.07	.6	36
cocido	23	.8	.2	4.9	35	23		.4	34	188	min*	.04	.05	.3	22
NABO, hojas de, crudo	28	3.0	.3	5.0	246	58	58	1.8			7,600	.21	.39	.8	139
NANCHE	56	1.1	1.3	11.4	30			1.4			4	0.03	0.03	0.4	86
NARANJA, pelada, cruda	49	1.0	.2	12.2	41	20	11	.4	1	200	200	.10	.04	.4	50
NARANJA, jugo, crudo	45	.7	.2	10.2	11	17	11	.2	1	200	200	.09	.03	.4	50
NARANJITA CHINA (cuncuat), cruda	65	.9	.1	17.1	63	23		.4			600	.08	.10		36
NECTARINA, cruda	64	.6	min*	17.1	4	24	13	.5	7	236	1,650				13
NOPALES	27	1.7	0.3	5.6	93			1.6	6	294	41	0.03	0.06	0.3	8
NUEZ, negra	628	20.5	59.3	14.8		570	190	6.0	3	460	300	.22	.11	.7	
inglesa	651	14.8	64.0	15.8		380	131	3.1	2	450	30	.33	.13	.9	
NUEZ DE CASTILLA	664	13.7	67.2	13.2	92			3.3			25	0.27	0.51	3.0	

Por cada 100 gramos

	CALORÍAS	PROTEÍNAS gramos	GRASAS gramos	CARBOHIDRATOS gramos	CALCIO miligramos	FÓSFORO miligramos	MAGNESIO miligramos	HIERRO miligramos	SODIO miligramos	POTASIO miligramos	RETINOL u.i.	TIAMINA miligramos	RIBOFLAVINA	NIACINA	ASCÓRBICO
NUEZ DE LA INDIA	561	17.2	45.7	29.3	38	373	267	3.8	15	464	100	.43	.25	1.8	20
horneadas, con cáscara	93	2.6	.1	21.1	9	53	34	.6	4	407	min*	.10	.04	1.5	20
cocidas, con cáscara	76	2.1	.1	17.1	7	65		.7	4	503	min*	.10	.04	1.7	16
NUEZ DEL BRASIL, cruda	654	14.3	66.9	10.9	186	53	225	.6	3	407	min*	.09	.04	1.5	
NUEZ LISA	687	9.2	71.2	14.6	73	693		3.4	1	715	min*	.96	.12	1.6	
ÑAME	77	2.2	0.1	17.5	13			2.4			0	0.14	0.03	0.3	9
PAN INTEGRAL	238	8.1	0.6	54.0	41			0.7			0	0.31	0.18	1.1	0
PAN NEGRO	265	7.5	2.1	58.3	49			9.1	min*		0	0.23	0.14	1.3	0
PAPALOQUELITE	17	1.8	0.3	2.9	361	289	142	2.3		603	129	0.08	0.20	0.3	19
PAPAS, crudas	76	2.1	.1	17.1	7	16	35	2.4	3	234	130	.86	.13	.9	2
PAPAYA	39	.6	.1	10.0	20	101		.3	27		1,750	.04	.04	.3	56
PASITAS, naturales sin cocinar	289	2.5	.2	77.4	62	27	11	3.5	6	763	20	.11	.08	.5	1
PEPINOS, crudos	15	.7	.1	3.4	25	11	7	1.1	2	160	250	.03	.04	.2	11
PERAS, crudas	61	.7	.4	15.3	8			3		130	20	.02	.04	.1	4
PEREJIL, crudo	44	3.6	.6	8.5	203	63	41	6.2	45	727	8,500	.12	.26	1.2	172
PERÓN	62	.4	.4	15.9	10			0.8			2	0.04	0.02	0.1	5
PILONCILLO	356	.4	.5	90.6	51			4.2			3	0.02	0.11	0.3	2
PIMIENTO, verde, dulce, crudo	22	1.2	.2	4.8	9	22	18	.7	13	213	420	.08	.08	.5	128
rojo, crudo	31	1.4	.3	7.1	13	30		.6			4,450	.08	.08	.5	204
PIÑA, cruda	52	.4	.2	13.7	17	8	13	0.5	1	146	70	.09	.03	.2	17
PIÑÓN	634	15.3	61.3	16.8	14			4.4			10	0.76	0.24	9.8	1
PITAHAYA	48	1.6	0.6	10.4	11			1.9			0	0.07	0.07	0.3	16
PLÁTANO DOMINICO	96	1.7	0.2	24.7	8			1.3			37	0.08	0.07	0.7	23
PLÁTANO MACHO	130	1.2	0.2	34.4	13			1.4			77	0.09	0.04	0.5	13
PLÁTANO MANZANO	96	1.0	0.6	24.2	8			1.3			1	0.05	0.04	0.7	13
PLÁTANO MORADO	84	1.9	0.2	21.1	14			1.4			12	0.09	0.05	0.4	8
PLÁTANO TABASCO	86	1.2	0.3	22.0	13			2.3			63	0.06	0.04	0.5	13
PLÁTANO (promedio)	86	1.4	0.3	22.0	12			1.8			63	0.09	0.05	0.5	13
POMARROSA	63	.6	0.2	16.4	36			0.4			75	0.02	0.03	0.6	22
POMELO	34	0.6	0.2	8.5	26			0.5			0	0.04	0.02	0.2	35
PORO	55	1.6	0.0	13.2	41			1.9			2	0.09	0.06	0.4	11
QUELITE	39	3.2	1.0	6.4	230			6.2			401	0.07	0.18	0.8	42
QUELITE CENIZO	29	4.8	0.4	4.0	150			3.6			928	0.15	0.19	0.9	40

	CALORÍAS	PROTEÍNAS gramos	GRASAS gramos	CARBOHIDRATOS gramos	CALCIO miligramos	FÓSFORO miligramos	MAGNESIO	HIERRO miligramos	SODIO miligramos	POTASIO miligramos	RETINOL u.i.	TIAMINA miligramos	RIBOFLAVINA	NIACINA	ASCÓRBICO
QUESO AÑEJO	395	29.1	30.5		860			2.4			650	0.07	0.81	0.2	0
QUESO AMARILLO	384	34.2	26.0	2.5	829			1.7			280	0.06	0.61	0.1	0
QUESO CHIHUAHUA	458	28.8	37.0	1.9	795			5.8			187	0.06	0.84	0.0	0
QUESO FRESCO DE CABRA	160	16.3	10.3		867			5.7			0	0.07	0.60	0.4	0
QUESO FRESCO DE VACA	127	15.3	7.0	5.0	684			0.3			70	0.02	0.24	0.1	0
QUESO HOLANDÉS	374	33.5	26.0		829			1.7			283	0.06	0.61	0.1	0
QUESO OAXACA	317	25.7	22.0	3.0	469	339	48	3.3			271	0.09	0.73	0.2	
QUESO, Roquefort	368	21.5	30.5	2.0	315	478	45	.5		82	1,240	.03	.61	1.2	
Chedar	398	25.0	32.2	2.1	750			1.0	700		1,310	.03	.46	.1	
Suizo o Emmenthal	370	27.5	28.0	1.7	925	563		.9	710	104	1,140		.40	.1	
Americano	370	22.2	30.5	1.9	730	455		.9			1,240	.01	.45	.1	
QUESO SEMIBLANCO (oreado)	189	35.8	3.0	2.5	686			2.6			50	0.08	0.49	0.2	0
QUIMBOMBO (ANGÚ), crudo	36	2.4	.3	7.6	92	51	41	.6	3	249	520	.17	.21	1.0	31
RAÍZ DE CHAYOTE	80	2.0	0.2	17.8	7			0.8			0		.03	0.9	19
RÁBANO CHICO	11	1.5	0.1	1.5	24			1.5			650	.05	.06	0.4	22
RÁBANO LARGO	22	1.1	0.3	4.3	30			1.3			0	.03	.06	0.4	29
REQUESÓN	93	13.1	2.9	3.0	92			1.0			30	.06	0.91	0.7	0
ROMERITOS	28	3.6	0.2	4.9	41			2.5			307	.12	.08	0.3	4
SALSIFÍ, cruda	89	1.4	0.2	20.6	48			1.4			0	.04	.04	1.3	10
SANDÍA, cruda	26	.5	.2	6.4	7	10		.5	1	100	590	.03	.03	.2	7
SAUCO, bayas, crudas	72	2.6	.5	16.4	38	28	8	1.6		300	600	.07	.06	.5	36
SETAS, de cultivo, crudas	28	2.7	.3	4.4	6	116	13	.8	15	414	min*	.10	.46	4.2	3
SOYA, tipo requesón (TOFU)	72	7.8	4.2	2.4	128	126	111	1.9	7	42	0	.06	.03	.1	
SOYA, FRIJOL, seco, crudo	403	34.1	17.7	33.5	226	554	265	8.4	5	1,677	80	1.10	.21	2.2	
cocido	130	11.0	5.7	10.8	73	179		2.7	2	540	30	.21	.09	.6	
germinado, crudo	46	6.2	1.4	5.3	48	67		1.0			80	.23	.20	.8	13
germinado, cocido	38	5.3	1.4	3.7	43	50		.7			80	.16	.15	.7	4
SOYA, HARINA, sin desgrasar	421	36.7	20.3	30.4	199	558	247	8.4	1	1,660	100	.85	.31	2.1	
SOYA, LECHE, en polvo	429	41.8	20.3	28.0	278	589	300				50		2.51		
SUERO, LÁCTEO, polvo	349	12.9	1.1	73.5	646		130	1.4			10	.50		.8	0
TAMARINDO	258	5.9	0.8	64.4	139			4.6			424	1.38	.16	3.1	8
TEJOCOTE	87	0.8	0.6	22.0	94			1.6			4	.04	.06	0.4	46
TOMATE	24	1.0	0.7	4.5	18			2.3				.08	0.04	1.7	2

Por cada 100 gramos

	CALORÍAS	PROTEÍNAS gramos	GRASAS gramos	CARBOHIDRATOS gramos	CALCIO miligramos	FÓSFORO miligramos	MAGNESIO	HIERRO miligramos	SODIO miligramos	POTASIO miligramos	RETINOL u.i.	TIAMINA miligramos	RIBOFLAVINA	NIACINA	ASCÓRBICO
TORONJA, cruda	41	.5	.1	10.6	16	16	12	.4	1	135	80	.04	.02	.2	38
jugo	39	.5	.1	9.2	9	15	12	.2	1	162	80	.04	.02	.2	38
TORTILLA (promedio)	224	5.9	1.5	47.2	108			2.5			2	0.17	0.08	0.9	0
TORTILLA (maíz negro)	259	4.9	2.7	54.0	125			2.6			0	0.22	0.07	1.1	0
TRIGO, grano, entero, primavera	330	14.0	2.2	69.1	36	383	160	3.1	3	370		.57	.12	4.3	0
invierno	330	12.3	1.8	71.7	46	354	160	3.4	3	370		.52	.12	.3	0
TRIGO, GERMEN, crudo	363	26.6	10.9	46.7	72	1,183	336	9.4	3	827	0	2.01	.68	4.2	0
TRIGO, SALVADO	213	16.0	4.6	61.9	119	1,276	490	14.9	9	1,127	0	.72	.35	21.0	0
TRIGO, MORO, grano integral	335	11.7	2.4	72.9	114	282	229	3.1		448	0	.60		4.4	0
TUNA CARDONA	31	0.6	0.0	8.1	49			2.6			7	0.02	0.02	0.2	22
TUNA/SEMILLA (promedio)	38	0.3	0.1	10.1	63			0.8			4	0.01	0.02	0.3	31
UVAS, crudas	69	1.3	1.0	15.7	16	12	13	.4	3	158	100	.05	.03	.3	4
VERDOLAGAS	26	2.3	0.3	4.9	86			4.5			192	0.02	0.10	0.6	13
XOCONOSTLE	22	0.1	0.4	5.2	126			0.3			4	0.04	0.02	0.2	22
YERBAMORA	50	4.8	0.8	8.8	276			14.0			1	0.24	0.36	1.0	120
YOGURT, de leche entera	62	3.0	3.4	3.9	111	87	12	min*	47	132	140	.03	.16	.1	1
de leche descremada	50	3.4	1.7	5.2	120	94	13	min*	51	143	70	.04	.18	.1	1
YUCA	121	1.0	0.6	28.2	52	36	23	2.4	47	341	0	0.06	0.04	0.7	19
ZANAHORIA, cruda	42	1.1	.2	9.7	37			.7			11,000	.06	.05	.6	8
ZANAHORIA (jugo de)	30	0.6	0.5	6.4	26			0.6			222	0.02	0.02	0.3	3
ZAPOTE BLANCO	70	1.7	0.7	16.1	38			0.2			3	0.04	0.08	0.6	36
ZAPOTE BORRACHO	144	0.8	1.3	36.3	36			0.7			644	0.18	0.000	3.3	40
ZAPOTE NEGRO	56	0.8	0.1	14.5	46			1.6			10	0.02	0.03	0.2	83
ZARZAMORA, cruda	58	1.2	.9	1.9	32	19	30	.9	1	170	200	.03	.04	.4	21

*FUENTES:

1) *Valor nutritivo de los alimentos mexicanos.*
   Tablas de uso práctico, Instituto Nacional de la Nutrición.
2) Manual de Agricultura No. 8, Departamento de Agricultura.
3) *Boletín Casa y Jardín* No. 72.

90

ANEXO II

RECOMENDACIONES PARA EL CONSUMO DE NUTRIMENTOS*

(para individuos normales con la dieta en las condiciones de México)

EDADES (meses y años cumplidos)	P/teórico (Kg)[a]	Energía (Kcal)	Proteínas (g)	Calcio (mg)	Hierro (mg)	Tiamina (Vit. B1) (mg)	Riboflavina (mg)	Niacina (mgEq)[d]	Ascórbico (mg)	Retinol (mcgEq)[e]
Niños ambos sexos										
0-3 meses	—	120/Kg	2.3/Kg	600	10	0.06/Kg	0.07/Kg	1.1/Kg	40	500
4-11 meses	—	110/Kg	2.5/Kg	600	15c	0.05/Kg	0.06/Kg	1.0/Kg	40	500
12-23 meses	10.6	1000	27	600	15c	0.6	0.8	11.0	40	500
2-3 años	13.9	1250	32	500	15	0.6	0.8	11.0	40	500
4-6 años	18.2	1500	40	500	10	0.8	0.9	13.5	40	500
7-10 años	26.2	2000	52	500	10	1.1	1.3	18.9	40	500
Adolescentes Masc.										
11-13 años	39.3	2500	60	700	18	1.3	1.6	23.0	50	1000
14-18 años	57.8	3000	75	700	18	1.5	1.8	27.0	50	1000
Adolescentes Fem.										
11-18 años	53.3	2300	67	700	18	1.2	1.4	20.7	50	1000
Hombres										
18-34 años	65.0	2750	83	500	10	1.4	1.7	24.8	50	1000
35-54 años	65.0	2500	83	500	10	1.3	1.5	22.5	50	1000
55 y más años	65.0	2250	83	500b	10	1.1	1.4	20.3	50	1000
Mujeres										
18-34 años	55.0	2000	71	500	18	1.0	1.2	18.0	50	1000
35-54 años	55.0	1850	71	500	18	1.0	1.2	16.6	50	1000
55 y más años	55.0	1700	71	500b	10	1.0	1.2	16.0	50	1000
Embarazadas	—	200	10	1000	25c	0.2	0.3	3.0	80	1500
Lactantes	—	1000	30	1000	25c	0.5	0.7	7.0	80	1500

a) Pesos para la edad central del periodo.
b) Se sugiere dar cantidades mayores para disminuir el balance negativo de calcio habitual en esta edad.
c) Estas cantidades difícilmente se cubren con una dieta normal por lo que se sugiere la complementación.
d) Un miligramo equivalente de niacina es igual a un miligramo de niacina o a 60 miligramos de triptófano.
e) Un microgramo equivalente de retinol es igual a un mcg de retinol, a 9 mcg de caroteno o a 3 U I de actividad de retinol.

*FUENTE: *Valor Nutritivo de los Alimentos Mexicanos. Tablas de uso práctico.*

Instituto Nacional de la Nutrición.   Dr. Héctor Bourges, 1983.

ENSALADAS

ENSALADAS DE VEGETALES CRUDOS

COCKTAIL DE ZANAHORIAS

ENSALADA BINARIA

ENSALADA CÉSAR

ENSALADA DE AGUACATE

ENSALADA DE AGUACATE Y ORÉGANO

ENSALADA DE ALBAHACA Y HIERBABUENA

ENSALADA DE APIO, MANZANA Y AJONJOLÍ

ENSALADA DE BERROS (1)

ENSALADA DE BERROS (2)

ENSALADA DE BETABEL

ENSALADA DE CALABACITAS

ENSALADA DE CEBOLLA

ENSALADA DE COL BLANCA

ENSALADA DE COL CON ENELDO

ENSALADA DE COLINABO

ENSALADA DE CHAMPIÑONES A LA DIABLA

ENSALADA DE CHAMPIÑONES CON GERMINADO DE SOYA

ENSALADA DE CHAMPIÑONES CON HIERBAS

ENSALADA DE CHÍCHAROS

ENSALADA DE ELOTE

ENSALADA DE ESPÁRRAGOS

ENSALADA DE ESPINACAS (1)

ENSALADA DE ESPINACAS (2)

ENSALADA DE GERMEN DE TRIGO

ENSALADA DE GERMINADO (1)

ENSALADA DE GERMINADO (2)

ENSALADA DE JÍCAMA (1)

ENSALADA DE JÍCAMA (2)

ENSALADA DE JITOMATE, QUESO Y ALBAHACA

ENSALADA DE JITOMATE Y PEPINO

*
*
*
*
*
*
*
*
*
*
*
*
*
*
*
*
*
*
*
*
*
*
*
*
*
*
*
*
*
*
*

ENSALADA DE JITOMATES

ENSALADA DE JITOMATES RELLENOS

ENSALADA DE LENTEJAS GERMINADAS

ENSALADA DE NOPALITOS

ENSALADA DE ORÉGANO VERDE

ENSALADA DE PEPINO

ENSALADA DE RABANITOS

ENSALADA DE REQUESÓN Y PIMIENTOS

ENSALADA DE TOMATES VERDES

ENSALADA DE TRONCOS DE LECHUGA

ENSALADA DE VERDOLAGAS (1)

ENSALADA DE VERDOLAGAS (2)

ENSALADA DE VERDURAS

ENSALADA DE ZANAHORIA

ENSALADA FRESCA (1)

ENSALADA FRESCA (2)

ENSALADA GRIEGA

ENSALADA MEXICANA

ENSALADA MIXTA (1)

ENSALADA MIXTA (2)

ENSALADA SANDÍA (SALADA)

ENSALADA TRICOLOR

ENSALADA VARIEDAD

ENSALADA VEGETAL EN JUGO DE NARANJA

ENSALADA VERDE

ENSALADILLA DE PIMIENTOS

GAZPACHO

SEVICHE DE AGUACATE

SEVICHE DE COCO

SEVICHE DE CHAMPIÑONES

SEVICHE DE JÍCAMA

SEVICHE DE LECHUGA

SEVICHE DE PEPINO

SEVICHE DE ZANAHORIA

VOLCANES DE ZANAHORIA

COCKTAIL DE ZANAHORIAS

Ingredientes:

* 6 zanahorias crudas
* 1 taza de aceitunas
* 3 aguacates
* El jugo de 2 limones
* Salsa catsup al gusto

Procedimiento:

Rallar las zanahorias perfectamente y agregar a éstas las aceitunas y aguacates muy bien picados.
Hacer una excelente mezcla con la salsa catsup y el jugo de limón añadiendo un poco de agua.
A esta mezcla adicionar lo anterior y servir bien fría con galletitas saladas.

ENSALADA BINARIA

Ingredientes:

* 3/4 de taza de zanahoria rallada
* 1/4 de taza de mayonesa
* 3/4 de taza de apio picado
* 1/4 de taza de crema
* 3 cucharadas de perejil picado
* Sal al gusto

Procedimiento:

Mezclar en una ensaladera los ingredientes perfectamente y refrigerar durante 30 minutos.

ENSALADA CÉSAR

Ingredientes:

* 1 lechuga romana grande
* 4 rebanadas de pan de caja
* 2 cucharadas de aceite de oliva
* 1 huevo tibio
* 1 cucharada de jugo de limón
* 1 cucharada de mostaza
* 1 cucharada de sal
* 1 aguacate grande cortado en rebanadas
* 50 grs. de queso parmesano

Procedimiento:

Lavar y cortar la lechuga, aparte formar un aderezo con la cucharada de aceite de oliva y el resto de ingredientes.
Partir el pan en cuadritos y dorarlos en un poco de aceite con un diente de ajo.
Mezclar y aderezar todos los ingredientes en una ensaladera.

ENSALADA DE AGUACATE

Ingredientes:

* 4 aguacates grandes
* 1 cebolla de rabo grande, picada
* 3 chiles poblanos en rajas
* 1 manojito de cilantro picado
* 1/4 de kg. de queso roquefort o requesón
* 1 cucharada de aceite de oliva
* Sal al gusto

Procedimiento:

Pelar y cortar en cuadritos los aguacates, rociar con el jugo de limón y mezclar con las rajas, el cilantro y la cebolla. Adornar con el queso desmoronado y servir.

ENSALADA DE AGUACATE Y ORÉGANO

Ingredientes:

* 2 aguacates grandes y maduros
* 4 hojas grandes de lechuga
* 4 jitomates medianos
* 175 grs. de queso Oaxaca
* 6 cucharadas de aceite de oliva
* 1 cucharada de orégano seco
* 2 cucharadas de vinagre de manzana
* Sal y pimienta al gusto

Procedimiento:

Pelar los aguacates, cortarlos a la mitad y deshuesarlos. Colocar las hojas de lechuga sobre un platón y encima acomodar una mitad de aguacate, alrededor de éste colocar rebanadas de jitomate y queso, alternándolas sucesivamente, colocar encima cuadritos del aguacate restante. Espolvorear con sal y pimienta. Mezclar el aceite de oliva y el vinagre, y rociar con este aderezo la ensalada, por úitimo espolvorear con orégano.

ENSALADA DE ALBAHACA Y HIERBABUENA

Ingredientes:

* 1 manojo de albahaca macho fresca
* 1 manojo de hierbabuena fresca
* 1 cucharadita de pimienta negra
* 1 manojito de orégano fresco
* 1 manojito de tomillo fresco
* 5 dientes de ajo
* 3 aguacates
* 200 grs. de queso fresco
* Aceite de oliva
* Limón al gusto
* Sal al gusto

Procedimiento:

Deshojar la hierbabuena y la albahaca que deberán estar en la misma proporción. Moler en el molcajete los ajos, tomillo, orégano, pimienta y sal. Una vez bien molido agregar el aceite de oliva y el jugo de limón. Dejar reposar 15 minutos y vaciar sobre las hojas de albahaca y hierbabuena que deberán estar ya bien limpias. Mezclar con rebanadas de aguacate y queso fresco.

ENSALADA DE APIO, MANZANA Y AJONJOLÍ

Ingredientes:

* 1 tallo de apio en rebanadas
* 4 manzanas rojas en rebanadas
* 1 cucharada de ajonjolí tostado
* 4 cucharadas de salsa vinagreta (ver Contenido)
* Sal al gusto

Procedimiento:

Mezclar perfectamente todos los ingredientes en una ensaladera y espolvorear con ajonjolí.

ENSALADA DE BERROS (1)

Ingredientes:

* 1/2 kg. de berros
* 1 lechuga romanita picada regularmente
* 2 jitomates picados
* 1/2 taza de cilantro picado
* 1 cebolla mediana en rodajas
* 2 cucharadas de aceite de oliva
* 2 dientes de ajo machacados
* 2 aguacates grandes cortados en cuadritos
* El jugo de un limón
* Sal al gusto

Procedimiento:

Poner en una ensaladera todos los vegetales previamente desinfectados y revolver perfectamente. Aderezar esta ensalada con el aceite de oliva, jugo de limón, ajos machacados y la sal.

ENSALADA DE BERROS (2)

Ingredientes:

* 1 manojito de berros frescos
* 50 grs. de nuez picada
* 4 cucharadas de aceite de oliva
* El jugo de un limón
* Sal de soya al gusto

Procedimiento:

Desinfectar previamente el berro y picarlo en trocitos.
Mezclar todos los ingredientes perfectamente.

ENSALADA DE BETABEL

Ingredientes:

* 3 betabeles
* 2 dientes de ajo machacados
* 2 cucharadas de perejil picado
* 2 cucharadas de aceite de oliva
* El jugo de un limón
* Sal al gusto

Procedimiento:

Lavar, pelar y cortar en rodajas los betabeles y acomodarlas en un platón. Mezclar los ajos con el jugo de un limón, el aceite y la sal. Bañar con este preparado las rodajas de betabel y adornar con el perejil picado. (También se puede hacer con los betabeles cocidos.)

ENSALADA DE CALABACITAS

Ingredientes:

* 6 calabacitas finamente ralladas
* 1/2 cebolla finamente picada
* 1 manojito de cilantro picado
* 3 jitomates grandes picados
* Orégano para espolvorear al gusto
* Sal al gusto

Procedimiento:

Mezclar todos los ingredientes perfectamente y adornar con rebanadas de aguacate y queso fresco.

ENSALADA DE CEBOLLA

Ingredientes:

* 1 manojito de cebollitas de cambray
* 1 manojito de rabanitos
* 4 piezas de zanahorias
* 100 grs. de nuez
* 100 grs. de cacahuate o almendras (sin piel)
* 6 cucharaditas de aceite de oliva
* El jugo de 3 limones
* Sal al gusto

Procedimiento:

Picar muy finamente los ingredientes, añadir las nueces y los cacahuates; mezclar todo con el aceite, el limón y la sal. Servir con hojas de lechuga o de col.

ENSALADA DE COL BLANCA

Ingredientes:

* 1 col cruda
* 2 jitomates medianos
* 2 tallos de apio
* 1 cebolla mediana
* Jugo de limón al gusto
* Aceite al gusto
* Sal al gusto

Procedimiento:

Rebanar la col muy finamente, escaldarla (ver en Consejos Prácticos) y agregar el jitomate junto con el apio y la cebolla finamente picados.
Aderezar con jugo de limón, aceite y sal al gusto.

Ensalada de col con eneldo

Ingredientes:

* 1/4 parte de una col blanca y grande
* 1/2 pepino grande
* 5 cebollitas de cambray
* 3 cucharadas de aceite de oliva
* 1 cucharada de vinagre de manzana
* 4 huevos duros
* 2 cucharadas de eneldo picado
* Pimienta al gusto
* Sal al gusto

Procedimiento:

Lavar y escurrir la col, rebanarla finamente y ponerla sobre una ensaladera.
Pelar el pepino y rebanarlo, cortar después las rebanadas en mitades; rebanar finamente las cebollas con todo y rabo.
Mezclar todos los ingredientes y sazonar con sal y pimienta.
Agregar el aceite y vinagre e incorporar todo perfectamente, y adornar con eneldo picado.

Ensalada de colinabo

Ingredientes:

* 2 colinabos tiernos
* 1/4 de lt. de yogurt
* 2 cucharadas de aceite de oliva
* Sal y pimienta al gusto

Procedimiento:

Rallar muy finamente el colinabo y mezclarlo con el yogurt.
Se adereza con el aceite y la sal.

Ensalada champiñones a la diabla

Ingredientes:

* 1 kg. de champiñones
* 15 dientes de ajo
* 50 grs. de poro en rodajas
* 4 jitomates pelados
* 1/2 cucharadita de pimienta en polvo
* Aceite de oliva al gusto
* Sal al gusto

Procedimiento:

Cortar en mitades los champiñones, desinfectarlos en agua con sal durante 20 minutos y escurrirlos.
Rebanar el jitomate en medias lunas y mezclar con el resto de ingredientes.

ENSALADA DE CHAMPIÑONES CON GERMINADO DE SOYA

Ingredientes:

* 3¹/² tazas de champiñones crudos en cuadritos
* 6 cucharadas de salsa vinagreta (ver receta en Sección de Salsas)
* 1/4 de kg. de germinado de soya
* 1 pimiento morrón rojo en rajas
* Sal al gusto

Procedimiento:

Poner los champiñones previamente desinfectados en una ensaladera, agregar la salsa y revolver bien, dejar que repose esto durante una hora, después añadir el germinado y el pimiento morrón.
Mezclar todo perfectamente bien y servir.

ENSALADA DE CHAMPIÑONES CON HIERBAS

Ingredientes:

* 1/4 de kg. de champiñones
* 2 cucharadas de cebolla picada
* 1 diente de ajo picado
* 4 cucharadas de aceite de oliva
* 1 cucharada de vinagre de manzana
* 2 cucharadas de perejil picado
* 2 cucharadas de cebolla picada
* El jugo de medio limón
* Pimienta al gusto
* Sal al gusto

Procedimiento:

Cortar finamente los champiñones y desinfectarlos en agua con sal durante 15 minutos, enjuagarlos perfectamente y por último escurrirlos.
Colocar en un platón los champiñones, agregar sal y pimienta al gusto, añadir la cebolla y el ajo.
Incorporar después el aceite, el vinagre, el jugo de limón y las hierbas picadas mezclando todo perfectamente.

ENSALADA DE CHÍCHAROS

Ingredientes:

* 1 taza de chícharos crudos y tiernos
* 1 pepino cortado en rodajas
* 1 pimiento morrón grande finamente picado
* 200 grs. de queso fresco o requesón
* El jugo de un limón
* Sal al gusto

Procedimiento:

Mezclar todos los ingredientes perfectamente.

ENSALADA DE ELOTE

Ingredientes:

* 2 elotes tiernos desgranados
* 3 ramas de epazote picado
* 1 lechuga
* 100 grs. de queso fresco

Procedimiento:

Mezclar los granos de elote, epazote y queso fresco desmenuzado.
Colocar en una ensaladera las hojas de lechuga previamente desinfectadas y encima de éstas acomodar la mezcla anterior.
Si desea puede agregarle jugo de limón, chilitos verdes picados, etc.

ENSALADA DE ESPÁRRAGOS

Ingredientes:

* 1 manojo de espárragos crudos y pelados de la fibra
* 1/2 cebolla picada
* 1 pimiento morrón picado
* 1 pizca de cominos molidos
* El jugo de un limón
* Aceite de oliva
* Sal al gusto

Procedimiento:

Desinfectar los espárragos y picarlos en rodajas finitas.
Mezclar perfectamente todos los ingredientes.

ENSALADA DE ESPINACAS (1)

Ingredientes:

* 1 kg. de espinacas
* 1/2 taza de ajonjolí tostado
* 1/2 taza de nuez picada (opcional)
* 200 grs. de champiñones
* Salsa de soya
* El jugo de 3 limones
* Aceite de oliva
* Sal al gusto

Procedimiento:

Desinfectar perfectamente las espinacas y los champiñones, después lavarlos al chorro del agua y dejar escurrir.
Formar un aderezo con jugo de limón, aceite y salsa de soya al gusto.
Cortar en trozos pequeños las espinacas y los champiñones.
Mezclar los vegetales con el aderezo (limón, aceite y salsa de soya) y adornar con el ajonjolí y la nuez.

Ensalada de espinacas (2)

Ingredientes:

* 1 manojo de espinacas frescas
* 5 cucharadas de ajonjolí limpio
* 3 cebollitas de cambray picadas
* El jugo de 2 limones
* Aceite de oliva
* Salsa de soya al gusto
* Sal al gusto

Procedimiento:

Picar en trocitos las espinacas previamente desinfectadas.
Mezclar todos los ingredientes perfectamente y aderezar con aceite de oliva y salsa de soya.

Ensalada de germen de trigo

Ingredientes:

* 1 taza de germen de trigo crudo
* 2 tazas de cilantro picado
* 1 taza de cebolla picada
* 1 taza de zanahoria rallada
* 1 aguacate picado
* 1 pepino picado
* 1/2 cucharada de canela molida
* El jugo de 2 limones
* Sal al gusto

Procedimiento:

Remojar durante una hora el germen de trigo en un poco de agua; mezclarlo con el resto de los ingredientes en una ensaladera.

Ensalada de germinado (1)

Ingredientes:

* 1/4 de kg. de germinado de soya
* 4 tallos de apio picado
* 1 pimiento morrón grande picado en rajas
* 2 jitomates cortados en rodajas
* El jugo de un limón
* Aceite de oliva al gusto
* Sal al gusto

Procedimiento:

Mezclar todos los ingredientes perfectamente.

Ensalada de germinado (2)

Ingredientes:

* 1 manojo de berros
* 1/2 cebolla en rodajas finas
* 4 cucharadas de aceite de oliva
* 1/4 de kg. de germinado de alfalfa
* 1 pimiento morrón en rodajas
* El jugo de un limón
* Sal al gusto

Procedimiento:

Desinfectar previamente los berros.
Picarlos y mezclarlos con todos los ingredientes perfectamente.

ENSALADA DE JÍCAMA (1)

Ingredientes:

* 1 pieza grande de jícama tierna rallada
* 1 pepino grande rallado
* Limón al gusto
* Sal al gusto

Procedimiento:

Mezclar todos los ingredientes perfectamente.

ENSALADA DE JÍCAMA (2)

Ingredientes:

* 2 jícamas en rebanadas delgadas
* 50 grs. de queso Roquefort desmoronado (opcional)
* 1 pimiento morrón picado
* 2 cucharadas de perejil
* 2 cucharadas de nuez molida
* El jugo de un limón
* Sal al gusto

Procedimiento:

A las rebanadas de jícama exprimirles el jugo de limón y sazonarlas con sal. Agregar el pimiento morrón picado finamente en rajas, la nuez y el perejil. Revolver bien todos los ingredientes y si desea decorarlo con el queso Roquefort.

ENSALADA DE JITOMATE, QUESO Y ALBAHACA

Ingredientes:

* 1/2 kg. de jitomates rebanados
* 1/4 de kg. de queso Oaxaca cortado en rebanadas
* 3 cucharadas de aceite de oliva
* $1^{1/2}$ cucharadas de albahaca picada
* Sal y pimienta al gusto

Procedimiento:

Acomodar decorativamente las rebanadas de jitomate en una ensaladera o en un platón, utilizar sólo la mitad del espacio, y en la otra mitad colocar las rebanadas de queso.

Espolvorear el albahaca para adornar y aderezar con el aceite de oliva, sal y pimienta.

ENSALADA DE JITOMATE Y PEPINO

Ingredientes:

* 6 jitomates grandes
* 3 pepinos
* Aceite de oliva al gusto
* Sal al gusto

Procedimiento:

Lavar y pelar los pepinos; cortarlos en cuadritos al igual que los jitomates. Mezclarlos bien y sazonar al gusto.

ENSALADA DE JITOMATES

Ingredientes:

* 6 jitomates grandes
* 2 pimientos morrones
* 3 pepinos tiernos
* 1 taza de jugo de tomate
* Sal al gusto

Procedimiento:

Pelar y rebanar los jitomates; colocarlos en un platón.
Cortar en tiras finas los pimientos y los pepinos en cuadritos.
Sazonar con sal y servir con jugo de jitomate.

ENSALADA DE JITOMATES RELLENOS

Ingredientes:

* 4 jitomates grandes
* 5 tallos de apio
* 50 grs. de nueces

Procedimiento:

Cortar la parte de arriba del jitomate, extraer la pulpa, picar los tallos de apio y las nueces y rellenar los jitomates. Se le pueden añadir pepinos y pimientos dulces picaditos, mezclados con un poco de crema.

ENSALADA DE LENTEJAS GERMINADAS

Ingredientes:

* 2 jitomates grandes picados
* 1 cebolla picada
* 2 dientes de ajo finamente picados
* 1 manojito de cilantro picado
* 2 aguacates maduros, pelados y picados
* 1 vaso de lentejas germinadas (ver receta "Germinados")
* Aceite de oliva al gusto
* Jugo de limón al gusto
* Sal al gusto

Procedimiento:

Preparar la ensalada revolviendo todos los ingredientes perfectamente.

ENSALADA DE NOPALITOS

Ingredientes:

* 10 nopalitos tiernos y limpios
* 2 jitomates rebanados
* 1 manojito de cilantro picado
* 1 cebolla mediana en rodajas
* 2 aguacates

* 1/4 de kg. de queso fresco
* Jugo de limón al gusto
* Aceite de oliva al gusto
* Sal al gusto

Procedimiento:

Cortar los nopales en trocitos delgados y alargaditos. Dejarlos reposar para que se les salga un poco la viscosidad y escurrir muy bien. Adornar con el cilantro, la cebolla, el jitomate, el aguacate y el queso. Sazonar con el aceite de oliva, el jugo de limón y la sal.

NOTA: Los nopalitos pueden ir crudos o cocidos.

ENSALADA DE ORÉGANO VERDE

Ingredientes:

* 1 cebolla picada
* 2 cucharadas de orégano verde
* Jugo de limón al gusto

* Aceite de oliva al gusto
* Sal al gusto

Procedimiento:

Lavar muy bien el orégano y mezclar con la cebolla, el aceite, el jugo de limón y la sal.

ENSALADA DE PEPINO

Ingredientes:

* 1 pepino grande
* 50 grs. de almendras picadas
* 1 puño de estragón fresco
* 3 cucharadas de aceite de oliva

* El jugo de un limón
* Pimienta al gusto
* Sal al gusto

Procedimiento:

Pelar y cortar en rebanadas el pepino, espolvorear con sal y dejar reposar 20 minutos.
Freír las almendras en aceite de oliva y dejar enfriar.
Mezclar el pepino con el estragón y las almendras, al servir rociar con pimienta negra, jugo de limón y aceite de oliva.

ENSALADA DE RABANITOS

Ingredientes:

* ☆ 1 manojo de rabanitos tiernos
* ☆ 2 jitomates picados
* ☆ 1 manojito de cilantro picado
* ☆ El jugo de 2 limones
* ☆ Aceite de oliva al gusto
* ☆ Sal al gusto

Procedimiento:

Desinfectar los rábanos con todo y hojas, y picarlos finamente.
Mezclar todos los ingredientes perfectamente.

ENSALADA DE REQUESÓN Y PIMIENTOS

Ingredientes:

* ☆ 1/4 de requesón
* ☆ 1 pimiento rojo en rajas
* ☆ 1 pimiento verde en rajas
* ☆ 2 tallos de apio picados
* ☆ 1 cebolla mediana picada
* ☆ 1 lechuga romanita
* ☆ Aceite de oliva al gusto
* ☆ Pimienta al gusto
* ☆ Sal al gusto

Procedimiento:

Mezclar el requesón con 2 cucharadas de aceite de oliva y revolver muy bien.
Acomodar una capa de hojas de lechuga en una ensaladera y encima colocar el
resto de los ingredientes ya perfectamente mezclados.
Sazonar con jugo de limón, aceite de oliva y sal.

ENSALADA DE TOMATES VERDES

Ingredientes:

* ☆ 10 tomates verdes (bien verdes)
* ☆ 2 pepinos picaditos
* ☆ 2 zanahorias ralladas
* ☆ 1 manojito de perejil picado
* ☆ 1 cebolla picada
* ☆ 1/4 de cucharadita de cominos en polvo
* ☆ Sal y aceite de oliva al gusto

Procedimiento:

Rebanar muy finamente el tomate y acomodar con el resto de los ingredientes
en una ensaladera.
Sazonar al gusto y adornar espolvoreando los cominos.

ENSALADA DE TRONCOS DE LECHUGA

Ingredientes:

* 4 troncos de lechuga orejona
* 2 o 3 aguacates
* Aceite al gusto
* Jugo de limón al gusto
* Sal al gusto

Procedimiento:

Lavar y pelar los troncos de lechuga. Cortar los troncos en tiras pequeñas. Machacar los aguacates, agregar el aceite, limón y sal. Mezclar hasta formar una crema suave. Mezclarla con las tiritas de troncos.
Servir inmediatamente.

ENSALADA DE VERDOLAGAS (1)

Ingredientes:

* 1/2 kg. de verdolagas crudas
* 1/2 cebolla picada
* 1/2 cucharadita de mostaza (opcional)
* El jugo de un limón
* Cominos molidos
* Sal y aceite al gusto

Procedimiento:

Desinfectar y limpiar previamente las verdolagas y picarlas en pequeños trocitos. Mezclar todos los ingredientes perfectamente.

ENSALADA DE VERDOLAGAS (2)

Ingredientes:

* 1/2 kg. de verdolagas tiernas y picadas
* 2 cebollas medianas de rabo picadas
* 2 aguacates cortados en tiritas
* 1 jitomate de bola picado
* Jugo de limón al gusto
* Aceite de oliva al gusto
* Sal al gusto

Procedimiento:

Lavar las verdolagas y ponerlas a desinfectar (ver instrucciones) escurrir, mezclar con el resto de ingredientes. Aderezar con el jugo de limón. Agregar el aceite y la sal al gusto.

ENSALADA DE VERDURAS

Ingredientes:

* 1 lechuga
* 1 manojito de berros
* 2 pepinos
* 2 jitomates
* 2 zanahorias
* 1 betabel
* 1 col chica
* 3 tallos de apio
* 2 aguacates
* 1 cebolla
* 2 cucharadas de salsa de soya
* El jugo de un limón
* Nueces picadas y cacahuates crudos al gusto
* Sal al gusto

Procedimiento:

Picar los vegetales previamente desinfectados, revolver muy bien y servir.

ENSALADA DE ZANAHORIA

Ingredientes:

* 3/4 de taza de zanahoria rallada
* 1 taza de apio picado
* 1 manojito de berros (hojas)
* 2 cucharadas de aceite de oliva
* El jugo de un limón
* Sal al gusto

Procedimiento:

Mezclar perfectamente los ingredientes y aderezar al gusto.

ENSALADA FRESCA (1)

Ingredientes:

* 1/4 de kg. de germinado de alfalfa
* 1/4 de kg. de tomate verde picado
* 1 manojito de hierbabuena
* 4 cucharadas de aceite de oliva
* El jugo de un limón
* Sal al gusto

Procedimiento:

Lavar las verduras, desinfectarlas. Mezclar todos los ingredientes.

ENSALADA FRESCA (2)

Ingredientes:

* 300 grs. de verdolagas tiernas y limpias
* 4 pepinos pelados
* 4 jitomates grandes
* 2 pimientos dulces
* 1 manojo de cebollitas de cambray
* 1 manojito de perejil
* 1 manojito de hierbabuena fresca
* Aceite de oliva al gusto
* Jugo de limón al gusto
* Sal al gusto

Procedimiento:

Lavar y desinfectar muy bien todos los vegetales, escurrir y picar finamente, aderezar con sal, aceite de oliva y el jugo de limón al gusto, mezclando todo perfectamente.

Si desea puede adornar con tiras de aguacate y queso fresco.

Ensalada griega

Ingredientes:

* 1/4 de kg. de jitomates pelados y rebanados
* 1/2 pepino pelado y rebanado
* 1 pimiento morrón verde en tiras
* 1 cebolla en rebanadas
* 3 cucharadas de aceite de oliva
* 1 cucharada de vinagre de manzana
* 100 grs. de queso fresco en cuadritos
* 1 cucharada de orégano seco
* Sal y pimienta al gusto

Procedimiento:

Mezclar todos los ingredientes en un tazón, sazonar con sal y pimienta y adornar con cuadritos de queso y orégano espolvoreado.

Ensalada mexicana

Ingredientes:

* 300 grs. de col rallada
* 1 cebolla picada
* 1 manojito de cilantro picado
* 4 chiles picados (poblanos, morrones o serranos)
* 4 cucharadas de aceite de oliva
* 1/4 de taza de vinagre de manzana
* 1 cucharada de orégano
* 1 cucharada de salsa de soya
* 1 aguacate en tiras
* Sal al gusto

Procedimiento:

En una ensaladera mezclar perfectamente todos los ingredientes y adornar con tiras de aguacate.

Ensalada mixta (1)

Ingredientes:

* 2 pimientos morrones grandes y rojos
* 1 manojo de rabanitos cortados en flor
* 1/2 cebolla cortada en rodajas
* 1 jícama rallada de tamaño regular
* 1 lechuga romanita
* 2 limones
* Sal al gusto

Procedimiento:

Rebanar los pimientos finamente, desinfectar previamente las hojas de lechuga y colocarlas en una ensaladera.
Acomodar en el centro la jícama y un rabanito, las ruedas de cebolla; colocar lo restante alrededor del centro y adornar con un limón al lado.

ENSALADA MIXTA (2)

Ingredientes:

- ★ 1 manojo de rabanitos en rodajas
- ★ 1 tallo de apio (parte blanca)
- ★ 50 grs. de aceitunas verdes
- ★ 2 hojas de lechuga
- ★ 2 corazones de alcachofa cocidos
- ★ 2 jitomates rebanados
- ★ 50 grs. de queso Roquefort
- ★ Pimienta al gusto
- ★ Sal al gusto

Procedimiento:

Poner en la ensaladera los rabanitos con todo y cáscara, cortar el apio en tiritas finas, cortar el queso en cuadritos y mezclar todo con el resto de los ingredientes. Salpimentar.

ENSALADA SANDÍA (SALADA)

Ingredientes:

- ★ 2 aguacates maduros, pero macizos
- ★ 2 tazas de puré de papa bien molido
- ★ 4 aceitunas cortadas en trocitos pequeños
- ★ 1/2 taza de jugo de betabel
- ★ 1 cebolla desflemada
- ★ Hojas de lechuga para adornar
- ★ Sal al gusto

Procedimiento:

Cortar los aguacates en dos partes a lo largo, sacar el hueso y cortar cada mitad en 3 partes.

Quitar la cáscara sin romper la pulpa. Untarlos con jugo de limón para que no se oscurezcan.

El puré de papa teñirlo con el jugo de betabel hasta que tome el color de la sandía.

Rellenar las rebanadas de aguacate dándoles la forma de las tajadas de sandía y poner los trocitos de aceituna en forma de semillas.

Servir sobre las hojas de lechuga y la cebolla desflemada.

ENSALADA TRICOLOR

Ingredientes:

- ★ 1/4 de kg. de betabeles tiernos
- ★ 1/4 de kg. de jícama
- ★ 2 manojos de berros (hojas)
- ★ 1 cucharada de aceite de oliva
- ★ 1 pizca de pimienta
- ★ El jugo de un limón
- ★ Sal al gusto

Procedimiento:

Pelar los betabeles y jícamas.

Rallar por separado los betabeles y jícamas, tener cuidado que no se manchen entre sí.

Lavar y desinfectar las hojas de berros y acomodar en un platón. Extender los tres tipos de verduras formando los tres colores.

Con el resto de ingredientes formar un aderezo y mezclar a lo anterior.

ENSALADA VARIEDAD

Ingredientes:

* 1 manojo de espinacas picaditas
* 150 grs. de champiñones limpios en cuadritos
* 2 pimientos morrones picados
* 3 cucharadas de ajonjolí
* 50 grs. de nuez picada
* Aceite al gusto
* Vinagre al gusto
* Sal al gusto

Procedimiento:

Desinfectar las espinacas y los champiñones, escurrir y mezclar con el resto de ingredientes.

ENSALADA VEGETAL EN JUGO DE NARANJA

Ingredientes:

* 6 zanahorias ralladas
* 1 chayote rallado en crudo
* 1/3 de col rebanada finamente
* 2 calabacitas ralladas en crudo
* 50 grs. de almendras peladas y picadas
* 50 grs. de pasitas sin semilla
* 1 pimiento morrón rojo picado
* El jugo de 2 naranjas
* Sal al gusto

Procedimiento:

Mezclar todos los ingredientes. Sazonar con sal y servir.

ENSALADA VERDE

Ingredientes:

* 1 manojo grande de berros (hojas)
* 1 lechuga romanita
* 1 manojo de espinacas (hojas)
* 1 manojo de cilantro (hojas)
* 1 aguacate cortado en tiritas
* 2 cucharadas de aceite de oliva
* 50 grs. de queso rallado
* 1 pizca de pimienta
* El jugo de un limón
* Sal al gusto

Procedimiento:

Hacer un aderezo con el aceite, limón, sal y pimienta.
Cortar la lechuga y revolverla con el resto de ingredientes.
Mezclar todo perfectamente en una ensaladera.

ENSALADILLA DE PIMIENTOS

Ingredientes:

* 6 jitomates
* 6 pimientos morrones
* Jugo de limón al gusto
* Aceite de oliva al gusto
* Orégano seco molido
* Sal al gusto

Procedimiento:

Lavar y asar los jitomates y morrones.

Envolver ya bien asados en una servilleta húmeda y meterlos en una bolsa de plástico cerrándola para que suden. Dejarlos sudar 5 minutos y después pelarlos; desvenar y cortar en rajitas al igual que los jitomates.

Agregar el jugo de limón, aceite de oliva, orégano molido y sal al gusto.

Dejar uno o dos días macerando y servir acompañando otro platillo.

GAZPACHO

Ingredientes:

* 2 pepinos
* 3/4 de kg. de jitomate
* 2 aguacates
* 2 cucharadas de salsa Tabasco
* 1 pizca de azúcar
* Aceite de oliva al gusto
* Vinagre de manzana al gusto
* Pimienta y sal al gusto

Procedimiento:

Lavar y moler el jitomate en crudo, colar y mezclar con los pepinos y aguacates cortados en cuadritos.

Revolver con el resto de ingredientes, sazonar al gusto.

Servir bien frío en copas, acompañadas de galletas saladas.

SEVICHE DE AGUACATE

Proceder en la misma forma que en el seviche de champiñones (ver página siguiente); sustituir los champiñones por aguacate en la misma proporción.

SEVICHE DE COCO

Se procede de la misma forma que en el seviche de champiñones; sustituir los champiñones por coco rallado fresco, en la misma proporción.

SEVICHE DE CHAMPIÑONES

Ingredientes:

* 1 kg. de champiñones
* 1/2 kg. de jitomate picado
* 1 cebolla grande picada finamente
* Cilantro al gusto
* Salsa catsup al gusto

* Orégano al gusto
* Pimienta al gusto
* Aceite de oliva al gusto
* Jugo de limón al gusto
* Sal al gusto

Procedimiento:

Tomar los champiñones después de lavarlos muy bien, picarlos en trocitos y colocarlos 20 minutos en jugo de limón; después de transcurrido el tiempo indicado, sacar parte del jugo de limón o dejar así según se desee de ácido, dependiendo del gusto. Agregar salsa catsup al gusto, un poco de orégano tostado, pimienta, aceite de oliva y sal. Agregar también la cebolla, jitomate y cilantro picados finamente.

SEVICHE DE JÍCAMA

Proceder de la misma forma que en el seviche de champiñones; sustituir los champiñones por jícama en la misma proporción.

SEVICHE DE LECHUGA

Se procede de la misma forma que en el seviche de champiñones; sustituir los champiñones por troncos de lechuga pelados y cortados en tiritas, en la misma proporción.

SEVICHE DE PEPINO

Proceder de la misma forma que en el seviche de champiñones; sustituir los champiñones por pepino en la misma proporción.

SEVICHE DE ZANAHORIA

Proceder de la misma forma que en el seviche de champiñones; sustituir los champiñones por zanahoria en la misma proporción.

VOLCANES DE ZANAHORIA

Ingredientes:

* 4 piezas de zanahoria finamente ralladas

* 100 grs. de queso fresco o requesón
* 1 manojito de perejil

Procedimiento:

Colocar en un molde pequeño la zanahoria ya mezclada con queso; presionar con los dedos esta mezcla de manera que al vaciarla en un plato quede en forma de volcán sin que se desmorone.

ENSALADAS COCIDAS

COL AGRIA

Ingredientes:

* 1 1/2 kgs. de col en rebanadas finas
* 1/2 vaso de vinagre de manzana
* 50 grs. de chorizo vegetariano
* 6 pimientas gordas
* 2 cucharadas de aceite de oliva
* 1/2 cucharada de orégano molido
* 1 cucharada de azúcar morena
* Sal al gusto

Procedimiento:

Escaldar (ver instrucciones en Consejos prácticos) y enjuagar la col, hervirla durante 10 minutos con el resto de ingredientes.

ENSALADA ARGENTINA

Ingredientes:

* 1 coliflor pequeña
* 1/2 kg. de ejotes bien cocidos
* 3 rebanadas de piña
* 2 naranjas sin cáscara
* 1 pizca de azúcar
* El jugo de un limón
* Mayonesa y crema en partes iguales al gusto
* Sal al gusto

Procedimiento:

Cocer bien la coliflor y dejarla enfriar y escurrir. Picar finamente la coliflor, los ejotes, la piña y la naranja. Mezclar todos los ingredientes perfectamente y refrigerar durante 5 minutos.

ENSALADA CLARA

Ingredientes:

* 1/2 taza de yogurt natural
* 4 jitomates cortados en trozos
* 1 cebolla rebanada
* 2 cucharadas de mayonesa
* 2 cucharadas de salsa de soya
* 1 cucharada de crema
* 1 taza de elotes cocidos al vapor
* Sal al gusto

Procedimiento:

En una ensaladera poner el jitomate con la cebolla.
Aparte mezclar la mayonesa con el yogurt y agregar a lo anterior.
Añadir el resto de ingredientes y mezclar perfectamente.

ENSALADA DANESA

Ingredientes:

* 1/4 de taza de jugo de limón
* 1$^{1/2}$ cucharadas de gelatina sin sabor o 4 cucharadas soperas de agar-agar
* 1/2 taza de agua hirviendo
* 3/4 de cucharadita de sal
* 1/2 cucharadita de paprika
* 1/2 taza de chícharos cocidos

* 1 taza de zanahoria rallada
* 1 taza de apio picado
* 2 cucharadas de cebolla picada
* 1/2 taza de queso Chihuahua rallado
* 1 taza de leche evaporada

Procedimiento:

Disolver el agar-agar o la gelatina en el agua hirviendo y después ir incorporando el jugo de limón y dejar reposar durante 5 minutos.

Colocar los vegetales en una ensaladera honda junto con las especias.

Espolvorear el queso y añadir la leche y el agar-agar o la gelatina.

Mezclar todo perfectamente y refrigerar hasta que cuaje.

Se sirve bien helado.

ENSALADA DE ACELGAS

Ingredientes:

* 350 grs. de acelgas o espinacas
* 1 cucharada de aceite
* 1/2 cebolla picada

* 70 grs. de queso rallado tipo Chihuahua
* 1/2 cucharada de sal

Procedimiento:

Lavar las acelgas y cocer al vapor en una cacerola bien tapada, cuando estén tiernas espolvorear la cebolla y el queso.

Dejar al fuego unos minutos, sacar y sazonar al gusto acompañada de aceite y sal.

ENSALADA DE APIO CON ADEREZO PICANTE

Ingredientes:

* 3 tallos largos de apio
* 2/3 de taza de crema
* 4 cucharadas de puré de jitomate
* 1 cucharada de salsa de soya
* 4 cucharadas de salsa catsup

* 4 hojas de lechuga
* Unas gotas de salsa Tabasco
* Pimienta al gusto
* Sal al gusto

Procedimiento:

Cortar los tallos de unos 15 cms. de largo y después por la mitad, a lo largo.

Cocer los tallos al vapor durante 6 minutos, escurrirlos y enjuagarlos con agua fría.

Colocar las hojas de lechuga encima de la ensaladera y sobre esto acomodar los tallos de apio. Adornar con el aderezo que se prepara mezclando la crema con las salsas, sal y pimienta y refrigerar 5 minutos.

Si desea puede adornar con rebanadas de huevo duro y rodajas de cebollitas.

ENSALADA DE ARROZ

Ingredientes:

* 2 tazas de arroz integral cocido y frío
* 300 grs. de chícharos cocidos
* 3 jitomates
* 2 pimientos morrones
* Sal, pimienta, aceite de oliva, mostaza y cebollín al gusto

Procedimiento:

Mezclar el arroz con los chícharos y los jitomates que previamente se pelan y pican en cuadritos.

El aceite revolverlo con la mostaza, la sal, la pimienta y con el cebollín finamente picado. Aderezar con esto la ensalada. Servirla adornada con tiras de pimiento

ENSALADA DE BERENJENA

Ingredientes:

* 2 berenjenas grandes
* 1/2 cebolla
* 1 jitomate
* 8 ramitas de perejil
* 3 cucharadas de aceite de oliva
* El jugo de un limón
* Aceitunas al gusto
* Sal al gusto

Procedimiento:

Asar las berenjenas en el comal hasta que quede la cáscara bien dorada y estén cocidas por dentro.

Pelar bajo del chorro del agua y cortar en cuadritos.

Picar finamente la cebolla, el jitomate y el perejil, mezclar con la berenjena y las aceitunas.

Aderezar con el aceite, el limón y la sal al gusto.

ENSALADA DE BETABEL

Ingredientes:

* 2 betabeles grandes cocidos y picados en cuadritos.
* 1 cebolla mediana finamente picada
* Jugo de limón al gusto
* Aceite de oliva al gusto
* Comino, molido al gusto
* Sal al gusto

Procedimiento:

Mezclar todos los ingredientes. Servir fría.

ENSALADA DE BETABEL A LA VINAGRETA

Ingredientes:

* 3 betabeles medianos
* 2 cucharadas de cebolla picada
* 2 cucharadas de aceite de oliva
* 1/4 de taza de vinagre de manzana
* 2 cucharadas de salsa de soya
* El jugo de una naranja
* Sal al gusto

Procedimiento:

Rebanar o picar finamente los betabeles cocidos. Mezclar todos los ingredientes perfectamente y añadírselos. Refrigerar durante 30 minutos. Servir frío.

ENSALADA DE CALABACITAS

Ingredientes:

* 3/4 de taza de calabacitas crudas y ralladas
* 1/2 taza de apio picado
* 100 grs. de champiñones cocidos al vapor
* 3/4 de taza de espinacas picadas
* 1/4 de taza de garbanzos cocidos
* 1 pimiento morrón picado
* Sal al gusto

Procedimiento:

Mezclar perfectamente los ingredientes y aderezar al gusto.

ENSALADA DE COL

Ingredientes:

* 1 kg. de col
* 1 cucharada de azúcar
* 1 aguacate macizo para adornar
* 1/8 de cucharadita de pimienta molida
* 2 cucharadas de aceite de oliva
* 1/2 cucharada de orégano molido
* 1 cebolla mediana
* El jugo de un limón
* Sal al gusto

Procedimiento:

Picar finamente la col y ponerla a hervir en dos litros de agua con sal y azúcar. Dejar hervir 5 minutos y escurrir.
Enjuagar la col en agua fría y formar un aderezo con el resto de los ingredientes. Colocarla en una ensaladera y adornar con tiras de aguacate.

Ensalada de coliflor

Ingredientes:

* 1 coliflor
* 2 cucharadas de vinagre de manzana
* 1 jitomate

* 3 cucharadas de aceite de oliva
* 2 cucharadas de leche
* Pimienta al gusto
* Sal al gusto

Procedimiento:

Se cuece la coliflor en agua con sal y leche, cuando esté ya cocida escurrir y cortar en pequeños ramitos.

Mezclar con el aceite y vinagre.

Colocar en una ensaladera y adornar con el jitomate pelado y picado. Agregar la sal y la pimienta al gusto.

Ensalada de coliflor y aguacate

Ingredientes:

* 1 coliflor mediana
* 3 chiles verdes
* 3 aguacates
* 3 jitomates

* 75 grs. de queso fresco rallado
* 1 pizca de anís
* Sal al gusto
* Pimienta al gusto

Procedimiento:

Cocer la coliflor en agua con sal y anís. Asar, moler, colar los jitomates y los chiles. Mezclarlos con los aguacates ya bien machacados.

Escurrir y cortar la coliflor en pequeños ramitos, colocándolos en una ensaladera y condimentándolos con sal y pimienta al gusto.

Adornar con guacamole y queso encima de la coliflor.

Ensalada de coliflor y berros

Ingredientes:

* 1 coliflor pequeña partida en
* ramilletes pequeños
* 1 manojito de berros cortados en trozos de 3 cms.
* 4 cebollitas picadas

* 5 cucharadas de aderezo francés sencillo (ver receta en la sección de Aderezos)
* 1 cucharada de ajonjolí tostado
* Sal al gusto

Procedimiento:

Cocer la coliflor al vapor durante 3 minutos y escurrir. Mezclar perfectamente los ingredientes y por último espolvorear con ajonjolí.

ENSALADA DE EJOTES Y RAJAS

Ingredientes:

* 1 coliflor mediana
* 1/2 kg. de ejotes
* 6 chiles poblanos
* 3 cebollas

* 1/4 de taza de aceite
* 1/2 pieza de pan duro
* Jugo de limón al gusto
* Orégano y sal al gusto

Procedimiento:

Cortar la cebolla en rodajas y acitronar en poco aceite.

Desgajar la coliflor y poner a cocer con un trozo de pan duro. Cortar los ejotes en tiritas y cocerlos.

Asar, pelar y desvenar los chiles poblanos, después cortarlos en rajitas.

Mezclar la cebolla, las rajitas, los ejotes y orégano. Sazonar con el jugo de limón, el aceite y la sal al gusto.

Servir todo esto en un platón.

Aparte, mezclar en un platón hondo, jugo de limón, aceite y sal y ahí mojar los tronquitos de coliflor y encima de la ensalada acomodarlos para adornar el platón.

ENSALADA DE ESPINACAS

Ingredientes

* 2 tazas de espinacas (cocidas)
* 4 papas cocidas cortadas en rodajas
* 400 grs. de queso rallado

* 2 cucharadas de crema
* Sal al gusto

Procedimiento:

Poner a cocer las espinacas en agua con sal durante 3 minutos, escurrir y cortarlas finamente. Colocarlas sobre un platón.

Espolvorear encima el queso y adornar con las rodajas de papa.

Condimentarlas con crema y sal.

ENSALADA DE PAPA (1)

Ingredientes:

* 1/2 kg. de papa
* 2 cucharadas de aceite de oliva
* 1/2 cucharada de mostaza
* 5 ramitas de perejil

* 3 huevos duros
* 2 cucharadas de vinagre
* Sal al gusto

Procedimiento:

Cocer las papas y cortarlas en cuadritos al igual que los huevos.

Incorporar la mostaza con el aceite. Añadir el vinagre, el perejil picado y la sal.

Bañar con esta mezcla las papas y los huevos.

ENSALADA DE PAPA (2)

Ingredientes:

* 1/2 kg. de papa cocida
* 1 taza de chícharos cocidos
* 1 cebolla picada
* 2 tallos de apio picado

* Pimienta al gusto
* Mayonesa al gusto
* Sal al gusto

Procedimiento:

Cortar en cuadritos la papa y mezclar perfectamente con el resto de los ingredientes.

ENSALADA DE SALSIFÍS

Ingredientes:

* 2 manojos de salsifís (1/2 kg.)
* 50 grs. de aceitunas
* 3 cucharadas de vinagre
* 1/4 de taza de mayonesa
* 1/2 taza de apio picado

* 3 cucharadas de aceite
* 1 pieza de lechuga romanita
* Pimienta al gusto
* Sal al gusto

Procedimiento:

Poner a cocer los salsifís hasta que estén tiernos, escurrir y raspar con un cuchillo. Cortarlos finamente en rodajitas, revolver con vinagre, aceite, sal, pimienta y apio.
Colocar encima de las hojas de lechuga previamente desinfectadas y adornar con mayonesa y aceitunas.

ENSALADA DE TRIGO

Ingredientes:

* 2 zanahorias grandes ralladas
* 2 pepinos grandes rallados
* 2 papas grandes cocidas y picadas
* 1 taza de cilantro picado

* 2 cucharadas de aceite de oliva
* 2 cucharadas de jugo de limón
* 1 taza de trigo germinado

Procedimiento:

Mezclar todos los ingredientes en una ensaladera.

Ensalada mediterránea

Ingredientes:

* 2 aguacates duros picados
* 1 coliflor
* 20 aceitunas negras
* 20 papitas cocidas y peladas
* 1 apio en trocitos
* 1/2 kg. de ejotes cocidos
* 1 cucharada de mostaza
* 2 cucharadas de aceite de oliva
* 2 cucharadas de vinagre de manzana
* Sal al gusto

Procedimiento:

Mezclar todos los ingredientes con cuidado en una ensaladera.
Preparar un aderezo con el aceite de oliva, vinagre, sal y bañar con esto la ensalada.

Ensalada mixta

Ingredientes:

* 1/2 kg. de papa
* 1/2 kg. de ejotes
* 6 huevos cocidos
* 1 taza de aceitunas (rellenas)
* 2 tazas de crema
* 1/4 de kg. de chícharos
* 3 zanahorias
* 1 manzana
* 2 ramitas de perejil
* El jugo de un limón
* Sal al gusto

Procedimiento:

Cortar en cuadritos las papas, zanahorias, ejotes y chícharos y cocer por separado en agua con sal y dejar escurrir. Picar la manzana y exprimirle el limón para que no se obscurezca, cortar las aceitunas en rodajitas y mezclar con las verduras anteriores.
Sazonar con sal. Añadir y mezclar la crema. Adornar con rebanadas de huevo cortadas a lo largo y perejil picado encima.

Ensalada sencilla

Ingredientes:

* 1 manojo de espinacas (hojas)
* 1/4 de kg. de coliflor
* 3 zanahorias ralladas
* 3/4 de taza de alfalfa germinada
* 2 jitomates rebanados

Procedimiento:

Cocer la coliflor al vapor, escurrir y dejar enfriar.
Mezclar la col bien picadita con el resto de ingredientes.
Aderezar al gusto.

ENSALADILLA DE PIMIENTOS

Ingredientes:

* 6 jitomates
* 6 pimientos morrones
* Aceite de oliva

* Jugo de limón al gusto
* Orégano molido
* Sal al gusto

Procedimiento:

Lavar y asar los jitomates y morrones enteros. Envolverlos enseguida en una servilleta húmeda y dejarlos reposar un momento.
Pelar, desvenar y cortar en rajitas los pimientos al igual que los jitomates.
Sazonarlos con el limón, aceite de oliva, sal y orégano al gusto.
Dejarlos reposar de uno a dos días. Servirlos como botana o guarnición.

PURÉ DE ACELGAS O ESPINACAS CON PAPAS

Ingredientes:

* 1 kg. de acelgas o espinacas
* 1/2 kg. de papa cocida
* 1 lata de leche evaporada

* 75 grs. de mantequilla
* Agua la necesaria
* Sal al gusto

Procedimiento:

Limpiar, lavar y cocer al vapor las espinacas o acelgas, escurrirlas y licuarlas con un poco de la leche; aparte pelar y licuar igualmente las papas y mezclarlas con lo anterior.
Freír en la mantequilla y añadir la leche y la sal.
Ya todo bien mezclado se deja al fuego lento, sin que hierva.

NOTA: Es mejor cocinarlo a baño María.

ENSALADAS DULCES

COCKTAIL DE FRUTAS   *   ENSALADA DE MANZANA
ENSALADA AMALIA   *   ENSALADA DE NUEZ Y MANZANA
ENSALADA BICOLOR   *   ENSALADA DE OTOÑO
ENSALADA DE AGUACATE CON FRUTA * ENSALADA MIRABEL
ENSALADA DE FRUTA Y APIO   *   ENSALADA NOCHEBUENA
ENSALADA DE FRUTAS CON YOGURT * ENSALADA WALDORF

COCKTAIL DE FRUTAS

Ingredientes:

* 1 melón grande
* 1 kg. de papaya
* 1/4 de kg. de fresas
* 2 manzanas

* 2 rebanadas de piña
* 1 taza de agua de jamaica
* 75 grs. de azúcar
* 75 grs. de pasas

Procedimiento:

Con un abocador sacarle la pulpa al melón y la papaya en forma de bolitas. Picar en cuadritos la manzana.
Mezclar todos los ingredientes y refrigerar, se sirve bien frío.

ENSALADA AMALIA

Ingredientes:

* 1 kg. de papas cocidas y en cuadritos
* 1/2 kg. de fresas o
  1 lata de piña
* 1/2 kg. de manzanas picadas
  en cuadritos

* 1 taza de apio
* 1 taza de crema
* 1/2 taza de mayonesa
* 100 grs. de nuez picada

Procedimiento:

En una ensaladera mezclar todos los ingredientes perfectamente.

ENSALADA BICOLOR

Ingredientes:

* 1 pieza de jícama de
  tamaño regular rallada
* 1 pieza grande de betabel
  pelada y rallada

* El jugo de un limón
* Miel si se desea, al gusto

Procedimiento:

Mezclar todos los ingredientes perfectamente.

ENSALADA DE AGUACATE CON FRUTA

Ingredientes:

* 2 toronjas en gajos
* 2 naranjas en gajos
* 1 lechuga romanita
* 1 aguacate
* 1/2 taza de mayonesa

* 1/4 de kg. de queso cottage o requesón
* Aderezo francés (ver sección de aderezos)

Procedimiento:

Marinar en el aderezo los gajos de naranja y toronja, en una ensaladera acomodar las hojas de lechuga previamente desinfectadas.

Pelar y deshuesar el aguacate cortándolo por lo largo, cortar una de las mitades en cuadritos pequeños y colocarlos sobre las hojas de lechuga.

Rellenar la otra mitad del aguacate con la mayonesa mezclada con el requesón o queso y colocar en el centro de la ensaladera, adornando con los gajos de toronja y naranja alrededor del aguacate.

ENSALADA DE FRUTA Y APIO

Ingredientes:

* 2 perones grandes y picados
* 2 manzanas grandes y picadas
* 6 tallos de apio picados

* 1/2 taza de yogurt
* 50 grs. de pasitas sin semilla
* 2 cucharadas grandes de miel de abeja

Procedimiento:

Revolver todos los ingredientes muy bien y si desea puede refrigerarla durante 10 minutos.

ENSALADA DE FRUTAS CON YOGURT

Ingredientes:

* 2 naranjas
* 2 plátanos tabasco
* 2 rebanadas de piña
* 30 grs. de nuez picada

* 2 cucharadas de miel de abeja
* 1/2 taza de yogurt natural
* El jugo de un limón

Procedimiento:

Picar finamente la fruta, añadir el jugo de limón y mezclar con las nueces picadas y la miel. Por último, agregar el yogurt, revolver todo muy bien y servir.

ENSALADA DE MANZANA

Ingredientes:

* 4 manzanas
* 100 grs. de nuez picada
* 1/4 de kg. de crema
* Mascabado al gusto

Procedimiento:

Pelar y rallar las manzanas perfectamente. Batir la crema con el mascabado y agregarle la nuez.
Añadir la manzana al batido y servir si desea bien frío.
Se le pueden agregar pasitas.

ENSALADA DE NUEZ Y MANZANA

Ingredientes:

* 4 manzanas picadas en cuadritos
* 2 cucharadas de jugo de limón
* 3/4 de taza de piña picada en cuadritos
* 3/4 de taza de nuez picada
* 1 lechuga
* 1/4 de crema

Procedimiento:

Combinar las manzanas con el jugo de limón, la piña y la crema.
Colocar en una ensaladera las hojas de lechuga previamente desinfectadas y encima acomodar lo anterior.
Adornar con las nueces.

ENSALADA DE OTOÑO

Ingredientes:

* 1 lechuga romanita
* 1/2 piña pelada y rebanada
* 1 toronja en gajos
* 1/2 manzana roja rebanada
* 100 grs. de uvas rojas sin semilla
* 1 naranja en gajos
* 125 grs. de mayonesa
* 125 grs. de crema

Procedimiento:

Colocar en una ensaladera las hojas de lechuga previamente desinfectadas, encima formar cuatro divisiones con las rebanadas de piña.
Acomodar en una de las divisiones los gajos de toronja para combinar con las rebanadas de manzana.
En la otra división colocar las uvas y en las divisiones restantes acomodar los gajos de naranja y las rebanadas de piña restantes bien picaditas.
Mezclar previamente la mayonesa y la crema y colocar en el centro de la ensaladera.

ENSALADA MIRABEL

Ingredientes:

* 1 lechuga orejona rebanada
* 2 naranjas en gajos
* 3 manzanas ralladas
* 2 plátanos rebanados

* 4 tallos de apio picaditos
* 1 taza de crema o yogurt
* Azúcar o miel al gusto

Procedimiento:

Mezclar todos los ingredientes perfectamente y aderezar al gusto.

ENSALADA NOCHEBUENA

Ingredientes:

* 1 kg. de betabeles tiernos, pelados y rallados
* 5 naranjas peladas y rebanadas
* 2 jícamas medianas peladas y rebanadas

* 2 plátanos machos o tabasco rebanados
* 1 lechuga (hojas)
* 1/4 de kg. de cacahuate crudo pelado
* Miel al gusto

Procedimiento:

Mezclar todos los ingredientes bien y servir.

ENSALADA WALDORF

Ingredientes:

* 4 manzanas
* 75 grs. de nuez picada
* 2 tallos de apio

* 6 cucharadas de mayonesa
* 200 grs. de crema dulce

Procedimiento:

Pelar y cortar en cuadritos las manzanas y el apio con todo y rabos. Mezclar todo perfectamente.

ADEREZOS

ADEREZO AMARILLO * ADEREZO DE PÉTALOS DE ROSA
ADEREZO DE AGUACATE * ADEREZO DE PIÑA
ADEREZO DE AJO Y YOGURT * ADEREZO DE QUESO
ADEREZO DE AJONJOLÍ * ADEREZO DE QUESO Y AJONJOLÍ
ADEREZO DE ALMENDRA * ADEREZO DE TRIGO
ADEREZO DE AVELLANA * ADEREZO EN NOGADA
ADEREZO DE AZAFRÁN * ADEREZO FRANCÉS (1)
ADEREZO DE BERROS * ADEREZO FRANCÉS BÁSICO (2)
ADEREZO DE CACAHUATE * ADEREZO FRANCÉS DE FRUTAS (3)
ADEREZO DE CREMA DE MIEL * ADEREZO FRANCÉS SENCILLO (4)
ADEREZO DE CHAYOTE * ADEREZO MIL ISLAS
ADEREZO DE LIMÓN-YOGURT * ADEREZO MIXTO
ADEREZO DE MENTA * ADEREZO MOSTACHÓN
ADEREZO DE MOSTAZA * ADEREZO SAT-ARHAT
ADEREZO DE NARANJA * ADEREZO SECO
ADEREZO DE NUEZ * PASTA DE QUESO
ADEREZO DE PEPITA DE CALABAZA *

Otros Aderezos:

MAYONESA * MAYONESA DE ZANAHORIA
MAYONESA A LA ROQUEFORT * MAYONESA DELICIOSA

Aderezo amarillo

Ingredientes:

* 1 huevo crudo
* 5 cucharadas de jugo de limón
* 1 diente de ajo picado
* 1/2 taza de aceite de oliva
* 1/2 taza de aceite vegetal
* Pimienta al gusto
* Sal al gusto

Procedimiento:

Licuar todos los ingredientes perfectamente y servir sobre la ensalada.

Aderezo de aguacate

Ingredientes:

* 1 aguacate
* 1 taza de yogurt
* 1 limón (el jugo)
* 3 dientes de ajo
* 1/2 taza de aceite
* Sal al gusto

Procedimiento:

Licuar todos los ingredientes. Servir frío sobre la ensalada.

Aderezo de ajo y yogurt

Ingredientes:

* 2 dientes de ajo
* 2 cucharadas de perejil picado
* 1 cucharada de cebolla picada
* 1 cucharada de jugo de limón
* 1/2 cucharada de raspadura de limón
* 1 taza de yogurt
* Pimienta al gusto
* Sal al gusto

Procedimiento:

Licuar todos los ingredientes y servir frío sobre la ensalada.

Aderezo de ajonjolí

Ingredientes:

* 6 cucharadas de ajonjolí
* 1 taza de yogurt
* 1 limón (el jugo)
* 3 dientes de ajo
* 1/2 taza de aceite
* Sal al gusto

Procedimiento:

Licuar todos los ingredientes. Servir frío sobre la ensalada.

ADEREZO DE ALMENDRA

Ingredientes:

* 6 cucharadas de almendras
* 1 taza de yogurt
* 1 limón (el jugo)
* 3 dientes de ajo
* 1/2 taza de aceite
* Sal al gusto

Procedimiento:

Licuar todos los ingredientes. Servir frío sobre la ensalada.

ADEREZO DE AVELLANA

Ingredientes:

* 6 cucharadas de avellanas
* 1 taza de yogurt
* 1 limón (el jugo)
* 3 dientes de ajo
* 1/2 taza de aceite
* Sal al gusto

Procedimiento:

Licuar todos los ingredientes. Servir frío sobre la ensalada.

ADEREZO DE AZAFRÁN

Ingredientes:

* 2 cucharadas de mantequilla
* 1 cucharada de cebollitas cambray picadas
* 1 cucharada de harina
* 1 taza de agua
* 1 cucharada de salsa de soya
* 1 pizca de azafrán
* 2 cucharadas de crema
* Pimienta al gusto
* Sal al gusto

Procedimiento:

Derretir la mantequilla en una cacerola y sofreír la cebolla a fuego lento durante 3 minutos.

Añadir la harina y seguir moviendo hasta que quede acitronada, agregar el agua y la salsa de soya.

Mover hasta que quede bien incorporado, tapar y dejar a fuego lento durante 4 minutos, añadir el azafrán y sazonar con sal y pimienta.

Por último agregar la crema y servir sobre la ensalada.

ADEREZO DE BERROS

Ingredientes:

* 1$^{1/2}$ tazas de mayonesa
* 3/4 de taza de hojas de berros
* 1 cucharada de eneldo seco
* 1 limón (el jugo)

* 1/3 de cebolla picada
* Pimienta al gusto
* Sal al gusto

Procedimiento:

Licuar todos los ingredientes perfectamente y servir sobre la ensalada.

ADEREZO DE CACAHUATE

Ingredientes:

* 8 cucharadas de cacahuate
* 1 taza de yogurt
* 1 limón (el jugo)

* 3 dientes de ajo
* 1/2 taza de aceite
* Sal al gusto

Procedimiento:

Licuar todos los ingredientes. Servir frío sobre la ensalada.

ADEREZO DE CREMA DE MIEL (para frutas)

Ingredientes:

* 1/2 taza de cacahuate picado
* 1 limón (el jugo)

* 2 cucharadas de miel de abeja
* 1 cucharada de aceite de cártamo

Procedimiento:

Mezclar el cacahuate y el jugo de limón, dejar reposar por 15 minutos y añadir la miel y el aceite.
Revolver todo muy bien.

ADEREZO DE CHAYOTE

Ingredientes:

* 1/2 chayote crudo en trocitos
* 1 pizca de orégano
* 1 vaso de yogurt

* 1/2 cebolla mediana picada
* Sal al gusto

Procedimiento:

Licuar todos los ingredientes y adornar con la cebolla picada.

ADEREZO DE LIMÓN-YOGURT

Ingredientes:

* 1 taza de yogurt
* 1/2 taza de pepino picado
* 1/4 de taza de cebolla picada
* 3 cucharadas de jugo de limón
* 1 cucharada de salsa de soya
* Pimienta blanca al gusto
* Sal al gusto

Procedimiento:

Licuar todos los ingredientes y servir sobre la ensalada.

ADEREZO DE MENTA

Ingredientes:

* 3 cucharadas de aceite de oliva
* 1 cucharada de jugo de limón
* 1 cucharada de menta fresca picada
* 2 cucharadas de azúcar
* Pimienta negra molida al gusto
* Sal al gusto

Procedimiento:

Colocar todos los ingredientes en un frasco, tapar y agitar perfectamente. Refrigerar durante 30 minutos y servir.

ADEREZO DE MOSTAZA

Ingredientes:

* 3 cucharadas de mostaza
* 2/3 de taza de yogurt
* 2/3 de taza de mayonesa
* Sal al gusto

Procedimiento:

Licuar todos los ingredientes hasta formar una crema y servir sobre vegetales crudos.

ADEREZO DE NARANJA (para fruta)

Ingredientes:

* 2 cucharadas de mantequilla
* 2 cucharadas de mascabado
* El jugo de 2 naranjas
* El jugo de un limón

Procedimiento:

Derretir la mantequilla, disolver en ésta el mascabado, retirar del fuego y añadir el jugo de limón y de naranja. Servir bien frío.

ADEREZO DE NUEZ

Ingredientes:

* 6 cucharadas de nuez
* 1 taza de yogurt
* 1 limón (el jugo)

* 3 dientes de ajo
* 1/2 taza de aceite
* Sal al gusto

Procedimiento:

Licuar todos los ingredientes. Servir frío sobre la ensalada.

ADEREZO DE PEPITA DE CALABAZA

Ingredientes:

* 8 cucharadas de pepita de calabaza
* 1 taza de yogurt
* 1 limón (el jugo)

* 3 dientes de ajo
* 1/2 taza de aceite
* Sal al gusto

Procedimiento:

Licuar todos los ingredientes. Servir frío sobre la ensalada que desee.

ADEREZO DE PÉTALOS DE ROSA (para frutas)

Ingredientes:

* 1/2 taza de pétalos de rosa
* 1 vaso de yogurt al natural
* 1 pizca de nuez moscada molida

* 50 grs. de avellanas
* Piñones pelados, al gusto

Procedimiento:

Licuar todos los ingredientes y adornar con piñones.

ADEREZO DE PIÑA (para frutas)

Ingredientes:

* 1 vaso de yogurt natural
* 1 taza de piña en trocitos

* 75 grs. de avellanas
* Sal al gusto

Procedimiento:

Licuar todos los ingredientes y adornar con avellanas.

Aderezo de queso

Ingredientes:

- 3 cucharadas de vinagre de manzana
- 1/4 de taza de mayonesa
- 1/4 de kg. de queso doble crema
- 1 huevo cocido
- 2 cucharadas de cebolla picada
- 1 diente de ajo machacado
- 1 pizca de pimienta
- 3 cucharadas de salsa de soya
- 1 cucharada de crema
- Sal al gusto

Procedimiento:

Licuar todos los ingredientes hasta formar una crema.

Aderezo de queso y ajonjolí

Ingredientes:

- 1/4 de kg. de requesón
- 1/2 taza de yogurt
- l/4 de kg. de crema
- 1 cucharada de cebolla picada
- 5 cucharadas de salsa de soya
- 1/3 de taza de ajonjolí tostado

Procedimiento:

Mezclar todos los ingredientes perfectamente y refrigerar durante 15 minutos.

Aderezo de trigo

Ingredientes:

- 1/2 taza de trigo remojado 24 horas antes
- 3 ramas de hierbabuena
- 3 ramas de perejil
- 1/2 cebolla mediana
- 1 jitomate
- Pimienta al gusto
- Sal al gusto

Procedimiento:

Licuar todos los ingredientes y vaciar a un trasto hondo. Servir con verdura cruda en tiras.

Aderezo en nogada

Ingredientes:

- 1/2 taza de nueces
- 1/8 de taza de agua
- 1 diente de ajo
- 1/3 de taza de crema
- Pimienta al gusto
- Sal al gusto

Procedimiento:

Licuar perfectamente todos los ingredientes hasta formar una crema tersa. Vaciar a un recipiente y refrigerar durante 20 minutos.

ADEREZO FRANCÉS (1)

Ingredientes:

* 1 taza de aceite de oliva
* 1/4 de taza de vinagre
* 1/4 de cucharadita de pimienta blanca
* 2 cucharadas de perejil picado
* 1/2 cucharada de sal
* Unos granos de cayena

Procedimiento:

Mezclar perfectamente todos los ingredientes y servir sobre la ensalada.

ADEREZO FRANCÉS BÁSICO (2)

Ingredientes:

* 1 taza de aceite de maíz
* 1/2 taza de jugo de limón
* 2 cucharadas de azúcar
* 1/2 cucharada de pimentón
* 1/2 cucharada de mostaza en polvo
* 1 diente de ajo
* $1^{1/2}$ cucharadas de sal

Procedimiento:

Colocar todos los ingredientes en un frasco. Mezclarlos bien; refrigerar por varias horas y retirar el ajo antes de servir.

ADEREZO FRANCÉS DE FRUTAS (3)

Ingredientes:

* 1/2 taza de aceite de maíz
* 1/4 de taza de jugo de limón
* 1/4 de taza de cerezas o ciruelas
* 1 o 2 cucharadas de azúcar
* 1/2 cucharadita de pimentón
* 1/2 cucharada de sal

Procedimiento:

Poner todos los ingredientes en un frasco, tapar y agitar bien; refrigerar hasta el momento de servirlo.

ADEREZO FRANCÉS SENCILLO (4)

Ingredientes:

* 2 cucharadas de vinagre de manzana
* 3 cucharadas de aceite de maíz
* 1/2 cucharada de mostaza
* Pimienta al gusto
* Sal al gusto

Procedimiento:

Mezclar perfectamente bien todos los ingredientes y combinar o adornar cualquier ensalada.

Aderezo MIL ISLAS

Ingredientes:

* 1/2 taza de aceite de oliva
* 1/2 taza de jugo de naranja
* 1/2 limón (el jugo)
* 1 cucharada de jugo de cebolla
* 8 aceitunas picadas
* Salsa de soya al gusto

Procedimiento:

Mezclar todos los ingredientes perfectamente, refrigerar durante 15 minutos y servir sobre la ensalada.

Aderezo MIXTO

Ingredientes:

* $1^{1/2}$ tazas de yogurt
* 1 pepino
* $1^{1/2}$ cucharadas de hierbabuena pulverizada
* Pimienta al gusto
* Sal al gusto

Procedimiento:

Colocar en un recipiente el pepino pelado y rallado, la hierbabuena y un poco de sal y pimienta. Después agregar el yogurt y dejar reposar 20 minutos, en el refrigerador.

Aderezo MOSTACHÓN

Ingredientes:

* 1/4 de taza de aceite
* 3 cucharadas de mostaza
* 1 cucharada de perejil o albahaca
* El jugo de un limón
* Pimienta al gusto
* Sal al gusto

Procedimiento:

Mezclar perfectamente todos los ingredientes y servir sobre la ensalada.

Aderezo SAT-ARHAT

Ingredientes:

* 2 jitomates
* 1/2 cebolla
* 3 dientes de ajo
* 1 limón (el jugo)
* 1/2 taza de salsa de soya
* 1/4 de taza de aceite de oliva
* 1 pizca de orégano
* Sal al gusto

Procedimiento:

Licuar perfectamente todos los ingredientes, colar y servir frío.

ADEREZO SECO

Ingredientes:

- ☆ 1 taza de zanahoria rallada
- ☆ 4 cucharadas de cebolla picada
- ☆ 1 cucharada de perejil picado
- ☆ 1 taza de jitomate picado
- ☆ 2 tazas de crema de cacahuate
- ☆ 4 cucharadas de aceite
- ☆ 1 cucharada de sal

Procedimiento:

Mezclar perfectamente todos los ingredientes en un molde engrasado, dejar reposar unos minutos y vaciar sobre una ensaladera acompañado de rodajas de jitomate, rabanitos y trozos de lechuga.

PASTA DE QUESO

Ingredientes:

- ☆ 1 taza de queso Roquefort
- ☆ 1 taza de crema
- ☆ 2 cucharadas de vinagre de manzana
- ☆ 1/2 taza de mayonesa
- ☆ 5 dientes de ajo dorados y machacados
- ☆ Perejil picado al gusto

Procedimiento:

En un refractario desbaratar el queso e incorporar poco a poco los ingredientes hasta formar una pasta suave. Servir frío.

Otros aderezos

MAYONESA

Ingredientes:

- ☆ 2 huevos
- ☆ 6 dientes de ajo
- ☆ 2 limones (el jugo)
- ☆ 1 cucharada de crema (opcional)
- ☆ Aceite el necesario para espesarla
- ☆ Sal al gusto

Procedimiento:

Colocar en la licuadora los huevos, los ajos, sal, el jugo de los limones y la crema. Se empieza a batir y con la licuadora encendida agregar el aceite poco a poquito hasta que acreme.

MAYONESA A LA ROQUEFORT

Ingredientes:

* 2 huevos enteros
* 2 tazas de aceite de maíz
* 2 cucharadas de azúcar
* 2 dientes de ajo
* 2 chiles en vinagre
* 2 limones (el jugo)

* 1/2 cucharada de perejil picado
* 150 grs. de queso Roquefort
* 2 cucharadas de sal
* Clavo al gusto
* Pimentón al gusto o
  Paprika en polvo al gusto

Procedimiento:

Licuar los huevos, el azúcar, la sal, el jugo de limón, ajos, pimentón y los clavos, también agregar el aceite poco a poco.

Cuando tenga la consistencia de una crema espesa, añadir los chiles y el Roquefort a que se muelan bien y por último el perejil.

Vaciar a un tazón y colocar al centro de la ensaladera, que tendrá verdura cruda surtida en tiritas, (zanahorias, pepino, apio, cebollitas, etc.) las cuales se aderezan con la mayonesa.

MAYONESA DE ZANAHORIA

Ingredientes:

* 1/4 de litro de leche de soya o de vaca
* 3 papas medianas cocidas
* 2 zanahorias cocidas

* 3/4 de taza de aceite
* 1 limón (el jugo)
* Sal al gusto

Procedimiento:

Licuar todos los ingredientes y envasar. Servir frío.

MAYONESA DELICIOSA

Ingredientes:

* 1 huevo cocido
* 2 huevos crudos
* 1 lt. de aceite

* Limón al gusto (el jugo)
* Sal al gusto

Procedimiento:

En un recipiente desbaratar la yema cocida con cuchara de madera. Agregar una yema cruda y batir. Agregar el aceite poco a poco (en chorrito delgado), cuando se endurezca la mezcla agregar limón y continuar batiendo. Agregar después la otra yema cruda, seguir batiendo, continuar agregando el aceite, cuando endurezca agregar más limón y así sucesivamente hasta terminar con el litro de aceite.

SOPAS Y CREMAS

SOPAS Y CREMAS

CALDO MICHI CHAPALA	* SOPA DE CALABAZAS
CODITOS AL HORNO	* SOPA DE CEBADA
CREMA DE AGUACATE	* SOPA DE CEBOLLA (1)
CREMA DE CEBOLLA	* SOPA DE CEBOLLA (2)
CREMA DE COLIFLOR	* SOPA DE CEBOLLA (3)
CREMA DE CHAYOTE	* SOPA DE CEREALES Y VERDURAS
CREMA DE CHÍCHARO (1)	* SOPA DE COLIFLOR
CREMA DE CHÍCHARO (2)	* SOPA DE CORUNDAS
CREMA DE ELOTE (1)	* SOPA DE CHAMPIÑONES
CREMA DE ELOTE (2)	* SOPA DE ELOTE
CREMA DE ELOTE (3)	* SOPA DE FIDEO CHINO
CREMA DE ELOTE (4)	* SOPA DE FRUTAS
CREMA DE ESPÁRRAGOS	* SOPA DE GOTAS
CREMA DE ESPINACAS	* SOPA DE HUEVO
CREMA DE PAPA	* SOPA DE JITOMATE
CREMA DE PIMIENTOS ROJOS	* SOPA DE MIGAS
CREMA DE ZANAHORIA	* SOPA DE PESCADO
PASTA A LA MODA	* SOPA DE PLÁTANO VERDE
SOPA A LA CAMPESINA	* SOPA DE PORO
SOPA ALBANESA	* SOPA DE PORO Y PAPA
SOPA AMARILLA	* SOPA DE TAPIOCA Y QUESO
SOPA ANDALUZA DE AJOS	* SOPA FRANCESA
SOPA CREMA DE APIO	* SOPA FRÍA DE MANZANA
SOPA DE AJO	* SOPA FRÍA ESPECIAL
SOPA DE AJO Y PAN	* SOPA POBLANA
SOPA DE ALBONDIGUITAS	* SOPA RICARDA
SOPA DE ALCACHOFAS	* SOPA SECA DE FIDEOS
SOPA DE ALMENDRAS	* DE SOYA
SOPA DE ARROZ Y REPOLLO	* SOPA SECA DE PAN
SOPA DE AVENA	* SOPA SECA MEXICANA
SOPA DE AVENA INTEGRAL	* SOPAS FRÍAS DELICIOSAS

CALDO MICHI CHAPALA

Ingredientes:

* 6 filetes de pescado vegetariano (ver receta en el.Contenido)
* 300 grs. de col rebanada finamente
* 300 grs. de zanahorias en tiritas
* 300 grs. de chayote en tiritas
* 300 grs. de calabacitas en tiritas
* 1 rama de apio picado
* 1 cebolla grande picada
* 6 dientes de ajo picados

* 1/2 kg. de jitomate picado
* 6 chiles güeros en vinagre
* 2 lts. de caldo de verduras o de agua
* Cilantro picado al gusto
* Orégano al gusto
* Aceite el necesario
* Pimienta al gusto
* Sal al gusto

Procedimiento:

Calentar el aceite en una sartén, acitronar ahí los ajos y la cebolla, agregar enseguida todas las legumbres a que se sancochen.

Añadir después el jitomate y dejar sazonar durante 10 minutos. Verter luego el caldo de verduras o el agua y tapar, dejando a fuego lento hasta que se cuezan las verduras, salpimentar.

Casi al final, añadir los chiles güeros, el cilantro y el orégano. Se sirve caliente incorporándole previamente los filetes de pescado ya preparados.

CODITOS AL HORNO

Ingredientes:

* 1/4 de kg. de coditos integrales (de harina de soya)
* 1 manojo de espinacas crudas (1/2 kg.)
* 2 dientes de ajo
* 1/2 cebolla

* 100 grs. de queso manchego rallado
* 4 cucharadas de mantequilla
* 1/4 de kg. de crema
* Pimienta al gusto
* Sal al gusto

Procedimiento:

Poner a cocer los coditos en agua con sal, un chorrito de aceite y un cuarto de cebolla, ya que estén bien cocidos enjuagarlos en agua fría y escurrirlos.

Picar la cebolla y las espinacas, mezclarlas con los coditos y el resto de los ingredientes. Colocar en un molde y hornear durante 20 minutos.

CREMA DE AGUACATE

Ingredientes:

* 3 tazas de caldo de verduras (colado)
* 4 cucharadas de queso molido (de cabra o fresco)
* 3 aguacates medianos maduros
* Sal al gusto

Procedimiento:

Moler en una taza de caldo los aguacates e incorporar el resto del caldo previamente calentado y sazonado con un poco de consomé vegetal o sal o salsa de soya.

Servir inmediatamente espolvoreándole el queso molido.

CREMA DE CEBOLLA

Ingredientes:

* 1 kg. de cebolla
* 1 lt. de caldo de verduras o agua
* 100 grs. de mantequilla
* 200 grs. de queso Oaxaca o Chihuahua rallado
* Sal al gusto

Procedimiento:

Cortar la cebolla en medias lunas o gajitos y acitronarla con la mantequilla. Cuando esté transparente, licuar dos terceras partes de ésta en el agua o el caldo. Vaciar esto con la cebolla restante, agregar la sal.

Dejar al fuego a que dé un hervor. Agregar más agua si es necesario, según se desee de espeso.

Se deberá servir bien caliente sobre el queso que deberá estar previamente espolvoreado en el fondo de los tazones o de los platos.

CREMA DE COLIFLOR

Ingredientes:

* 1 coliflor mediana
* 2 cebollas
* 1 pizca de anís
* 2 dientes de ajo
* 2 cucharadas de mantequilla
* Orégano al gusto
* Pimienta al gusto
* Sal al gusto

Procedimiento:

Cocer la coliflor con una cebolla, los ajos y el anís. Después, licuarla con todo y tronco en el agua en que se coció.

Freír la otra cebolla en rajitas con la mantequilla y añadir lo licuado, agregar un poco de agua si está muy espesa.

Condimentar con pimienta, orégano y sal al gusto y dejar sazonar.

CREMA DE CHAYOTE

Ingredientes:

* 2 tazas de chayote cocido y picado
* 1 lata de leche Clavel
* 3/4 de lt. de agua
* 1/2 cucharada de pimienta molida
* 1 cucharada de Maicena
* 1/2 barra de mantequilla
* 1 cucharada de cebolla picada
* 1 taza de caldo donde se coció el chayote

Procedimiento:

Licuar en la taza de caldo el chayote y colar.

Preparar una salsa blanca con la Maicena, la mantequilla, la cebolla, la leche y la pimienta. Agregarle el licuado anterior.

Añadir el agua y el resto de los ingredientes, sazonar al gusto y servir si se desea acompañado de galletitas.

CREMA DE CHÍCHARO (1)

Ingredientes:

* 1/2 kg. de chícharos pelados
* 1 cucharada de mantequilla o de aceite
* 2 dientes de ajo
* 1/2 cebolla mediana
* 3 tazas de pan tostado
* Agua la necesaria
* Sal al gusto

Procedimiento:

Cocer y licuar el chícharo con agua, ajo, cebolla y sal al gusto.

Colar y freír en la mantequilla o el aceite bien caliente, añadir el agua necesaria y dejar sazonar al gusto. Servir adornando con cuadritos de pan tostado.

CREMA DE CHÍCHARO (2)

Ingredientes:

* 1 papa grande
* 1/2 kg. de chícharos
* 50 grs. de mantequilla
* 1/4 de cebolla
* Pan tostado en cuadritos
* Sal al gusto

Procedimiento:

Lavar los chícharos y ponerlos a cocer con todo y cáscara junto con la papa, la cebolla y la sal.

Una vez cocidos, licuarlos, colarlos y después freír todo en mantequilla. Añadir el agua necesaria para que no quede muy espesa y dejar sazonar.

Servir caliente con los cuadritos de pan tostado.

CREMA DE ELOTE (1)

Ingredientes:

- * 3 elotes desgranados tiernitos
- * 8 calabacitas en rodajas cocidas al vapor
- * 1 poro grande en rodajas delgadas
- * 1 morrón rojo en cuadritos
- * 1 lt. de leche
- * 100 grs. de mantequilla
- * Sal al gusto

Procedimiento:

Licuar los elotes con la leche, colar y freír en la mitad de la mantequilla a fuego lento y sin dejar de mover hasta que se cueza.

NOTA: En caso de que la crema llegue a cortarse, volver a licuar hasta que ésta quede bien. Aparte sancochar en el resto de la mantequilla, el morrón, el poro y al final las rodajas de calabacitas.

Añadir a lo anterior el licuado de elote y dejar todo al fuego un momento más para que termine de sazonarse.

CREMA DE ELOTE (2)

Ingredientes:

- * 6 elotes tiernos desgranados
- * 1/2 taza de crema
- * 1 jitomate
- * 1 cebolla
- * 50 grs. de mantequilla
- * 6 ramitas de perejil
- * Agua la necesaria
- * Sal al gusto

Procedimiento:

Cocer los granos de elote junto con el jitomate, el perejil y la sal. Una vez cocidos licuar y colar si desea, o dejarlos así para aprovechar la fibra del elote.
Aparte sofreír en la mantequilla la cebolla picada y agregar a esto lo anterior y el agua necesaria para que no quede muy espesa.
Dejar sazonar al gusto y al servir, en cada plato se acompaña con una cucharada de crema.

CREMA DE ELOTE (3)

Ingredientes:

* 6 elotes tiernos y desgranados
* 1 lt. de leche
* 50 grs. de mantequilla
* 2 dientes de ajo picados

* 1 cebolla picada
* 1 chile poblano asado y desvenado
* Sal al gusto

Procedimiento:

Licuar la mitad de los elotes desgranados con la leche y la mantequilla, colar y poner al fuego moviendo constantemente hasta que espese al gusto.
Poner la otra mitad de los granos a cocer con la cebolla y el ajo, una vez cocidos añadir a la crema junto con el chile en rajas.

NOTA: Si la crema llegara a cortarse, volver a licuar antes de agregar los granos cocidos y ya no hervir porque si no volverá a cortarse.

CREMA DE ELOTE (4)

Ingredientes:

* 1 cebolla mediana finamente picada
* 2 cucharadas de mantequilla
* 3 cucharadas de harina
* 2 tazas de caldo de verduras o agua
* 1/2 taza de leche
* 1 taza de granos de elote

* 1 chile serrano
* 1/2 taza de crema ácida (crema normal con el jugo de un limón)
* Pimienta al gusto
* Sal al gusto

Procedimiento:

Acitronar a fuego suave la cebolla y la harina durante un minuto. Después, agregar el caldo de verdura o el agua y la leche, hasta obtener una crema ligera; añadir el elote, el chile serrano picado, la sal y la pimienta.
Terminar de cocinar a fuego lento durante 15 minutos, al final agregar la crema y dejar que dé otro hervor.

CREMA DE ESPÁRRAGOS

Ingredientes:

- 400 grs. de espárragos
- 1 lata de leche Clavel
- 4 cucharadas de mantequilla
- 2 cucharadas de Maicena
- 2 cucharadas de harina integral
- 2 cucharadas de cebolla picada
- 1 pizca de pimienta
- 1 pizca de nuez moscada
- 1/2 taza de crema
- Sal al gusto

Procedimiento:

Preparar una salsa blanca friendo las harinas y la cebolla con un poco de sal en la mantequilla y agregando poco a poco la leche.

Licuar el resto de los ingredientes, colar y agregar a la salsa, dejar que hierva 5 minutos moviendo para que no se pegue.

Servir si se quiere con rebanadas de pan frío doradas.

CREMA DE ESPINACAS

Ingredientes:

- 1 manojo de espinacas (1/2 kg.)
- 3 cucharadas de mantequilla o aceite
- 1/2 cebolla mediana
- 2 dientes de ajo
- 6 cucharadas de crema de vaca
- Agua la necesaria
- Sal al gusto

Procedimiento:

Lavar y limpiar perfectamente las espinacas y con el agua que les quede a las hojitas cocer al vapor para que no se pierdan sus valores nutritivos.

Cuando estén suaves licuarlas con 1/2 litro de agua, sal, cebolla y ajo. Colar y freír en la mantequilla o el aceite bien caliente, añadir el agua necesaria y dejar sazonar.

Servir adornando cada plato con una cucharada de crema encima.

CREMA DE PAPA

Ingredientes:

- 1 kg. de papa cocida
- 2 cebollas medianas
- 50 grs. de mantequilla
- 200 grs. de chícharos cocidos
- 100 grs. de queso Chihuahua u Oaxaca rallado
- Sal al gusto

Procedimiento:

Licuar las papas y las cebollas en suficiente agua, freír en mantequilla y añadir un poco de agua si hace falta y dejar sazonar.

Servir caliente adornando cada plato con chícharos cocidos encima y queso rallado.

CREMA DE PIMIENTOS ROJOS

Ingredientes:

* 2 pimientos morrones rojos
* 4 papas cocidas
* 50 grs. de mantequilla
* 1 cebolla mediana
* 2 cucharadas de perejil picado

* 2 huevos cocidos
* 2 lts. de agua
* Pimienta al gusto
* Sal al gusto

Procedimiento:

En medio litro de agua licuar las papas con todo y cáscara, la cebolla y $1^{1/2}$ pimientos crudos y limpios. Colar y freír en mantequilla. Agregar el resto de agua, el perejil, la sal y la pimienta.

Dejar sazonar y servir bien caliente adornándola con el huevo y el medio pimiento sobrante, finamente picado.

CREMA DE ZANAHORIA

Ingredientes:

* 1/4 de kg. de zanahoria rallada
* 1 lata de leche Clavel
* 2 cucharadas de Maicena
* 4 cucharadas de mantequilla
* 2 cucharadas de cebolla picada

* 1/4 de cucharadita de pimienta en polvo
* 50 grs. de champiñones cocidos y picados
* Sal al gusto

Procedimiento:

Freír la cebolla, la mantequilla y la Maicena a que acitronen. Agregar 4 tazas de agua hirviendo moviendo para que no se pegue. Añadir la zanahoria, la leche, la pimienta y la sal.

Dejar sazonar y servir adornando con los champiñones.

PASTA A LA MODA

Ingredientes:

* 300 grs. de pasta de soya cocida (coditos, etc.)
* 100 grs. de mantequilla
* 1 taza de crema
* 150 grs. de queso amarillo rallado
* 3 huevos
* Pimienta al gusto
* Sal de ajo al gusto

Procedimiento:

Batir las claras a punto de turrón, agregar las yemas, salpimentar; mezclar con movimientos envolventes agregando poco a poco la pasta cocida.
Colocar una capa de esta mezcla sobre un refractario bastante engrasado con mantequilla. Encima de esta capa, colocar una porción de queso rallado, sal de ajo, pimienta y trocitos de mantequilla. Continuar así hasta terminar.
Hornear a calor mediano durante 20 minutos.
Servir caliente.

SOPA A LA CAMPESINA

Ingredientes:

* 1/2 kg. de frijoles cocidos
* 2 cucharadas de aceite
* 6 dientes de ajo picados
* 400 grs. de papas en cuadritos
* 1 jitomate rebanado
* 1 cebolla picada
* 2 cucharadas de acelgas picadas
* 5 cucharadas de repollo picado
* 8 cucharadas de perejil picado
* Sal al gusto

Procedimiento:

Freír en el aceite todos los ingredientes a excepción del frijol y el perejil.
Moler el frijol en la misma agua en que se coció y añadirlo a las verduras fritas.
Dejar que acaben de ablandarse los vegetales y si está muy espesa adicionar un poco de agua.
Servir adornando con el perejil picado.

SOPA ALBANESA

Ingredientes:

* 3 tazas de·pan molido tostado
* 2 cucharadas de queso rallado
* 3 cucharadas de harina
* 1 huevo
* 4 tazas de agua
* 1 cucharada de Maicena
* 1 taza de espinacas o acelgas crudas y picadas
* 2 tazas de leche
* 2 ramitas de perejil
* Sal al gusto

Procedimiento:

Mezclar perfectamente el pan, las espinacas, el queso y la harina; luego, agregar el huevo y formar una pasta consistente, con la cantidad necesaria de leche para hacer las albóndigas.

Disolver la Maicena en una taza de agua y poner a hervir con el resto del agua y de la leche que sobró.

Al soltar el hervor añadir las albóndigas y el perejil, sazonar al gusto y dejar hervir durante 10 minutos.

SOPA AMARILLA

Ingredientes:

* 1 taza de granos de elote
* 1 cucharada de harina
* 50 grs. de mantequilla
* 1 cebolla picada finamente
* 1 pimiento morrón rojo picado finamente
* 1/2 lt. de leche
* 1/2 taza de queso amarillo derretido
* 50 grs. de aceitunas picadas
* 1 lt. de caldo de verduras
* Pimienta al gusto
* Sal al gusto

Procedimiento:

Derretir la mantequilla y enseguida acitronar la cebolla y el pimiento; agregar después la harina dejándola dorar un poco. Añadir enseguida los elotes y el caldo de verduras, sazonando con la sal y la pimienta.

Dejar hervir por unos minutos.

Agregar enseguida el queso derretido en media taza de agua, las aceitunas y la leche necesaria.

Servir caliente.

SOPA ANDALUZA DE AJOS

Ingredientes:

* 2 bolillos medianos
* 10 dientes de ajo picaditos
* 2 huevos
* 1 lt. de agua
* Aceite el necesario
* Sal al gusto

Procedimiento:

Cortar los bolillos en cuadritos y tostarlos, añadirlos al agua y poner a hervir a fuego lento.

Freír aparte en un poco de aceite los dientes de ajo, ya doraditos vaciarlos al agua anterior.

Agregar sal al gusto y dejar hervir hasta que el pan empiece a deshacerse.

Retirar del fuego y adicionar los huevos ligeramente batidos.

Colocar nuevamente al fuego hasta que el huevo se cueza.

Servir bien caliente.

SOPA CREMA DE APIO

Ingredientes:

* 1 cabeza de apio grande
* 2 cucharadas de cebolla picada
* 1/2 cucharada de pimienta
* 1/2 cucharada de mantequilla
* 100 grs. de queso amarillo picado
* 2 cucharadas de Maicena
* 1 taza de papa cocida
* Sal al gusto

Procedimiento:

Picar finamente la mitad del apio y moler el resto con una taza de agua y colar.

Freír la mantequilla, la cebolla y la Maicena hasta que acitrone; agregar un litro de agua y el resto de los ingredientes moviendo para que no se pegue y sazonar.

SOPA DE AJO

Ingredientes:

* 3 cabezas de ajos medianos
* 1 cebolla mediana
* 1 papa mediana
* 7 ramas de perejil
* 7 ramas de hierbabuena
* $1^{1/2}$ lts. de agua
* Aceite el necesario
* Pimienta al gusto
* Sal al gusto

Procedimiento:

Poner a cocer una cabeza de ajo entera con la cebolla y la papa en el litro y medio de agua; desgranar las otras dos cabezas de ajo y acitronarlas con todo y cáscara en un poco de aceite hasta que estén bien doradas.

Cuando el ajo, la cebolla y la papa estén bien cocidos molerlos en su misma agua donde hirvieron y con los otros ajos dorados.

Colar e ir agregando varias veces el agua de la misma cocción hasta que sólo quede el bagazo en la coladera.

Poner al fuego lento para que dé un hervor durante unos 3 o 5 minutos, agregando las ramas enteras del perejil y la hierbabuena sólo para que le den aroma y sabor. Salpimentar.

Retirar del fuego y servir.

SOPA DE AJO Y PAN

Ingredientes:

* 8 bolillos fríos rebanados
* 2 jitomates
* 1/2 cebolla
* 9 dientes de ajo
* 2 tazas de aceite
* 1 cucharada de epazote picado
* 5 huevos
* 100 grs. de queso añejo en tiras
* 4 cucharadas de salsa de soya

Procedimiento:

Dorar ligeramente el pan en una sartén con un poco de aceite.

Freír los 6 dientes de ajo y cebolla, añadir $1^{1/4}$ de litro de agua y el epazote, dejar sazonar. Incorporar uno por uno los huevos enteros y dejarlos cocer.

Servir adornando con el pan y las tiras de queso.

SOPA DE ALBONDIGUITAS

Ingredientes:

* 1 taza de carne de soya cocida
* 1 huevo
* 2 dientes de ajo machacados
* 1/4 de taza de salvado
* 1/2 cebolla
* 3 dientes de ajo enteros
* 2 jitomates
* 6 hojas de hierbabuena
* 4 cucharadas de aceite
* 1/4 de taza de perejil
* Sal al gusto

Procedimiento:

Revolver la carne, el huevo, la sal, el ajo machacado y el salvado.
Formar bolitas pequeñas del tamaño de una canica.
Moler el jitomate, los 3 dientes de ajo, la cebolla, la hierbabuena en un poco de agua. Colar y freír el jitomate, añadir el agua, la sal y el perejil.
Cuando hierva añadir las bolitas de carne y dejar cocer y sazonar al gusto.

SOPA DE ALCACHOFAS

Ingredientes:

* 6 alcachofas
* 1 poro
* 2 jitomates
* 1/2 taza de arroz integral
* 1 cucharada de aceite
* 5 ramas de hierbabuena
* 5 ramas de cilantro
* Agua la necesaria
* Sal al gusto

Procedimiento:

Cocer las alcachofas ya lavadas en el agua necesaria para cubrirlas, cortándoles el rabo a 2 cm. del fruto, agregar el poro en rodajas y el arroz integral.
Picar la hierbabuena y el cilantro y añadir a lo anterior. Mantener la olla tapada.
Cuando ya casi estén cocidas las alcachofas adicionar los jitomates picados, el aceite y la sal, dejar sazonar al gusto.

SOPA DE ALMENDRAS

Ingredientes:

* 125 grs. de almendras molidas
* 2 jitomates picados
* 1/2 cebolla picada
* 4 dientes de ajo
* 1 tallo de apio picado
* 4 cucharadas de perejil picado
* 1 taza de leche tibia (opcional)
* 4 cucharadas de aceite
* 2 cucharadas de Maicena
* Sal al gusto

Procedimiento:

Acitronar en el aceite la Maicena, el jitomate, la cebolla, el ajo y el perejil.
Agregar el agua necesaria para el caldo y cuando suelte el hervor añadir las almendras molidas. Cuando la almendra suelte el aceite agregar la sal y si desea también la leche.

NOTA: Se puede preparar igualmente con cacahuate, nueces o cualquier oleaginosa.

SOPA DE ARROZ Y REPOLLO

Ingredientes:

* 1/2 kg. de arroz integral
* 2 cucharadas de queso seco
* 1/2 repollo
* 1 cucharada de mantequilla
* Sal al gusto

Procedimiento:

Cortar en tiras finitas el repollo y ponerlo a cocer en agua.

Sacar cuando todavía esté durito y freír en la mantequilla.

En la misma agua donde el repollo se coció vaciar el arroz y ponerlo a cocer. Cuando ya esté el arroz, añadir el repollo y un poco de sal. Servir con queso rallado.

SOPA DE AVENA

Ingredientes:

* 6 cucharadas de avena integral
* 1/2 taza de jitomate molido con ajo y cebolla
* 3 cucharadas de salsa de soya
* 50 grs. de mantequilla
* 2 cucharadas de cebolla picada
* 1 rama de epazote
* 2 cucharadas de aceite
* $1^{1/4}$ de lts. de agua
* Sal al gusto

Procedimiento:

Freír la avena y la cebolla en la mantequilla.

Freír por separado el jitomate molido, agregar el agua y la salsa de soya. Sazonar y agregar la avena ya sofrita y el epazote. Dejar que hierva unos minutos.

SOPA DE AVENA INTEGRAL

Ingredientes:

* 1 vaso de avena integral
* 2 zanahorias medianas
* 2 jitomates picados
* 1 cebolla picada
* 2 chiles poblanos o pimiento morrón picado
* 2 lts. de agua
* 5 cucharadas de aceite
* Sal al gusto

Procedimiento:

Lavar, pelar y rallar las zanahorias y ponerlas a cocer con el agua.

Acitronar la cebolla, los jitomates y los chiles en el aceite. Enseguida vaciarlos a la olla donde se está cociendo la zanahoria rallada.

En la misma sartén donde se sofrió la verdura, tostar la avena y verter a la olla. Sazonar al gusto y dejar a fuego lento hasta que la avena esté cocida.

SOPA DE CALABAZAS

Ingredientes:

- 1 kg. de pulpa de calabazas de castilla
- 1 cebolla mediana finamente picada
- 1 diente de ajo
- 1 cucharada de azúcar
- 1 chile serrano en rajas
- 1 rama de cilantro
- 1 taza de agua
- 2 cucharadas de aceite
- 1 taza de crema agria o yogurt
- Pimienta al gusto
- Sal al gusto

Procedimiento:

Acitronar la cebolla en el aceite y agregar los demás ingredientes, empezando por la calabaza. Dejar cocer a fuego lento durante 35 minutos. Licuar todo y agregar una taza de crema agria o yogurt, pimienta y sal al gusto.

NOTA: Si queda muy espesa añadir una taza de caldo de verduras.

SOPA DE CEBADA

Ingredientes:

- 1 poro
- 5 cucharadas soperas de cebada
- 1 lt. de agua o caldo de verduras
- 2 tallos de apio picado
- 1 jitomate crudo y molido
- 3 cucharadas de margarina
- Ajo al gusto
- Pimienta al gusto
- Sal al gusto

Procedimiento:

Cocer la cebada en el agua, ya que esté bien blandita, añadir el jitomate molido, el apio picado y el poro en rodajas (tratando de aprovechar lo más que se pueda del rabo), las especias y la margarina.

Sazonar al gusto y dejar hervir hasta que el poro esté bien cocido.

SOPA DE CEBOLLA (1)

Ingredientes:

- 150 grs. de cebolla
- 3 cucharadas de aceite
- 50 grs. de queso Chihuahua rallado
- 1 cucharada de harina
- 1 lt. de agua
- 2 rebanadas de pan integral tostado
- Pimienta al gusto
- Sal al gusto

Procedimiento:

Rebanar en rodajas finas la cebolla y acitronar junto con la harina en el aceite, añadir el agua y dejar hervir durante 15 minutos.

Por último, desmigajar el pan en la sopa y espolvorear con queso rallado. Servir bien caliente.

SOPA DE CEBOLLA (2)

Ingredientes:

* 2 cebollas grandes
* 8 dientes de ajo
* 1 taza de champiñones
* 1 papa
* 1¹/² lts. de agua
* 5 ramitas de hierbabuena
* Sal al gusto

Procedimiento:

Cortar la cebolla en trozos y ponerla a cocer junto con la papa ya lavada, en el litro y medio de agua.

Freír los ajos con todo y cáscara, una vez cocida la cebolla licuarla junto con los ajos fritos y la papa en la mitad del agua de cocción. Agregar el agua restante. Lavar y cortar los champiñones a lo largo y ponerlos a cocer en ese caldo con la sal y las ramitas de hierbabuena, tapando la olla para que conserve el aroma y el sabor. Puede servirse con trocitos de pan tostado.

SOPA DE CEBOLLA (3)

Ingredientes:

* 1 cebolla grande
* 1 cucharada de mantequilla
* 1 cucharada de harina
* 1 lt. de agua o caldo de verduras
* 1 o 2 bolillos
* 100 grs. de queso Gruyére
* Pimienta al gusto
* Tomillo al gusto
* Sal al gusto

Procedimiento:

Cortar la cebolla en rodajas delgadas y dorar con la mantequilla. Agregar la harina, dejar cocinar a fuego lento durante dos minutos.

Añadir agua o caldo, sal, pimienta, tomillo y dejar sazonar durante 15 minutos. Vaciar en tazones, colocando encima rebanadas delgadas de pan tostado. Espolvorear el queso. Hornear a que se gratine. Servir caliente.

SOPA DE CEREALES Y VERDURAS

Ingredientes:

* 1 poro rebanado
* 1/2 taza de cebada perla, previamente remojada y cocida
* 3 cucharadas de germen de trigo
* 2 papas grandes en cuadritos, crudas
* Pimienta al gusto
* Sal al gusto

Procedimiento:

Acitronar el poro en un poco de aceite (queda más sabroso si se usa mantequilla). Agregar 1¹/² litros de agua (utilizar el agua de cocción de la cebada), salpimentar, agregar la cebada perla, el germen de trigo y las papas. Mover eventualmente. Al hervir bajar el fuego para dejar cocer a fuego lento hasta que las papas hayan llegado al punto adecuado de cocimiento.

Se le puede poner apio picado y/o chícharos frescos, y/o avena, si se desea.

SOPA DE COLIFLOR

Ingredientes:

* 1 coliflor mediana
* 1 tallo de apio picado
* 50 grs. de queso rallado
* 3 cucharadas de aceite
* 1 cucharada de harina
* Pimienta al gusto
* Sal al gusto

Procedimiento:

Cocer la coliflor. Cuando esté tierna sacarla y picarla muy finamente.

Freír la harina, agregar el apio y la cantidad necesaria de agua, dejar hervir un poco y agregar la coliflor.

Si es necesario agregar más agua y sazonar con sal y pimienta, servir y espolvorearle el queso rallado.

SOPA DE CORUNDAS

Ingredientes:

* 12 corundas (ver Contenido)
* 100 grs. de queso añejo rallado
* 1/4 de kg. de crema
* 4 chiles poblanos tostados, pelados y en rajitas
* 1/2 kg. de jitomate
* 1 trozo de cebolla
* 2 dientes de ajo
* 1 lt. de caldo de verduras o de agua
* Sal al gusto

Procedimiento:

Asar y pelar los jitomates, licuarlos con la crema, los ajos y la cebolla.

Freír esta mezcla, incorporando las rajas de chile poblano, al igual que el caldo y la sal.

Dejar hervir durante 10 minutos y servir sobre las corundas cortadas en cuadritos. Al servir espolvorear con el queso rallado.

SOPA DE CHAMPIÑONES

Ingredientes:

* 1/2 kg. de champiñones
* 1 cebolla picada
* 3 dientes de ajo picados
* 3 ramas de perejil
* 50 grs. de mantequilla
* Pimienta negra molida
* Sal al gusto

Procedimiento:

Lavar los champiñones perfectamente y cortarlos en tiritas.

Freír en la mantequilla la cebolla y el ajo durante 5 minutos, agregar una taza de champiñones picados y dejar freír 10 minutos más. Licuar el resto de champiñones en el agua necesaria, mezclar con lo sofrito, agregar las ramas de perejil, salpimentar y dejar la sopa al fuego a que sazone.

SOPA DE ELOTE

Ingredientes:

* 3 elotes desgranados
* 1 rama grande de epazote
* 1 cucharada de aceite
* 3 cucharadas de perejil picado
* Pimienta al gusto
* Sal al gusto

Procedimiento:

Acitronar los dientes de elote, añadir el agua necesaria, el epazote y sazonar con sal y pimienta. Dejar hervir hasta que esté cocido el elote.
Al servir, espolvorear el perejil picado.

SOPA DE FIDEO CHINO

Ingredientes:

* 1 paquete de fideo chino chico
* 2 zanahorias picadas
* 2 ramas de apio con todo y tallos (picado)
* 4 cucharadas de salsa soya
* 2 jitomates
* 1 cucharada de margarina
* 1 cebolla chica (o poro)
* 3 cucharadas de ajonjolí
* Sal de ajo
* Pimienta al gusto
* Sal al gusto

Procedimiento:

Poner el fideo a remojar media hora en agua tibia. Rebanar la cebolla y freírla junto con el ajonjolí en la margarina.
Cuando dore, añadirle el agua necesaria y agregarle las verduras y el fideo escurrido y cortado en trozos. Dejarlo cocer a que ablande.
Adicionar las especias y la soya. Servir caliente.

SOPA DE FRUTAS

Ingredientes:

* 1 taza de crema
* 6 tazas de agua
* 6 ciruelas deshuesadas
* 2 manzanas o duraznos
* 1 taza de requesón
* 2 cucharadas de canela en polvo
* 2 cucharadas de Maicena
* 3 cucharadas de miel

Procedimiento:

Disolver la Maicena en una taza de agua fría y ponerla a calentar, al soltar el hervor, añadir el resto de agua, las frutas ya molidas, la miel y la canela.
Tapar y dejar hervir a fuego lento durante 30 minutos.
Agregar la crema y el requesón. Puede servirse fría o caliente.

SOPA DE GOTAS

Ingredientes:

* 1/2 taza de queso rallado
* 1 huevo
* 1 taza de aceite
* 1 cucharada de Royal
* 1/2 taza de perejil picado
* 1 pizca de pimienta
* Harina, la necesaria
* Sal al gusto

Para el caldillo:

* 2 jitomates
* 3 dientes de ajo
* 1/2 cebolla
* $1^{1/2}$ lts. de agua
* 3 cucharadas de salsa soya
* 1/2 taza de apio picado
* Sal al gusto

Procedimiento:

Mezclar batiendo el Royal, la sal, la pimienta, el huevo, el perejil, el queso rallado y la harina necesaria para formar un atole muy espeso.

Calentar el aceite e ir dejando caer gotas del atole a que doren.

Moler el jitomate con el ajo y la cebolla; colar y freír.

Agregar el agua y la salsa de soya.

Moler el apio y agregar a lo anterior. Dejar hervir 10 minutos y sazonar al gusto.

Servir acompañada de las gotas doradas.

SOPA DE HUEVO

Ingredientes:

* $1^{1/2}$ lts. de agua
* 2 cucharadas de salsa de soya
* 3 huevos crudos
* 1/4 de kg. de jitomate
* 3 dientes de ajo
* 1/2 cebolla
* 2 cucharadas de perejil picado
* 1/2 taza de apio picado
* 1/2 pizca de pimienta
* 1/4 de taza de aceite
* 6 cebollas chicas de rabo
* 1 taza de champiñones
* Una pizca de pimienta
* Sal al gusto

Procedimiento:

Moler el jitomate con el ajo y la cebolla, colar y freír; después añadir el agua y la salsa de soya, dejar hervir 5 minutos.

Aparte, batir ligeramente los huevos y mezclar con los champiñones picados y las cebollas bien picadas con todo y rabo.

Verter lo anterior a una sartén con aceite y formar una tortilla muy delgada.

Voltear y retirar del fuego y enrollar, cortar en rebanadas muy delgadas y agregar al caldo de jitomate junto con el apio y el perejil, dejar sazonar por 5 minutos.

SOPA DE JITOMATE

Ingredientes:

* 1 kg. de jitomate
* 50 grs. de azúcar
* 2 cebollas
* 2 hojas de laurel
* 2 clavos
* 1 raja de canela
* 1 pizca de bicarbonato
* 50 grs. de mantequilla

* 30 grs. de harina
* 1$^{1/4}$ lt. de leche o caldo de verdura
* 125 grs. de crema
* 100 grs. de galletitas para sopa o pan tostado en cuadritos
* Pimienta al gusto
* Sal al gusto

Procedimiento:

Picar la cebolla y el jitomate y poner al fuego junto con el azúcar, el laurel, el clavo, la canela y el bicarbonato hasta que la piel del jitomate se enrolle. Enseguida colar.

Freír aparte la harina en la mantequilla, cuando empiece a dorar agregar el jitomate, enseguida la leche o el caldo, la sal y la pimienta al gusto. Dejar hervir hasta que espese.

Al servir, poner en cada plato una cucharada de crema y las galletitas o el pan.

SOPA DE MIGAS

Ingredientes:

* 3 bolillos duros
* 5 dientes de ajo
* 3 chiles chipotles

* 1 rama de epazote
* 4 huevos enteros
* Sal al gusto

Procedimiento:

Remojar los bolillos en 1/2 litro de caldo de verduras. En una cacerola freír los dientes de ajo y los chiles chipotles.

Verter el caldo de verduras, ya que empieza a hervir, añadir el pan y el epazote.

Aparte, batir los huevos enteros, agregarlos en la cacerola, se mueve para que el huevo se desbarate.

Dejar 15 minutos más en el fuego. Servir caliente.

SOPA DE PESCADO

Ingredientes:

* 2 jitomates
* 1/4 de cebolla grande
* 2 chiles anchos o guajillos desvenados

* 7 dientes de ajo
* 1 rama de apio finamente picado
* 1/2 cucharadita de comino molido
* Sal al gusto

Procedimiento:

Licuar el jitomate, la cebolla, el chile ancho desvenado y el ajo; colar y sofreír bien. Agregar el apio picado también para que se sofría. Verter el agua necesaria, el comino, sal al gusto y dejar que hierva. Si se le quiere dar sabor a pescado, agregar alga espirulina en polvo al gusto. Dejar sazonar.

Se puede acompañar con filetes de pescado vegetariano. (Ver receta en el Contenido.)

SOPA DE PLÁTANO VERDE

Ingredientes:

* 1 cebolla mediana picada
* 2 jitomates grandes picados
* 4 dientes de ajo
* 4 plátanos bien verdes

* 1/2 taza de aceitunas
* 1/3 de taza de alcaparras (opcional)
* $1^{1/2}$ lts. de agua
* Sal al gusto

Procedimiento:

Poner a hervir el agua con la cebolla, los jitomates y los ajos bien picaditos. Cuando suelte el hervor, añadir los plátanos cortados en rebanadas finas, y dejar a fuego lento hasta que se cuezan.

Por último, añadir las aceitunas y las alcaparras para después servir.

SOPA DE PORO

Ingredientes:

* 3 poros
* 3 zanahorias
* 250 grs. de papas
* 50 grs. de arroz integral
* 75 grs. de mantequilla

* 300 grs. de jitomate
* 1 cebolla
* $1^{1/2}$ lts. de caldo de verduras o de agua
* Sal al gusto

Procedimiento:

Rebanar los poros y freírlos en la mantequilla; agregar las papas y las zanahorias crudas cortadas en tiritas y el arroz previamente remojado en agua caliente 20 minutos y escurrido. Diez minutos después, agregar el jitomate asado, molido con la cebolla y colado.

Sazonar 5 minutos y agregar el caldo y la sal. Dejar al fuego hasta que se cueza la verdura.

SOPA DE PORO Y PAPA

Ingredientes:

* 1 poro grande en ruedas
* 50 grs. de champiñones picados
* $1^{1/4}$ de lts. de agua
* 2 cucharadas de salsa de soya
* 1 manojo de perejil
* 1 cucharada de pimienta molida
* 2 jitomates

* 3 dientes de ajo
* 1/4 de kg. de cebolla
* 1/4 de kg. de papas chicas
* 30 grs. de mantequilla
* 2 cucharadas de aceite
* Sal al gusto

Procedimiento:

Freír el perejil y los champiñones con la mantequilla y el aceite a que acitronen, después añadir el poro.

Moler el jitomate, el ajo, la cebolla y un poco de sal en 1/4 de litro de agua, colar y agregar a lo anterior.

Adicionar las papas picadas, la salsa de soya, la pimienta y el resto de agua y sazonar.

Dejar hervir 10 minutos y servir.

SOPA DE TAPIOCA Y QUESO

Ingredientes:

* $1^{1/2}$ lts. de leche
* 4 cucharadas soperas de tapioca
* 1/4 de aceite
* 2 bolillos en rebanadas
* 1/2 taza de queso rallado

* 1 cucharada de perejil picado
* 1 cucharada de cebolla picada
* Pimienta al gusto
* Sal al gusto

Procedimiento:

Poner a fuego lento una cucharada de aceite y acitronar la cebolla; agregarle la sal, la pimienta, añadir la leche. Cuando empiece a hervir, añadir la tapioca en forma de lluvia y dejar al fuego hasta que se cueza.

Agregar el queso, el perejil y dejar sazonar.

Retirar del fuego y servir con rebanadas de pan previamente tostadas o doradas en un poco de aceite.

SOPA FRANCESA

Ingredientes:

Pasta:

* 125 grs. de harina
* 50 grs. de mantequilla
* 50 grs. de queso amarillo rallado
* 3 yemas cocidas

* 1/4 de cucharadita de sal
* 1/2 taza de leche
* 1/4 de cucharadita de Royal

Caldillo:

* 300 grs. de jitomate asado, molido y colado
* 1¹/² lts. de caldo de verduras o de agua
* 1 cebolla

* 3 claras cocidas, finamente picadas
* 100 grs. de chícharos cocidos
* 1 cucharadita de mostaza
* Pimienta al gusto
* Sal al gusto

Procedimiento:

Mezclar en un recipiente la mitad del queso rallado con la harina, la sal, el Royal, las yemas cocidas y desmoronadas, la mantequilla derretida y la leche necesaria para formar una pasta manejable. Formar con ella galletitas que se hornearán sobre charola engrasada.

Aparte preparar el caldillo acitronando la cebolla en un poco de aceite, cuando esté transparente, agregar el puré del jitomate y sazonar con la sal y la pimienta, dejándolo a fuego lento durante 10 minutos. Agregar el caldo y dejar al fuego. Cuando suelte el hervor incorporar la mostaza, el resto del queso amarillo, los chícharos, las claras picadas y por último las galletitas al momento de servir.

SOPA FRÍA DE MANZANA

Ingredientes:

* 1 kg. de manzana
* 1 vaso de sémola de trigo
* 2 lts. de agua

* 1 raja de canela
* Azúcar al gusto

Procedimiento:

Lavar las manzanas, cortarlas en trozos y cocerlas al vapor.

Aparte, poner en una olla el agua, la sémola, la canela y el azúcar cociendo a fuego lento. Cuando suelte el hervor, incorporar las manzanas ya cocidas, licuadas y coladas. Dejar al fuego a que espese al gusto. Si se desea, agregar más agua. Servir fría.

NOTA: Se puede preparar con cualquier fruta, sustituyendo la manzana por la fruta deseada.

SOPA FRÍA ESPECIAL

Ingredientes:

* 2 kgs. de jitomate bola
* 2 pimientos morrones rojos
* 1 cebolla chica
* 8 pepinos
* 2 dientes de ajo
* Jugo de limón al gusto
* Sal al gusto

Procedimiento:

Pelar y licuar los pepinos, y vaciar a un recipiente grande y hondo.
Lavar, desvenar y licuar los pimientos morrones, y añadir a lo anterior.
Lavar los jitomates y licuar junto con la cebolla y el ajo. Todos los ingredientes licuados se revuelven muy bien.
Sazonar con la sal y el jugo de limón al gusto.

SOPA POBLANA

Ingredientes:

* 1/4 de kg. de calabacitas picadas
* 1/2 kg. de flor de calabaza
* 1/2 cebolla picada
* 1 taza de carne de soya
* 5 dientes de ajo
* 1 rama grande de epazote
* 2 elotes desgranados
* 2 lts. de agua
* Sal al gusto

Procedimiento:

Poner a cocer los granos de elote con la cebolla, los ajos y las calabacitas picadas. Cuando esté suave la verdura, añadir la carne de soya previamente hidratada (ver instrucciones), agregar el resto de los ingredientes y dejar sazonar por 5 minutos.

SOPA RICARDA

Ingredientes:

* 1/4 de kg. de hongos picados
* 1 coliflor chica (partida en ramitos)
* 2 calabacitas tiernas picadas
* 1 taza de fideo integral (soya) quebrado
* $1^{1/2}$ tazas de avena seca y licuada
* 1/2 cebolla picada
* 1/4 de taza de aceite
* Salsa de soya al gusto
* Pimienta al gusto
* Sal al gusto

Procedimiento:

Semicocer al vapor las calabacitas, la coliflor y los hongos, retirar del fuego y dejar enfriar.
Freír en el aceite la avena y cuando dore un poco, agregar la cebolla para que acitrone. Añadir la cantidad de agua que se desee, según quiera que esté de seca o caldosa. Al soltar el hervor, adicionar el fideo y sazonar con salsa de soya, sal y pimienta al gusto.
Por último agregar los hongos, las calabacitas y la coliflor, a que den un hervor. Retirar del fuego y está lista para servirse.

Sopa seca de fideos de soya

Ingredientes:

* 150 grs. de fideo de soya
* 3 cucharadas de aceite
* 1/2 cebolla
* 2 dientes de ajo

* 3 ramas de perejil
* 2 jitomates
* 3/4 de lt. de caldo de verduras o de agua
* 150 grs. de queso rallado
  (Chihuahua, amarillo, etc.)

Procedimiento:

En una cacerola calentar el aceite y dorar los fideos.

Incorporar enseguida el jitomate molido con la cebolla y el ajo; freír unos minutos más y añadir el caldo, el perejil, la sal y la pimienta al gusto.

Dejar tapado cocinando a fuego suave hasta que reseque. Añadir entonces el queso, tapar la cacerola, retirar del fuego y dejar que el queso se derrita. Servir caliente.

Sopa seca de pan

Ingredientes:

* 350 grs. de bolillos fríos
  (aprox. 8)
* 250 grs. de mantequilla
* 150 grs. de queso añejo rallado
* 1 cebolla picada

* 750 grs. de jitomate asado, molido y colado
* 3 cucharadas de perejil picado
* Pimienta al gusto
* Sal al gusto

Procedimiento:

Rebanar el pan, untarlo de mantequilla y dorarlo al horno.

En una tercera parte de la mantequilla freír la cebolla.

Una vez acitronada, agregar el jitomate y el perejil, sazonar con sal y pimienta y dejar al fuego durante 10 minutos.

En un refractario engrasado, colocar una capa de pan, otra de salsa, espolvorear con queso rallado y trocitos de mantequilla.

Continuar así hasta terminar, procurando que la última capa sea de queso y mantequilla.

Meter al horno a que dore.

SOPA SECA MEXICANA

Ingredientes:

* 400 grs. de tortillas
* 1 chile pasilla
* 400 grs. de jitomate asado, molido y colado
* 1 cebolla picada

* 1 taza de agua caliente
* 50 grs. de mantequilla
* 50 grs. de queso añejo
* Pimienta al gusto
* Sal al gusto

Adorno:

* 1/4 de kg. de crema
* 2 chiles poblanos asados, desvenados
* Sal al gusto

Procedimiento:

Rebanar las tortillas en tiras, freírlas. Aparte acitronar la cebolla, agregar el jitomate, dejar sazonar 10 minutos y agregar la tortilla, el chile pasilla, la sal, la pimienta y el agua.

Dejar hervir a que espese. Retirar el chile; agregar el queso rallado.

Vaciar en un molde de corona engrasado con mantequilla. Hornear 30 minutos. Pasado este tiempo vaciar en un platón y cubrir con la crema que se habrá mezclado con sal. Adornar con tiritas de chile poblano.

SOPAS FRÍAS DELICIOSAS

Ingredientes:

Base:

Por cada jitomate, un diente de ajo según la cantidad que se desee preparar.

Agregar:

* Pepino
* Lechuga

* Acelgas
* Espinacas

* Germinados
* Perejil

* Hierbabuena
* Berro

Procedimiento:

Licuar la base con una o dos verduras de la lista, sazonar con sal o salsa de soya al gusto.

HUEVOS

HUEVOS A LA AMERICANA

Ingredientes:

* 1/2 lt. de leche
* $1^{1/2}$ tazas de queso amarillo rallado
* 6 huevos
* $1^{1/2}$ tazas de crema fresca

* 50 grs. de mantequilla
* 2 cucharadas de harina
* Pimienta al gusto
* Sal al gusto

Procedimiento:

Colocar la mantequilla en una sartén, una vez derretida agregar la harina, revolviendo hasta que dore. Añadir la leche poco a poco sin dejar de mover, hasta que tome la consistencia de un atole, salpimentar y retirar del fuego.

Engrasar con mantequilla un refractario, romper los huevos y colocarlos ahí en crudo, cuidando que no se junten demasiado.

Espolvorearlos con sal y pimienta y cubrirlos con el queso amarillo, enseguida bañar con la salsa separados y por último poner trocitos de mantequilla.

Hornear a calor mediano durante 20 minutos.

NOTA: Si se prefiere se pueden preparar en moldes individuales.

HUEVOS A LA CACEROLA

Ingredientes:

* 1/2 kg. de papas
* 1/2 lt. de leche
* 6 huevos

* 6 cucharadas de queso rallado
* Sal al gusto

Procedimiento:

Lavar las papas y cortarlas en rebanadas, ponerlas a cocer junto con la leche, agregar la sal y dejar hervir hasta que las papas estén bien suaves y la leche se haya consumido un poco.

Partir luego los huevos y ponerlos en crudo y enteros en la cazuela, colocándolos sobre las papas en tal forma que al servirlas le corresponda a cada uno un huevo por persona.

Poner encima el queso rallado y dejar cocinar a fuego lento hasta que los huevos estén cocidos y la leche se haya consumido por completo. Retirar del fuego y servir calientes.

Huevos hongos

Ingredientes:

- 8 huevos duros
- 100 grs. de atún vegetariano
- 2 cucharadas de crema
- 4 jitomates chicos, redondos y macizos
- 1 lechuga
- Aceite el necesario
- Jugo de limón al gusto
- Pimienta al gusto
- Sal al gusto

Procedimiento:

Pelar los huevos y sacar con cuidado las yemas por la punta más ancha.

Machacar las yemas mezclándolas con un poco del atún, la crema, el aceite, el limón, la sal y la pimienta. Volver a rellenar los huevos y acomodarlos en un platón sobre hojas de lechuga en trozos, mezcladas con el resto del atún y aliñadas con el aceite, el limón, la sal y la pimienta al gusto.

Enseguida, cortar los jitomates a la mitad, ahuecarlos y colocarlos encima de cada huevo imitando el hongo.

Si se desea, con chispitas de mantequilla se pueden simular las manchitas de los hongos.

Huevos rellenos

Ingredientes:

- 8 huevos cocidos
- 2 aguacates medianos
- 1 cucharada de jugo de limón
- 2 dientes de ajo machacados
- 1/2 pieza de pimiento verde cortado en rodajas
- 1/2 cucharada de sal marina
- 2 cucharadas de perejil picado
- 4 cucharadas de mayonesa
- 1/2 pieza de lechuga en tiras
- 2 jitomates picados

Procedimiento:

Bañar los aguacates con el jugo de limón para que no se marchiten.

Partir los huevos cocidos por la mitad y quitarles la yema. Machacar perfectamente los aguacates y las yemas y agregar el ajo, el pimiento, la mayonesa, la sal y el perejil hasta formar una mezcla uniforme.

Rellenar con esta mezcla las claras de huevo y acomodar en una ensaladera adornada con la lechuga y cuadritos de jitomate.

Refrigerar durante 30 minutos y servir.

HUEVOS RELLENOS CAPEADOS

Ingredientes:

* * 6 huevos duros
* * 50 grs. de queso amarillo rallado
* * 1 cucharada de mostaza
* * 2 huevos para batir

* * 2 cucharadas de harina
* * Pimienta al gusto
* * Sal al gusto

Procedimiento:

Partir a la mitad los huevos cocidos, sacarles la yema, picarla y mezclarla con el queso, la pimienta, la mostaza y la sal. Con esta mezcla, rellenar nuevamente los huevos, capearlos con los 2 huevos batidos y mezclarlos con la harina. Freírlos.

Servirlos acompañados de ensalada al gusto.

OMELETTE DE VERDURAS

Ingredientes:

* * 4 tazas de verduras picadas al gusto
  (papas, zanahorias, calabacita,
  chile poblano, camote, champiñones,
  poro, chayote, etc.)
* * 4 huevos
* * 50 grs. de mantequilla

* * 1/2 taza de leche
* * 1 pimiento morrón en tiritas
* * 200 grs. de queso asadero
  rallado
* * Sal al gusto

Procedimiento:

Cocer las verduras al vapor con poquita agua, mantequilla y sal.

Mezclar aparte los huevos y la leche, agregar las verduras mezclando bien. Tapar y dejar cocinar 15 minutos a fuego lento, espolvorear encima el queso rallado y las tiritas de pimiento.

Dejar al fuego hasta que gratine el queso.

TORTILLA DE HUEVO CON ESPINACAS

Ingredientes:

* 6 huevos
* 2 cucharadas de crema
* 1 cebolla picada

* 3 ramas de perejil
* Pimienta al gusto
* Sal al gusto

Relleno:

* 1/2 kg. de espinacas
* 50 grs. de mantequilla
* 35 grs. de harina

* 50 grs. de queso amarillo
* 1/4 de lt. de leche

Procedimiento:

Batir los huevos, agregar la cebolla, la crema, la sal y la pimienta.
Freír esta mezcla en una sartén con aceite bien caliente, cuando esté cocida por un lado, voltear, colocar el relleno, enrollar y dejar cocer bien. Adornar con el perejil.
Se sirve inmediatamente.
Preparar el relleno friendo la harina en la mantequilla, cuando empieza a dorar agregar la espinaca picada finamente, la leche, el queso, la sal y la pimienta. Dejar tapada a fuego lento hasta que reseque.

TORTILLA FRANCESA U OMELETTE

Ingredientes:

* 3 huevos
* 200 grs. de queso Cheddar rallado
* 1 pimiento morrón picado o
  50 grs. de champiñones picados
* 1 cucharada de harina integral

* 3 cucharadas de leche
* Margarina
  (la necesaria para freír)
* Pimienta al gusto
* Sal al gusto

Procedimiento:

Batir los huevos sin que hagan mucha espuma; agregar la harina y la leche batiendo.
Añadir el queso y mezclar perfectamente, freír en mantequilla y cuando ya esté cocida por un lado y cuajada por encima, acomodar arriba el pimiento o los champiñones y condimentar con sal y pimienta. Ir doblando y sacarla tierna acomodándola en un platón y adornando al gusto.

NOTA: También pueden ponerse encima: espinacas cocidas acompañadas con queso cottage o requesón y con plátano rebanado.

GUISADOS

ACELGAS CON ARROZ	*	CALABACITAS RELLENAS
ALBÓNDIGAS DE AVENA EN	*	CALABACITAS RELLENAS A LA
CHIPOTLE	*	ESPAÑOLA
ALBÓNDIGAS DE TRIGO EN SALSA	*	CALABACITAS RELLENAS DE
BOLOÑESA	*	HUITLACOCHE
ALBÓNDIGAS DE ZANAHORIA CON	*	CALABAZAS ADOBADAS
SALSA CHINA	*	CALABAZAS EN SALSA DE CREMA
ALBÓNDIGAS EN CHIPOTLE	*	CALABAZAS RELLENAS
ALBÓNDIGAS ESPONJOSAS DE PAPA	*	CALLOS A LA MADRILEÑA
ALCACHOFAS A LA CREMA	*	CANELONES DE ESPINACA
ARROZ A LA MEXICANA	*	CARNE ADOBADA
ARROZ FANTASÍA	*	CARNE CHINA CON VERDURAS
ARROZ TAPATÍO	*	CARNE CON PLÁTANO ESTILO
ARROZ VERDE	*	VERACRUZANO
ATÚN	*	CARNE EMPAPELADA
BACALAO	*	CARNE EN CHILE PASILLA
BERENJENA A LA MEXICANA	*	CARNE EN ESCABECHE
BERENJENA A LA PARMESANA	*	CARNE EN SALSA DE CREMA
BERENJENA GRATINADA	*	CAZUELA A LA CREMA
BERENJENA GRIEGA	*	CAZUELA DE VERDURAS
BERENJENAS AL GRATÍN	*	CEBOLLAS A LA AZTECA
BERENJENAS A LA PÉRGOLA	*	CEBOLLAS EN ESCABECHE
BIRRIA	*	CEBOLLAS RELLENAS
BIRRIA ESTILO JALISCO	*	COCHINITA PIBIL
BIRRIA VEGETARIANA (1)	*	COL CON CREMA
BIRRIA VEGETARIANA (2)	*	COL RELLENA
BIRRIA VEGETARIANA (3)	*	COL SALTEADA
BISTECES DE GLUTEN AL CARBÓN	*	COL TIPO SPAGUETTI
BUDÍN DE COL	*	COLIFLOR A LA ESPAÑOLA
BUDÍN DE VERDURAS	*	COLIFLOR A LA MAYONESA
CACEROLA DE TRIGO	*	COLIFLOR CON PAPAS
CACEROLA FRANCESA	*	COLIFLOR EN CUBITOS
CAGUAMA	*	COLIFLOR HORNEADA
CALABACITAS AL GRATÍN	*	COLIFLOR LICHA
CALABACITAS CON SOYA	*	CORONA DE ARROZ INTEGRAL

CORONA DE FRIJOLES	*	ESTOFADO VEGETARIANO
CREPAS DE CHAMPIÑONES	*	GLUTEN EN MOLE ROJO
CREPAS DE HUITLACOCHE	*	GUISADO A LA JARDINERA
CREPAS SINCRONIZADAS	*	GUISADO DE CÁSCARAS
CROQUETAS DE ARROZ	*	GUISADO DE COL CON
CROQUETAS DE ARROZ SENCILLAS	*	MANZANA
CROQUETAS DE CARNE DE SOYA	*	GUISADO DE FRIJOL TIERNO
CROQUETAS DE CHAMPIÑONES	*	GRANEADO
CROQUETAS DE PAPAS	*	HAMBURGUESAS DE ESPINACAS
CROQUETAS DE QUESO	*	HAMBURGUESAS DE LENTEJA
CROQUETAS DE SOYA	*	HAMBURGUESAS DE NUEZ Y
CUETE MECHADO A LA VINAGRETA	*	ALMENDRA
CHAYOTES AL GRATÍN	*	HÍGADOS ENCEBOLLADOS
CHAYOTES AL HORNO	*	HOGAZA
CHAYOTES EMPANIZADOS	*	HONGOS EN ASADO
CHICHARRÓN DE GLUTEN	*	INDIOS VERDES
CHILE ATOLE	*	JITOMATES RELLENOS
CHILE DE QUESO	*	JITOMATES RELLENOS ASADOS
CHILES POBRES	*	LENTEJAS GUISADAS
CHILES RELLENOS (1)	*	LOMO CON CHAMPIÑONES
CHILES RELLENOS (2)	*	LOMO CON CHORIZO
CHILES RELLENOS AL QUESO	*	LOMO DE CARNE DE SOYA O
CHILES RELLENOS DE VERDURAS	*	GLUTEN
CHILES RELLENOS EN NOGADA	*	MACEDONIA DE VERDURAS
CHOP MANE	*	MANCHA MANTEL (MOLE)
CHOP SUEY (1)	*	MANICOTTI
CHOP SUEY (2)	*	MILANESAS DE BERENJENA
CHOP SUEY CON GERMINADOS	*	MILANESAS DE SOYA Y
CHORIZO (1)	*	CACAHUATE
CHORIZO (2)	*	MIXIOTES
CHORIZO (3)	*	MOCHONGOS
CHORIZO (4)	*	MOLE DE OLLA
EJOTES CON LECHE	*	MOLE DE PEPITA DE CALABAZA
ELOTES CON RAJAS	*	MOLE POBLANO
EMPANADAS DE CARNE DE SOYA	*	MOLE VERDE OAXAQUEÑO
EMPANADAS DE QUESO Y PIMIENTO	*	MOUSSAKA
MORRÓN (CHILENO)	*	MUSSELIN DE VERDURAS
ESPINACAS CON CREMA	*	NIDITOS DE ESPINACAS
ESPINACAS SOFÍA	*	NOPALITOS CON AJONJOLÍ

NOPALITOS ENCEBOLLADOS	*	SOUFFLÉ DE BRÓCOLI
NOPALITOS EN CHILE POBLANO	*	SOUFFLÉ DE CALABAZA
OCOPA AREQUIPEÑA (PERUANO)	*	SOUFFLÉ DE ESPINACAS
PAELLA	*	SOUFFLÉ DE HONGOS
PANCITA VEGETARIANA	*	SOUFFLÉ DE QUESO
PAPAS A LA ANDALUZA	*	SOUFFLÉ DE ZANAHORIA
PAPAS A LA HUANCAÍNA	*	SPAGUETTI A LA ITALIANA
PAPAS AL GRATÍN	*	SPAGUETTI AL GRATÍN
PAPAS FINGIDAS	*	SURUYOS
PAPAS RELLENAS AL HORNO	*	TALLARINES DE SOYA
PASTEL DE CARNE	*	TEMPURA
PASTEL DE CREPAS	*	TIMBALES DE ARROZ INTEGRAL
PASTEL DE ELOTE SALADO	*	TIMBALES DE ELOTE
(CHILENO)	*	TIMBALES DE QUESO
PASTETE DE AVENA	*	TORTA DE ACELGAS
PASTETE DE HONGOS Y MACARRÓN	*	TORTA DE ALCACHOFA
PATÉ DE LENTEJA	*	TORTA DE CARNE
PAY DE ESPÁRRAGOS	*	TORTA DE ELOTE (1)
PESCADO A LA VERACRUZANA	*	TORTA DE ELOTE (2)
PESCADO VEGETARIANO	*	TORTA DE FLOR DE CALABAZA
PIMIENTOS A LA CIRASUOLO	*	TORTA DE MAÍZ CON POLLO
PIZZA ENRIQUECIDA	*	TORTAS DE CARNE DE SOYA Y CEREAL
PIZZA RÁPIDA	*	TORTAS DE GARBANZO
PIZZA VEGETARIANA	*	TORTAS DE TALLOS DE ACELGA
PIZZA VEGETARIANA SENCILLA	*	TORTITAS DE ARROZ
POLLO (DE GLUTEN)	*	INTEGRAL
POTAJE DE GERMINADOS	*	TORTITAS DE ATÚN
POTAJE DE VERDURAS	*	VEGETARIANO
POZOLE TAPATÍO	*	TORTITAS DE AVENA
POZOLE VERDE	*	TORTITAS DE CAMARÓN
REVOLTIJO	*	TORTITAS DE EJOTES
ROLLITOS DE ACELGAS	*	TORTITAS DE ELOTE
ROLLITOS DE LECHUGA	*	TORTITAS DE GLUTEN
ROPA VIEJA	*	TORTITAS DE PAPA
ROSCA DE CHORIZO Y PAPA	*	TORTITAS DE PLÁTANO
SALCHICHAS FORRADAS	*	TORTITAS DE SESOS
SALCHICHAS VEGETARIANAS	*	VERDURAS A LA VINAGRETA
SOPA CAZUELA DE ESPINACAS	*	ZANAHORIAS GRATINADAS
SOUFFLÉ DE BERENJENAS	*	ZANAHORIAS RELLENAS

ACELGAS CON ARROZ

Ingredientes:

* 4 tazas de acelgas tiernas, picadas
* 1/4 de kg. de arroz integral
* 2 cucharadas de cebolla picada
* 5 cucharadas de perejil picado
* 4 cucharadas de aceite
* 1 cucharada de ajo picado
* 3 tazas de agua
* Sal al gusto

Procedimiento:

Dorar en el aceite el arroz junto con el ajo y la cebolla, añadir las acelgas y el agua y cocer a fuego lento.

Una vez que la mitad de la cantidad de agua se haya consumido, agregar el perejil, sazonar al gusto y dejar a fuego lento hasta que el arroz esté bien cocido.

ALBÓNDIGAS DE AVENA EN CHIPOTLE

Ingredientes:

* 2 tazas de avena
* 1 cebolla picada
* 8 ramas de perejil picado
* 75 grs. de nuez
* 2 cucharadas de mayonesa
* 1 cucharada de mostaza
* 3 huevos
* Sal al gusto

Procedimiento:

Mezclar perfectamente todos los ingredientes, formar las albóndigas y freírlas. Poner una olla con agua y salsa de soya, cuando suelte el hervor depositar en el agua las albóndigas y dejarlas al fuego durante 15 minutos. Retirar y servir con la salsa.

Salsa:

* 3 o 4 chiles chipotles
* 5 dientes de ajo
* 1/2 kg. de tomate verde
* 1/2 cebolla
* Sal al gusto

Procedimiento:

Desvenar los chiles y hervirlos con los tomates. Licuarlos con el resto de ingredientes.

ALBÓNDIGAS DE TRIGO EN SALSA BOLOÑESA

Ingredientes:

* 1/2 kg. de trigo
* 2 cebollas medianas picadas
* 6 dientes de ajo picados
* 1 manojo de perejil picado

* 5 huevos
* Papel estraza el necesario
* Pimienta al gusto
* Sal al gusto

Procedimiento:

Remojar previamente el trigo durante 12 horas.
Poner a cocerlo hasta que reviente, y después molerlo o licuarlo con el mínimo de agua.
Vaciar y mezclar con el resto de ingredientes perfectamente. (Si es necesario agregar pan molido.)
Formar las albóndigas y freír en suficiente aceite, desgrasarlas en papel estraza.

NOTA: Para la salsa Boloñesa ver receta en Salsas.

ALBÓNDIGAS DE ZANAHORIA CON SALSA CHINA

Ingredientes:

* 2 tazas de zanahorias ralladas*
* 1 taza de cebolla picada
* 1/2 taza de perejil picado
* 2 huevos

* 1 taza de queso fresco o requesón
* Sal de ajo al gusto
* Sal de apio al gusto

Procedimiento:

Mezclar todos los ingredientes sazonándolos con las sales de ajo y apio y dar forma a las albóndigas, freírlas, bañarlas con la salsa china. También se podrían bañar en salsa de jitomate.

NOTA: Para la salsa china vea receta en Salsas.

* Puede emplearse el bagazo que queda en el extractor cuando se hace jugo de zanahoria.

ALBÓNDIGAS EN CHIPOTLE

Ingredientes:

- ☆ 2 tazas de carne de soya
- ☆ 6 dientes de ajo
- ☆ 3/4 de kg. de jitomate
- ☆ 2 huevos cocidos
- ☆ 2 huevos crudos
- ☆ 4 tomates verdes
- ☆ 1 cebolla grande
- ☆ 1 taza de germen de trigo crudo
- ☆ 1 latita de chipotles (opcional)
- ☆ 1/2 taza de aceite
- ☆ 1 rama de hierbabuena
- ☆ Clavo molido al gusto
- ☆ Pimienta molida al gusto
- ☆ Canela molida al gusto
- ☆ Sal al gusto

Procedimiento:

Moler en el molcajete 2 chipotles, sal, ajos, un trozo de cebolla, clavo, pimienta, canela, los tomates y la hierbabuena.

Revolver con la carne previamente hidratada, los huevos crudos y el germen de trigo. Formar las bolas de carne colocando en el centro un trozo de huevo cocido.

Moler el jitomate con ajo y cebolla, y el restante de chipotles.

Freír la salsa muy bien agregando un poco de agua, sazonar y cuando suelte el hervor agregar las albóndigas. Servir caliente.

ALBÓNDIGAS ESPONJOSAS DE PAPA (alemán)

Ingredientes:

- ☆ 1$^{1/2}$ kg. de papa
- ☆ 3 huevos
- ☆ 2 cucharadas de harina integral
- ☆ 2 cucharadas de sémola
- ☆ 1 cucharada de pan molido
- ☆ 1 pizca de nuez moscada molida
- ☆ 200 grs. de mantequilla
- ☆ Cuadritos de pan dorado al gusto
- ☆ Sal al gusto

Procedimiento:

Cocer las papas con un poco de sal, machacarlas con un triturador para formar un puré.

Agregar los huevos uno a uno, la harina, la sémola, el pan rallado, la nuez moscada y la sal. Amasar perfectamente para formar una mezcla homogénea.

Formar las albóndigas colocándoles en el centro un cuadrito de pan dorado y revolcarlas en harina.

Ponerlas a cocer, dejándolas caer en una olla con agua hirviendo, a fuego lento durante 10 minutos aproximadamente, éstas deberán estar cuando estén bien esponjaditas y floten.

En cuanto cuezan, sacarlas y escurrir hasta que queden bien secas.

Derretir la mantequilla hasta que hierva, servir las albóndigas bañadas en mantequilla. Si desea puede acompañarlas con puré de manzana (ver Contenido).

NOTA: Si desea puede rellenarlas también con nuez picada, ciruela pasa o queso finamente picado.

ALCACHOFAS A LA CREMA

Ingredientes:

* 6 alcachofas
* 4 huevos duros

* 100 grs. de queso añejo
* 2 cucharadas de mostaza

Salsa:

* 50 grs. de mantequilla
* 30 grs. de harina
* 400 grs. de jitomate
* 1 cebolla

* 125 grs. de crema
* Pimienta al gusto
* Sal al gusto

Procedimiento:

Cocer las alcachofas, quitarles los fondos y acomodarlos en un refractario, quitar a las hojitas restantes la parte carnosa; picar finamente, mezclar con los huevos también finamente picados, la mitad del queso rallado, la mostaza y la sal. Acomodar esta pasta en los fondos de la alcachofa formándose como pirámide. Bañar con la salsa, cubrir con el queso restante y hornear a que doren.

ARROZ A LA MEXICANA

Ingredientes:

* 3 tazas de arroz integral
* 200 grs. de chorizo vegetariano
* 1 taza de zanahorias en cuadritos
* 1 taza de pasas en cuadritos
* 1 taza de chícharos pelados
* 2 cucharadas de aceite
* 3 chiles cuaresmeños

* 1 taza de perejil picado
* 2 jitomates grandes
* 4 dientes de ajo
* 1/2 cebolla
* 3 huevos duros
* Sal al gusto

Procedimiento:

Remojar el arroz en agua caliente durante una hora y escurrir.
Freírlo a que dore y agregar el jitomate ya molido con ajo, cebolla y colado.
Después, añadir los chícharos, las zanahorias y las papas.
Agregar agua, y por último adicionar el chorizo, tapar y dejar cocer.
Cuando esté casi seco y suave, añadir el perejil, los chiles en rajas y las rebanadas de huevo y dejar sazonar 3 minutos más.

Arroz fantasía

Ingredientes:

* 300 grs. de arroz cocido (integral)
* 3 tazas de frijoles cocidos y refritos (no secos)
* 1/4 de lt. de crema
* 6 chiles poblanos asados, limpios y en rajitas
* 150 grs. de queso rallado (amarillo o Chihuahua, etc.)
* 50 grs. de mantequilla
* Sal al gusto

Procedimiento:

Colocar una capa de arroz sobre un refractario previamente engrasado con bastante mantequilla.

Poner enseguida una capa de frijoles, otra de rajitas, después queso, crema, sal y trocitos de mantequilla, continuar así hasta terminar.

Hornear a calor mediano hasta que gratine y dore al gusto.

Servir caliente.

Arroz tapatío

Ingredientes:

* 1/4 de kg. de arroz integral
* 1 cebolla picada
* 1 lt. de leche
* 70 grs. de mantequilla
* 100 grs. de queso crema
* 100 grs. de queso Chihuahua rallado
* 6 chiles poblanos
* 1/2 lt. de agua
* Sal al gusto

Procedimiento:

Remojar el arroz durante una hora, en agua caliente, escurrirlo.

Acitronar la cebolla en un poco de aceite, agregar el arroz y dejarlo que seque sin que se dore. Enseguida agregar el agua, cuando se reseque agregar la leche y sal al gusto.

Cuando ya casi está cocido se le incorporan los chiles poblanos que previamente se habrán asado, desvenado y rellenado con el queso crema. Se dejan 10 minutos más y enseguida se agrega la mantequilla y el queso rallado. Se tapa y se deja gratinar. Se sirve bien caliente.

ARROZ VERDE

Ingredientes:

* 2 tazas de arroz integral
* 1/2 kg. de chiles poblanos
* 4 elotes desgranados
* 1 rama de epazote
* 1/4 de taza de cebolla picada

* 4 dientes de ajo
* 125 grs. de queso Oaxaca deshebrado
* 1/4 de lt. de crema
* Aceite el necesario
* Sal al gusto

Procedimiento:

Remojar el arroz en agua caliente durante una hora y escurrir.
Freír el arroz junto con el elote a que se acitrone. Aparte picar la mitad de los chiles y moler con ajo y un poco de agua.
Freír aparte el resto de chiles cortados en rajas y agregar al elote y arroz, adicionar el chile molido y 4 tazas de agua. Añadir el epazote y sazonar al gusto. Tapar y dejar cocer, servir con queso y crema.

ATÚN

Ingredientes:

* 300 grs. de carne de soya

Mayonesa:

* 1 huevo
* 1 diente de ajo
* 1/2 limón (el jugo)
* 1 cucharadita de sal

* 1 pizca de azúcar
* 75 grs. de queso añejo, o cabra
* 1 chile jalapeño entero en vinagre
* 1 taza de aceite

Procedimiento:

Licuar todos los ingredientes de la mayonesa con excepción del aceite, que se va agregando lentamente para que acreme.
Mezclar la mayonesa con la carne de soya previamente hidratada y exprimida, se puede enriquecer con aceitunas, cebolla y jitomate picado. Dejarlo que repose un mínimo de una hora. Servir frío en galletas de soda, como guarnición.

Bacalao

Ingredientes:

* 1/2 kg. de papitas
* 8 ramas de perejil
* 2 cebollas chicas peladas
* 2 cucharadas de aceite de oliva
* 4 dientes de ajo picaditos
* 1 col mediana

* 3 jitomates
* 250 grs. de alcaparras
* 250 grs. de aceitunas
* Chiles güeros en vinagre al gusto
* Sal al gusto

Procedimiento:

Freír en aceite de oliva la cebolla y el ajo a que doren, agregar la col finamente rebanada, la papa en cuadritos y el jitomate bien picado, dejar sazonar a fuego lento.

Cuando esté casi listo, adicionar el perejil finamente picado, las alcaparras, las aceitunas y los chiles. Dejar 10 minutos a fuego lento para que sazone bien.

Berenjena a la mexicana

Ingredientes:

* 2 berenjenas grandes
* 1 cebolla
* 2 jitomates
* 8 ramitas de perejil

* 1 taza de puré de tomate (opcional)
* 1/4 de kg. de queso Chihuahua
* Sal al gusto

Procedimiento:

Rebanar las berenjenas a lo largo, con cáscara (en filetes de $1^{1/2}$ cm. de ancho), freírlas enseguida hasta que tomen un color cafecito.

Aparte sancochar la cebolla picada, agregar el jitomate y el perejil también picadito.

Colocar en un molde engrasado una capa de berenjenas fritas, otra con la cebolla y jitomate sancochados, sal al gusto y un poco del puré de tomate si se desea y el queso rallado.

Así continuar poniendo estas capas hasta terminar, y hornear por un momento sólo para calentar.

BERENJENA A LA PARMESANA

Ingredientes:

* 4 berenjenas grandes
* 100 grs. de queso parmesano
* 200 grs. de queso manchego

* 12 hojas de albahaca
* 4 cucharadas de pan rallado
* Aceite de cocina el necesario

Salsa:

* 1 kg. de jitomate maduro
* 1/2 vaso de aceite
* 1/2 cebolla mediana finamente picada

* 3 dientes de ajo
* 4 hojas de albahaca
* Pimienta al gusto
* Sal al gusto

Procedimiento:

Rebanar las berenjenas a lo largo y colocarlas en agua fría salada durante 15 minutos.

Escurrir y secar perfectamente y freír una a una en bastante aceite (colocarlas sobre papel estraza para que absorba la grasa).

En un molde previamente engrasado, formar capas de berenjena con un poco de queso manchego rallado y queso parmesano rallado con trocitos de hojas de albahaca y bañar con la salsa que se ha preparado. Repetir esto y terminar con el pan rallado sobre la salsa.

Introducir el molde al horno precalentado y dejar por 30 minutos a temperatura media.

Salsa:

Acitronar en el aceite la cebolla y el ajo picado. Formar un puré con el tomate y agregarlo a lo anterior. Sazonar con sal y pimienta. Se deja cocer.

BERENJENA GRATINADA

Ingredientes:

* 3 berenjenas
* 1 kg. de jitomate
* 2 chiles morrones
* 1/2 cebolla

* 200 grs. de queso manchego o Chihuahua
* Orégano
* Sal al gusto

Procedimiento:

Freír las berenjenas en ruedas. Hacer una salsa con el jitomate, el chile morrón, la cebolla, el orégano y la sal. En un molde engrasado se coloca una capa de berenjena, una de salsa y se espolvorea queso.Continuar así hasta terminar con salsa y bastante queso rallado.

Meter al horno a gratinar durante 15 o 20 minutos, servir caliente.

BERENJENA GRIEGA

Ingredientes:

* 3 berenjenas medianas
* 1/2 cabeza de ajos picados finamente
* 1 cebolla mediana picada
* 2 jitomates picados

* 2 cucharadas de orégano
* Salsa de soya al gusto
* Limón al gusto
* Sal al gusto

Procedimiento:

Partir las berenjenas crudas en cuadritos. Freírlas a que queden un poco doradas y dejarlas escurriendo de un día para otro.

Al día siguiente picar la cebolla, ajos y jitomates, freír y agregar a la berenjena, sazonar con el orégano, el limón y la salsa de soya.

Mezclar perfectamente. Servir frío.

BERENJENAS A LA PÉRGOLA

Ingredientes:

* 4 berenjenas medianas
* 2 pimientos morrones
* 1 cebolla mediana
* 3 dientes de ajo
* 250 grs. de queso rallado Chihuahua

* 1/2 taza de pan molido
* Aceite el necesario
* Pimienta al gusto
* Sal al gusto

Salsa:

* 1/2 kg. de jitomate
* 3 dientes de ajo
* 1/2 cebolla mediana

* Orégano al gusto
* Sal al gusto

Procedimiento:

Abrir las berenjenas a lo largo por la mitad, quitarles el centro (donde están las semillitas) y freírlas por ambos lados.

Aparte sofreír el centro de las berenjenas bien picadito, junto con los pimientos, la cebolla y los ajos picados, agregar el pan molido y dejar sazonar unos minutos. Acomodar las berenjenas en un molde previamente engrasado con mantequilla, y colocar el sofrito anterior en el centro de las berenjenas.

Salsa:

Licuar los jitomates con el resto de ingredientes y una cantidad mínima de agua, colar y bañar con esta salsa las berenjenas; espolvorear con queso rallado y hornear a 200 °C hasta gratinar.

BERENJENAS AL GRATÍN

Ingredientes:

* 4 berenjenas grandes
* 1 taza de pan molido
* 1/4 de kg. de queso amarillo
* 6 pepinillos en vinagre picados

* 1 cebolla mediana en rodajas
* Aceite de oliva el necesario
* Sal al gusto

Procedimiento:

Cortar las berenjenas en rodajas gruesas y freírlas en aceite de oliva.
En un molde engrasado, formar una cama de pan molido, encima poner una capa de berenjenas fritas y después otra de pepinillos y rodajas de cebolla, y por último de queso.
Ir colocando las capas sucesivamente así hasta terminar con queso.
Hornear a 200 °C hasta que doren.
Servir con ruedas de jitomate y aguacate.

BIRRIA

Ingredientes:

* 2 kgs. de jitomates
* 1/2 kg. de carne de soya (para picadillo)
* 2 cebollas medianas
* 7 dientes de ajo

* 6 chiles pasilla
* Hierbas de olor al gusto
* Aceite el necesario
* Pimienta al gusto
* Sal al gusto

Procedimiento:

Asar o hervir los jitomates, licuarlos con una cebolla, los ajos y los chiles pasilla previamente remojados y desvenados.
Colar y sofreír con un poco de aceite y la otra cebolla picada y las hierbas de olor, añadir 2 o 3 tazas de agua y sazonar al gusto.
Cuando suelte el hervor agregar la carne de soya previamente remojada en agua caliente durante 20 minutos y perfectamente exprimida, dejar a fuego lento por espacio de 15 minutos, retirar y servir.

BIRRIA ESTILO JALISCO

Ingredientes:

- * 1/2 kg. de carne de soya hidratada y exprimida
- * 10 dientes de ajo
- * 1/4 de pieza de achiote
- * 9 pimientas
- * 1 pizca de cominos

- * 125 grs. de chile guajillo
- * 125 grs. de chile morita
- * 100 grs. de tomate
- * 1 jitomate
- * Sal al gusto

Salsa:

- * 125 grs. de chile piquín
- * 1/2 taza de vinagre de manzana
- * 1 pizca de orégano

- * 7 dientes de ajo
- * Pimienta al gusto
- * Sal al gusto

Procedimiento:

Asar los chiles guajillo y morita, desvenarlos y hervirlos junto con los tomates y jitomate. Licuar todo esto con los ajos, el achiote, la pimienta y el comino, agregando una taza de agua. Freír esta salsa en un poco de aceite, sazonarla y agregar agua suficiente, dejando espesita la salsa.

Agregar la carne de soya. Dejar sazonar otros 15 minutos y servir caliente con tortillas.

Acompañar con cebolla picada, limón al gusto y si se desea la salsa picante que se obtiene licuando los últimos 4 ingredientes.

BIRRIA VEGETARIANA (1)

Ingredientes:

- * 2 kgs. de jitomate maduro
- * 1/2 kg. de carne de soya finita o en trozos (hidratada)
- * 2 cebollas medianas
- * 7 dientes de ajo

- * 6 chiles pasilla
- * Hierbas de olor al gusto
- * Aceite
- * Pimienta al gusto
- * Sal al gusto

Procedimiento:

Asar o hervir el jitomate, licuar con una cebolla, ajos y chiles (previamente remojados y desvenados); colar y freír con cebolla picada. Dejar que hierva y añadir dos tazas de agua y las hierbas de olor. Probar la sazón. Agregar la carne de soya hidratada, dejar que dé un hervor. Servir con cebolla desflemada.

Birria vegetariana (2)

Ingredientes:

* 1/4 de kg. de chile guajillo
* 1/4 de kg. de chile ancho
* 6 dientes de ajo
* 1 cucharada de orégano

* 500 grs. de carne de soya o gluten en trocitos
* Aceite
* Sal al gusto

Procedimiento:

Remojar los chiles en agua caliente, desvenarlos y licuarlos con el resto de ingredientes. Colar y agregar la carne de soya previamente hidratada y exprimida. Freír en un poco de aceite, agregar la sal y dejar sazonar.

Birria vegetariana (3)

Ingredientes:

* 2 tazas de carne de soya o gluten en trozos
* 6 dientes de ajo
* 1 pizca de clavo molido
* 5 chiles anchos
* 2 chiles guajillo
* 8 chiles cascabel
* 1/2 cebolla

* 1/4 de taza de vinagre
* 1 cebolla en rodajas, desflemada
* Hojas de maguey y de elotes las necesarias
* Aceite cantidad necesaria
* Comino al gusto
* Orégano al gusto
* Sal al gusto

Procedimiento:

Asar, desvenar y remojar los chiles, molerlos con el ajo, la cebolla, el vinagre, el comino y la sal.

Adobar la carne (si es de soya, hidratarla previamente según instrucciones), con este recaudo, envolver en hojas de maguey y dejar macerar durante 24 horas. Cubrir el fondo de una olla con hojas de elote y colocar sobre ésta la carne adobada y envuelta. Añadir el agua necesaria para que se cubran las hojas de elote, tapar y dejar cocer media hora a fuego lento.

Adornar con la cebolla desflemada y orégano si desea.

BISTECES DE GLUTEN AL CARBÓN

Ingredientes:

* 12 bisteces de gluten
* 1/4 de lt. de aceite de oliva
* 2 cabezas de ajo
* Sal al gusto

Procedimiento:

Licuar el aceite de oliva con los ajos y la sal. Vaciar a un recipiente y macerar en esta mezcla los bisteces durante 24 horas mínimo.

Transcurrido el tiempo de maceración, sacarlos del aceite y asarlos al carbón, a la parrilla o en el comal.

NOTA: Para preparar los bisteces consulte "Gluten" en el Contenido.

BUDÍN DE COL

Ingredientes:

* 1 col mediana (1 kg.)
* 100 grs. de champiñones rebanados
* 100 grs. de arroz cocido
* 100 grs. de queso Chihuahua rallado
* 1 cebolla picada
* 100 grs. de mantequilla
* 2 huevos
* Sal y pimienta al gusto

Procedimiento:

Lavar y rebanar finamente la col, acitronar la cebolla en la mitad de la mantequilla, añadir la col, tapar y dejar a fuego lento hasta que se ablande.

Freír en el resto de la mantequilla los champiñones junto con el arroz, el queso, los huevos ligeramente batidos, la sal y la pimienta al gusto.

En un molde refractario previamente engrasado acomodar una capa de col, otra de la mezcla de champiñones, continuar así sucesivamente hasta terminar con una capa de col.

Hornear a 200 °C durante 20 minutos y servir.

BUDÍN DE VERDURAS

Ingredientes:

* 2 zanahorias grandes
* 2 nabos
* 100 grs. de chícharos
* 2 calabacitas
* 1 coliflor chica

* 5 huevos
* 75 grs. de harina
* 50 grs. de queso Chihuahua
* 125 grs. de crema
* 3 cucharadas de pan molido

Salsa:

* 50 grs. de mantequilla
* 30 grs. de harina
* 1/4 de lt. de leche

* Pimienta al gusto
* Sal al gusto

Procedimiento:

Batir los huevos a punto de cordón, agregar la harina, la crema, las verduras cocidas y picadas, la sal y la pimienta.

Vaciar a un refractario engrasado con mantequilla y espolvoreado con el polvo de pan.

Hornear a fuego mediano durante 50 minutos. Vaciar a un platón y cubrir con la salsa que se preparará así:

Freír la harina en la mantequilla, cuando empieza a dorar se agrega la leche, la sal y la pimienta. Dejar hervir hasta que espese.

CACEROLA DE TRIGO

Ingredientes:

* 1 1/2 tazas de arroz integral
* 1 taza de trigo entero remojado 24 horas antes y escurrido
* 2 tazas de champiñones picados
* 1/2 taza de aceite

* 1 taza de queso Chester o Chihuahua rallado
* 2 dientes de ajo
* 1 cebolla mediana
* 5 tazas de agua
* Sal al gusto

Procedimiento:

Remojar el arroz en agua caliente durante 1 hora, escurrir.

Freír el trigo en poco aceite junto con el arroz, la cebolla y el ajo picados hasta que dore.

Agregar el agua y los champiñones. Sazonar al gusto, tapar y dejar que cuezan.

Cuando ya casi esté cocido el trigo, espolvorear el queso y dejar que gratine.

CACEROLA FRANCESA

Ingredientes:

* l/4 de kg. de queso rallado al gusto (para adornar)
* 2 piezas de berenjenas finamente rebanadas
* 4 pimientos morrones en rebanadas
* 4 jitomates medianos en rebanadas
* 10 cebollitas limpias y picadas
* 1/4 de kg. de champiñones picados
* l/2 taza de aceite
* Pimienta al gusto
* Sal al gusto

Procedimiento:

Calentar el aceite y poner todos los ingredientes a fuego lento. Mover de vez en cuando (procurando no batir) hasta que se cuezan.

Servir en un refractario adornando con el queso. Si se desea se puede gratinar.

CAGUAMA

Ingredientes:

* l/2 kg. de gluten frito (en trocitos) (ver receta en el Contenido)
* l/4 de kg. de ejotes picados
* l/4 de kg. de chícharos
* 1 cebolla picada
* 2 jitomates picados
* 1 taza de aceitunas picadas
* $1^{1/2}$ lts. de caldo de verduras
* Alga marina al gusto
* Hierbas de olor
* Sal y pimienta al gusto

Procedimiento:

Sofreír el ejote y el chícharo en un poco de aceite; ya acitronados, agregar el resto de ingredientes con excepción de las aceitunas, que se pondrán cuando ya esté todo casi cocido.

CALABACITAS AL GRATÍN

Ingredientes:

* 1 kg. de calabacitas redondas y tiernas
* 200 grs. de queso Chihuahua o Manchego rallado
* 6 jitomates
* 1/2 cebolla
* 4 dientes de ajo
* 1 taza de salsa catsup
* Sal al gusto

Procedimiento:

Poner las calabacitas en agua hirviendo y dejarlas unos minutos hasta que estén semicocidas. Cortar la parte superior y ahuecar, rellenarlas con el queso rallado. Acomodarlas en un refractario. Verter ahí la salsa y hornear de 20 a 30 minutos. La salsa se prepara licuando los jitomates con el ajo y la cebolla.

Colar y agregar la salsa catsup y la sal.

CALABACITAS CON SOYA

Ingredientes:

* 1/2 kg. de calabacitas en cuadritos
* 3 elotes desgranados
* 2 chiles poblanos (en rajas)
* 1 kg. de jitomate picado
* l/4 de kg. de cebolla picada

* 6 dientes de ajo picados
* l/4 de taza de aceite
* 2 tazas de carne de soya hidratada
* Sal al gusto

Procedimiento:

Poner a sancochar la carne con ajo y cebolla, agregar el aceite y dejar dorar.
Añadir el resto de ingredientes, tapar y dejar cocer a fuego lento y sazonar al gusto.

CALABACITAS RELLENAS

Ingredientes:

* 10 calabacitas tiernas y alargadas
* 1/4 de kg. de queso fresco
* 2 jitomates grandes

* 90 grs. de mantequilla
* 5 cucharadas de pan molido
* Sal al gusto

Procedimiento:

Lavar las calabazas y poner a cocer dejándolas un poco duras, cuando estén frías ahuecarlas con cuidado para que no se rompan y la pulpa sofreírla en la mantequilla con cebollita picada y sal al gusto.
Dejar sazonar y servir como guarnición.
Las calabacitas se rellenan con rebanadas de queso, espolvoreadas con pan molido, sal y colocando un trozo de mantequilla en el centro.
Meter al horno precalentado a que doren y servir adornando con rebanadas de jitomate y guarnición.

CALABACITAS RELLENAS A LA ESPAÑOLA

Ingredientes:

* 1 kg. de calabacitas
* 1 cebolla mediana
* 5 ramitas de perejil

* 1 taza de salsa blanca (ver receta en el Contenido)
* Sal al gusto

Procedimiento:

Cocer las calabacitas, dejándolas un poquito duras. Después partirlas por la mitad a lo largo y ahuecarlas. Freír el sobrante de la calabacita con la cebolla finamente picada, a los 5 minutos agregar el perejil picado, dejar que resequen y entonces añadir la salsa blanca.
Rellenar con esto las calabacitas y hornear a calor mediano 5 minutos.

CALABACITAS RELLENAS DE HUITLACOCHE

Ingredientes:

* 6 calabacitas redondas medianas
* 7 huitlacoches grandes
* 1/2 taza de epazote picado
* 1/2 taza de cebolla picada
* 1/2 taza de queso Oaxaca deshebrado
* 3/4 de taza de crema
* l/2 taza de leche
* 4 cucharadas de aceite
* 1 cucharada de harina integral
* 4 dientes de ajo picados
* Sal al gusto

Procedimiento:

Lavar y quitar una tapita a las calabacitas y ahuecar con el abocador con una cucharita. Freír el huitlacoche con ajo, cebolla, epazote y sazonar, tapar, dejar cocer. Rellenar las calabacitas con el preparado de huitlacoche mezclando con el queso.

Aparte preparar una salsa blanca con el resto de aceite, la harina y la leche.

Colocar en un refractario las calabacitas y bañarlas con la salsa blanca y la crema. Cocer al horno durante 30 minutos.

CALABAZAS ADOBADAS

Ingredientes:

* 10 calabazas grandes
* 6 chiles anchos
* 3 dientes de ajo
* l/2 taza de vinagre de manzana
* 1/2 taza de aceite
* 1 cebolla desflemada
* 2 aguacates
* 50 grs. de aceitunas
* 50 grs. de ajonjolí tostado
* Orégano al gusto
* Clavo al gusto
* Canela al gusto
* Pimienta al gusto
* Sal al gusto

Procedimiento:

Asar y desvenar los chiles, y remojar 2 horas en el vinagre.

Enseguida escurrir y moler con los ajos, el clavo, la canela, la pimienta y el orégano. Mezclar poco a poco el aceite y vinagre.

Vaciar esta salsa sobre las calabazas cocidas y rebanadas que estarán colocadas en un platón.

Espolvorear sobre la salsa el ajonjolí tostado y adornar con las cebollas, rebanadas de aguacate y aceitunas.

CALABAZAS EN SALSA DE CREMA

Ingredientes:

* 7 calabacitas redondas
* 50 grs. de queso fresco
* 2 huevos duros
* 7 aceitunas
* 1 manojo de rabanitos
* 1 lechuga chica

* 2 chiles poblanos asados y desvenados
* 200 grs. de crema
* Aceite el necesario
* Vinagre de manzana, el necesario
* Pimienta al gusto
* Sal al gusto

Procedimiento:

Cocer las calabazas al vapor cuidando que no se rompan. Ahuecarlas y picar finamente el relleno, mezclándolo con el queso rallado, un poquito de vinagre, sal y pimienta. Rellenar con esto las calabazas, cubrirlas con la salsa de crema que se prepara licuando la crema con los chiles poblanos.

Adornar cada calabaza con una rueda de huevo duro y sobre ésta una aceituna. Acompañar con la lechuga aderezada con el vinagre, la sal y la pimienta y los rabanitos en flor.

CALABAZAS RELLENAS

Ingredientes:

* 8 calabazas
* 1 taza de elote desgranado
* 1/2 taza de cebolla picada
* 1/2 cebolla
* 4 dientes de ajo
* 2 jitomates

* 2 chiles poblanos en rajas
* 1 rama grande de epazote
* 100 grs. de queso Oaxaca deshebrado
* 3 cucharadas de aceite
* Sal al gusto

Procedimiento:

Con un abocador vaciar el centro de las calabacitas. Moler el jitomate con el ajo y la media cebolla en un poco de agua, colar y freír, agregar un vaso de agua y dejar sazonar.

Freír a fuego lento la cebolla, elote, rajas y epazote, agregar el queso y mezclar bien, con esto se rellenan las calabazas.

Poner las calabazas en el caldillo de jitomate a cocer, acomodándolas en tal forma que no se riegue el relleno.

CALLOS A LA MADRILEÑA

Ingredientes:

* 2 tazas de garbanzos
* 1 cebolla mediana
* 2 pimientos morrones
* 1/2 kg. de jitomate
* 3 dientes de ajo
* 1/2 cebolla

* 2 tazas de gluten en trocitos
* Aceitunas al gusto
* Chiles güeros en vinagre al gusto
* Hierbas de olor (opcional)
* Aceite de oliva al gusto
* Sal al gusto

Procedimiento:

Dejar remojar toda la noche los garbanzos, cocerlos y escurrirlos.

Poner a licuar el jitomate con la media cebolla y el ajo, y colar.

Rebanar la cebolla y el pimiento morrón, acitronarlos en poco aceite y agregar el caldillo de jitomate, añadir los garbanzos ya cocidos y el resto de los ingredientes. Dejar sazonar a fuego lento y servir.

CANELONES DE ESPINACA

Ingredientes:

* 2 huevos
* 1 lt. de leche

* 1/2 kg. de harina
* Sal al gusto

Procedimiento:

Mezclar las yemas con la leche y la harina, agregar las claras ya batidas a punto de turrón y la sal al gusto.

En una sartén poner unas gotas de aceite y cuando estén bien calientes dejar caer una cucharada de esta mezcla moviendo la sartén rápidamente para que se extienda formando una tortilla. Cada una de ellas deberá rellenarse con la receta siguiente:

Relleno:

* 1/2 kg. de espinacas
* 1 cebolla picada
* 1/2 kg. de acelgas

* 250 grs. de queso rallado (Chihuahua u Oaxaca)
* Salsa blanca (ver receta en el Contenido)

Procedimiento:

Limpiar, lavar y cortar las espinacas y acelgas, en trozos grandes y cocer al vapor.

Escurrir perfectamente y mezclar con la cebolla, freír hasta que acitronen y colocar este relleno sobre los canelones ya preparados, enrollarlos y colocarlos en un refractario.

Cubrirlos en salsa blanca y espolvorear encima con el queso.

Hornear a 175 °C para que gratine.

CARNE ADOBADA

Ingredientes:

* 200 grs. de chile guajillo
* 1 pizca de pimienta
* 1 pizca de orégano
* 1/2 taza de vinagre de manzana
* 6 dientes de ajo
* Salsa de soya al gusto
* Sal al gusto

Procedimiento:

Remojar los chiles en agua caliente, desvenarlos y licuarlos con el resto de los ingredientes en una mínima cantidad de agua.

Pasar a un frasco hondo y dejar macerar en esta mezcla los bisteces de gluten durante 2 horas aproximadamente antes de freírlos.

CARNE CHINA CON VERDURAS

Ingredientes:

* 1/4 de kg. de gluten picado y frito
* 1/4 de kg. de hongos picados
* 1 chile morrón picado
* 1 cebolla picada
* 2 calabacitas tiernas picadas (o el chayote)
* 1 ajo picadito
* 1/4 de taza de avena seca molida
* 1/4 de lt. de leche
* l/4 de taza de salsa de soya

Procedimiento:

Sofreír el hongo, el chile, la cebolla, las calabacitas y el ajo.

Aparte dorar la avena y añadir la leche mezclando bien hasta que espese.

Agregar a lo anterior el gluten, todo lo demás sofrito y la salsa de soya.

Dejar sazonar y retirar del fuego.

CARNE CON PLÁTANO ESTILO VERACRUZANO

Ingredientes:

* 1 taza de carne de soya en trocitos o picadillo
* 1/2 kg. de jitomate asado
* 2 cucharadas de cebolla picada
* 3 chiles guajillo o pasilla
* 3 dientes de ajo
* 1 plátano macho verde
* 1/8 de lt. de aceite
* 1/2 taza de aceitunas
* Sal al gusto

Procedimiento:

Hidratar la carne de soya durante 20 minutos en agua caliente. Escurrirla y exprimirla perfectamente.

Freír la carne a que dore. Agregar el jitomate molido con chile, ajo y cebolla.

Dejar cocer 30 minutos y sazonar. Añadir el plátano rebanado y las aceitunas y dejar 15 minutos más. Servir caliente.

CARNE EMPAPELADA

Ingredientes:

* 500 grs. de gluten o carne de soya hidratada
* 150 grs. de chorizo vegetariano
* 1 cebolla
* 2 huevos
* 20 aceitunas

* 100 grs. de alcaparras
* 150 grs. de chícharos
* 4 zanahorias en vinagre
* Pimienta al gusto
* Sal al gusto

Salsa:

* 4 aguacates
* 125 grs. de crema

* Pimienta al gusto
* Sal al gusto

Procedimiento:

Moler la carne con la cebolla y el chorizo. Mezclar los huevos, los chícharos cocidos, las aceitunas, las alcaparras, las zanahorias picadas, la sal y la pimienta al gusto.

Colocar esta mezcla sobre papel aluminio engrasado con mantequilla. Hacer un rollo y hornear durante una hora, volteando el rollo cada 15 minutos para que dore parejo.

Servir caliente bañándolo con la salsa que se prepara licuando los ingredientes.

CARNE EN CHILE PASILLA

Ingredientes:

* 2 tazas de carne de soya
* 1/2 cebolla
* 6 dientes de ajo
* 8 chiles pasilla

* 2 cucharadas de manteca vegetal o aceite
* 1/2 kg. de jitomate asado
* Sal al gusto

Procedimiento:

Poner a remojar la carne de soya en agua caliente durante 20 minutos. Escurrirla y exprimirla perfectamente.

Después freírla en la manteca o aceite.

Tostar y desvenar los chiles y remojarlos en agua caliente. Molerlos con 3 dientes de ajo y jitomate.

Agregar el chile a la carne y dejar freír a que sazone.

CARNE EN ESCABECHE

Ingredientes:

* 2 tazas de carne de soya
* 1/2 taza de aceite de oliva
* 6 chiles güeros en vinagre
* 6 dientes de ajo
* 4 pimientas gordas
* 75 grs. de champiñones
* 1/2 taza de aceitunas
* 50 grs. de chorizo vegetariano
* 1 taza de vinagre de manzana
* 2 cebollas en rebanadas
* 4 clavos de olor
* Hierbas de olor
* Pimienta al gusto
* Sal al gusto

Procedimiento:

Poner a remojar durante 20 minutos la carne de soya en agua caliente, escurrir y exprimir perfectamente.

Freír el chorizo en el aceite, añadir los champiñones y el resto de ingredientes; salpimentar al gusto, tapar y dejar sazonar durante 15 minutos a fuego lento. Retirar del fuego y dejar enfriar.

CARNE EN SALSA DE CREMA

Ingredientes:

* 300 grs. de carne de soya o gluten
* 3 huevos
* 25 grs. de pasas
* 25 grs. de tocino vegetariano (opcional)
* l/2 bolillo remojado en leche
* 1 cebolla
* l/4 de kg. de crema
* 2 cucharadas de mostaza
* 2 naranjas
* 1 lechuga
* 1/2 taza de salsa de soya
* 1/2 taza de vinagre
* Hierbas de olor
* Pimienta al gusto
* Sal al gusto

Procedimiento:

Moler la carne de soya previamente hidratada (vea instrucciones) junto con los huevos, el bolillo, la cebolla, las pasas y el tocino. Colocar esta pasta sobre una servilleta y envolverla formando un rollo que se ata con un hilo. Cocer en agua hirviendo con el vinagre, las hierbas de olor y la salsa de soya.

Dejar hervir durante una hora. Ya fría rebanar, acomodar en un platón y cubrir con la crema mezclada con la mostaza, la sal y la pimienta.

Adornar con hojas de lechuga y rodajas de naranja.

CAZUELA A LA CREMA

Ingredientes:

* 6 chiles poblanos desvenados en rajitas
* 6 papas medianas en cuadritos
* 6 zanahorias medianas en cuadritos
* 2 cebollas medianas en cuadritos
* 6 calabacitas medianas en cuadritos
* 1/4 de crema
* Aceite el necesario
* Sal al gusto

Procedimiento:

Colocar todas las verduras en una cazuela, agregar un chorrito de aceite y media taza de agua. Poner a cocer al vapor a fuego suave.
Ya cocida la verdura agregar la sal al gusto y la crema.
Servir caliente.

CAZUELA DE VERDURAS

Ingredientes:

* 4 chiles poblanos o morrones en rajas
* 1 taza de ejotes picados
* 1 taza de brócoli picado
* 1 taza de calabacitas ralladas
* 1 taza de camote en cuadritos
* 1 taza de papas cortadas en cuadritos
* 1 cebolla mediana picada
* Aceite el necesario
* Sal al gusto

Procedimiento:

Cocer al vapor todas las verduras, agregando un chorrito de aceite, media taza de agua y sal al gusto.

CEBOLLAS A LA AZTECA

Ingredientes:

* 1 kg. de cebollas
* 1/2 taza de harina blanca
* 1 taza de harina de trigo integral
* 1 taza de agua tibia
* 1 huevo
* 1 cucharadita de Royal
* 1 pizca de nuez moscada
* Sal al gusto

Procedimiento:

Mezclar las dos harinas, el Royal y la sal; después agregar el huevo revuelto y el agua tibia.
Cortar las cebollas en rodajas bastante anchas, separarlas una por una y freírlas después de haberlas bañado con la pasta que se ha hecho previamente.
Servir con guacamole o con puré de papa.

CEBOLLAS EN ESCABECHE

Ingredientes:

* 1/2 kg. de cebolla morada
* 1/4 de lt. de vinagre de manzana
* 1/2 cucharada de orégano molido
* Pimienta al gusto
* Sal al gusto

Procedimiento:

Acitronar la cebolla en aceite caliente. Vaciar a un platón, adornar con el vinagre, y el resto de los ingredientes.

Dejar reposar 30 minutos y servir.

CEBOLLAS RELLENAS

Ingredientes:

* 6 cebollas blancas grandes
* 1 taza de arroz integral cocido y sazonado con sal y pimienta
* 1/2 kg. de champiñones picados y rociados con jugo de limón
* 1/2 taza de perejil picado
* 1/2 lt. de caldo de verduras o consomé vegetal
* Pan molido
* Sal al gusto

Procedimiento:

Cortar la cebolla por la parte del tallo y vaciarlas hasta dejarlas lo suficientemente delgadas para rellenarlas. Los champiñones se escurren y se cocinan con mantequilla hasta que se haya eliminado el líquido. Añadir el arroz cocido y el perejil, sazonar al gusto.

Rellenar con esto las cebollas y colocarlas en un refractario. Verter el caldo de verduras bien caliente hasta cubrir la mitad de las cebollas. Espolvorear con pan molido. Hornear durante 45 minutos.

COCHINITA PIBIL

Ingredientes:

* 300 grs. de carne de soya (Protoleg) en trozos
* 5 naranjas
* 1/4 de pieza de achiote
* 1 cebolla
* $1^{1/2}$ kgs. de jitomate
* 5 dientes de ajo
* 2 cebollas en ruedas, desflemadas
* Sal al gusto

Procedimiento:

Hidratar y exprimir el Protoleg según las instrucciones. Freírlo.

Asar, pelar y licuar los jitomates junto con el achiote, cebolla y ajos. Colar.

Agregarle el jugo de naranja y la sal al gusto. Poner esta salsa al fuego, revolviéndole la carne de soya y dejándolos sazonar durante 15 o 20 minutos. Servir caliente, adornando con la cebolla desflemada y acompañando con tortillas calientes.

COL CON CREMA

Ingredientes:

* 1 col mediana
* 1/2 taza de crema
* 1 cucharada de mantequilla
* 1 cucharada de Maicena
* Sal al gusto

Procedimiento:

Poner a cocer la col finamente picada, en agua previamente salada, sacar y acomodar en un platón.

En una cazuela poner a derretir la mantequilla y acitronar la Maicena, agregar la crema y la sal. Dejar espesar y verter sobre la col.

COL RELLENA

Ingredientes:

* 1 col grande
* 100 grs. de pasas
* 1 taza de cebolla picada
* 1/2 taza de perejil picado
* 1 taza de carne de soya hidratada
* 1 trozo de pan duro
* 1 cebolla chica
* 1/4 de kg. de jitomate picado
* 1 cucharada de azúcar morena
* 1 pizca de pimienta
* 50 grs. de nuez picada
* 2 tazas de crema
* Hojas de laurel
* Papel estaño el necesario
* Sal al gusto

Procedimiento:

Cocer la col en bastante agua con sal, azúcar, laurel y pan. Escurrir y quitar el centro con el abocador. Freír el jitomate, la carne, el perejil y la cebolla. Agregar la nuez y las pasas, salpimentar.

Rellenar la col y untar con mantequilla, envolver en papel estaño y hornear 20 minutos. Vaciar en un platón y acomodar bañando con la crema.

COL SALTEADA

Ingredientes:

* 12 hojas de repollo
* 6 dientes de ajo picados
* 1/2 taza de aceite
* Sal al gusto

Procedimiento:

Poner a cocer el repollo en agua salada, sacar y escurrir.

Acitronar los ajos en el aceite y condimentar con sal, servir ésta sobre las hojas, las que se enrollan y se sirven.

COL TIPO SPAGUETTI

Ingredientes:

* 1 col mediana cocida al vapor
* 2 jitomates picados
* 3 dientes de ajo picados
* 1/2 cebolla picada
* 200 grs. de queso Chihuahua rallado
* 1/2 vaso de crema
* Aceite el necesario
* Sal al gusto

Procedimiento:

Freír el jitomate, la cebolla y los ajos, dejar sazonar por 10 minutos y añadir a esto la crema, el queso rallado y la col previamente picada.
Dejar cocer a fuego lento y servir.

COLIFLOR A LA ESPAÑOLA

Ingredientes:

* 1 coliflor grande
* 1 taza de garbanzos cocidos
* 1/2 kg. de chorizo vegetariano
* 1 limón (el jugo)
* 1/2 kg. de jitomate molido con ajo y cebolla
* 1 taza de chiles en vinagre
* 1 cucharada de azúcar
* 1/8 de taza de aceite
* 1/8 de taza de vinagre
* 1 trozo de pan duro
* 1/4 de queso fresco
* 1/2 kg. de papitas cocidas
* Hierbas de olor
* Sal al gusto

Procedimiento:

Cocer la coliflor en suficiente agua con sal, azúcar, limón y el trozo de pan, para quitarle el mal olor.
Freír muy bien el jitomate y añadir el resto de ingredientes, dejar sazonar y retirar del fuego.
Colocar la coliflor en un platón (entera o en gajos) bañarla con la salsa preparada y adornarla con queso.

COLIFLOR A LA MAYONESA

Ingredientes:

* 1 coliflor mediana
* 1/4 de kg. de queso parmesano rallado
* 1/2 cebolla
* 1 rebanada de pan duro

* Mayonesa al gusto
* Sal de ajo al gusto
* Pimienta al gusto
* Sal al gusto

Procedimiento:

Hervir la coliflor con la cebolla y el pan duro, ya cocida y estando caliente, untar la mayonesa previamente mezclada con sal de ajo y pimienta.
Espolvorear el queso encima y hornear un momento a calor mediano para que se gratine el queso.

COLIFLOR CON PAPAS

Ingredientes:

* 1 coliflor mediana
* 2 papas
* 2 cebollas
* 1/2 cucharada de sal de apio o de ajo

* 1/2 cucharadita de paprika
* 2 cucharadas de aceite de oliva
* 1/2 taza de agua
* Sal al gusto

Procedimiento:

Cortar la coliflor en ramitos y la papa en rodajas delgadas al igual que la cebolla.
Espolvorear la sal de apio, la paprika, el aceite de oliva.
Revolver todos los ingredientes perfectamente y vaciar a un refractario previamente engrasado.
Meter al horno precalentado a 250 °C y después bajar la temperatura a 200 °C hasta que se cueza bien.

COLIFLOR EN CUBITOS

Ingredientes:

* 1 coliflor
* l/4 de taza de piñones
* 1/4 de taza de almendras peladas y picadas
* 1/4 de taza de pan molido
* 1/4 de taza de queso parmesano rallado

* 2 cucharadas de aceite
* 2 cucharadas de sal
* 1 cebolla picada
* 1 pimiento verde picado
* 1 tomate verde rebanado
* 1 cucharada de mantequilla
* Sal al gusto

Procedimiento:

En una cacerola freír en la mantequilla la coliflor en gajitos con la cebolla y el pimiento durante 15 minutos, añadir los otros ingredientes, tapar y dejar cocer al vapor.

COLIFLOR HORNEADA

Ingredientes:

* 1 coliflor mediana
* 1 taza de crema
* 1 taza de queso Cheddar rallado
* 1 taza de pan molido

* 1 lata de leche evaporada
* 90 grs. de mantequilla
* Pimienta negra al gusto
* Salsa de soya al gusto
* Sal al gusto

Procedimiento:

Cocer perfectamente la coliflor con un trozo de pan duro, escurrir y retirar el trozo de pan.

Engrasar un molde con mantequilla y espolvorear una capa gruesa de pan molido, colocar en el centro del molde la coliflor entera ya cocida y adornar con trocitos de mantequilla intercalados entre las ramitas, salsa de soya y las especias.

Bañar con la crema y la leche evaporada, espolvorear el pan molido restante y el queso rallado. Hornear a 300 °C hasta que gratine el queso.

COLIFLOR LICHA

Ingredientes:
* 1 coliflor grande

Capeado:

* 3 huevos
* 3 tazas de harina integral
* 2 tazas de leche
* 3 cucharaditas de Royal

* 1 pizca de nuez moscada
* Pimienta al gusto
* Sal de ajo al gusto

Procedimiento:

Desgajar y desflemar la coliflor en agua caliente con ajos y sal, cuando el agua suelte el hervor, retirar del fuego, vaciar ahí los trozos de coliflor, tapar y dejar reposar durante 20 minutos.

Escurrir, capear y freír bien cada pieza de coliflor hasta que dore.

Para el capeado sólo basta mezclar bien los ingredientes mencionados.

CORONA DE ARROZ INTEGRAL

Ingredientes:

* 1/4 de kg. de arroz integral
* 100 grs. de almendras peladas
* 50 grs. de pasas
* 4 huevos
* 1 vaso de carne de soya
  (para picadillo)

* 1 cebolla mediana
* 2 jitomates
* 1/2 taza de pan molido
* 30 grs. de mantequilla
* Sal al gusto

Procedimiento:

Poner a remojar el arroz en agua caliente durante una hora.

Enseguida cocerlo en la misma agua con un poco de sal, dejar enfriar y añadir los 2 huevos mezclando muy bien.

Vaciar a un molde de rosca previamente engrasado con la mantequilla y espolvoreado con pan molido.

El arroz tiene que ir en el fondo y cubriendo las paredes del molde, dejando una ranura en medio para el relleno y separando un poco del arroz para cubrirlo.

Relleno:

Remojar en agua caliente la carne de soya durante 20 minutos, escurrir y exprimir muy bien.

Sofreír con la cebolla picada y agregar enseguida el jitomate también picado.

Dejar sazonar a fuego lento y retirar, añadir pasas y almendras (separando unas pocas para el adorno de encima).

Por último mezclar los 2 huevos restantes, colocar en la ranura de la rosca, cubrir con el resto de arroz y adornar encima con las pasas y almendras.

Hornear a calor mediano durante 20 minutos.

CORONA DE FRIJOLES

Ingredientes:

* 4 tazas de frijoles cocidos
* 250 grs. de chorizo vegetariano
* 1/2 taza de aceite
* 6 dientes de ajo picados
* 100 grs. de queso añejo rallado
* 1 cebolla picada
* 2 o 3 tortillas
* 1 pieza de lechuga orejona
* 1 aguacate maduro
* Sal al gusto

Procedimiento:

Cortar las tortillas en rombos y dorarlas, escurrirlas y poner sobre papel estraza.
Freír el chorizo con la cebolla y el ajo, agregar los frijoles ya molidos y mover hasta que se sequen perfectamente.
Formar un rollo con esta masa o si se quiere moldear con un molde de rosca.
Decorar con las tortillas, las hojas de lechuga, el queso y las tiritas de aguacate.

CREPAS DE CHAMPIÑONES

Ingredientes:

* 1 huevo
* 1 taza de harina integral
* 1 pizca de azúcar

Relleno:

* 1 kg. de champiñones
* 1 cebolla picada
* Aceite el necesario
* 1/2 taza de agua
* 1/2 taza de leche
* 1/2 cucharada de sal

* Pimienta al gusto
* Sal al gusto

Procedimiento:

Batir el huevo e ir incorporando la harina poco a poco, alternando con la leche y el agua hasta que quede una mezcla sin grumos.
Calentar una sartén ligeramente engrasada y verter tres cucharadas de la mezcla anterior y voltearla cuando la parte posterior esté ligeramente dorada.
Continuar haciendo las crepas hasta terminar la pasta.
Engrasar un molde refractario y acomodar una capa de crepas, otra del relleno y encima el queso y la crema. Hornear a 200 °C hasta que el queso gratine.

Relleno:

Lavar muy bien los champiñones y picarlos finamente, después freír en poco aceite junto con la cebolla picada y sazonar con sal y pimienta.

CREPAS DE HUITLACOCHE

Ingredientes:

* 25 crepas (ver Contenido)
* 125 grs. de crema
* 200 grs. de queso manchego
* 1 kg. de huitlacoche
* 1 elote desgranado y cocido

* 8 ramas de epazote picado
* 1 cebolla finamente picada
* 2 dientes de ajo finamente picados
* Chile serrano al gusto
* Sal al gusto

Salsa:

* 8 chiles poblanos asados, pelados y desvenados
* 1/2 taza de leche
* 1 trozo de cebolla

* 30 grs. de margarina
* 2 cucharadas de aceite
* Sal al gusto

Procedimiento:

Acitronar la cebolla y el ajo, cuando ya están transparentes, agregar el chile verde y el epazote. A los 3 minutos agregar el huitlacoche en trocitos, los granos de elote y la sal; tapar y dejar cociendo a fuego lento hasta que se consuma el jugo.

Para la salsa: Licuar los chiles con la leche y la cebolla. Sofreírlos con la margarina y el aceite, agregar la sal y dejar al fuego hasta que se cuezan.

Preparar las crepas, rellenarlas con el huitlacoche ya cocinado, enrollarlas y acomodarlas en un refractario previamente engrasado. Bañar con la salsa preparada, colocar encima la crema y el queso rallado. Hornear a que gratine.

CREPAS SINCRONIZADAS

Ingredientes:

* 3 tazas de harina integral
* 2 cucharadas de Royal
* 3 huevos
* 1 taza de leche
* 1/4 de cucharada de nuez moscada

* 1/2 taza de aceite
* 1 cucharada de azúcar
* 50 grs. de mantequilla
* Agua la necesaria
* Una pizca de sal

Relleno:

* 1/4 de kg. de queso Chester rallado
* 300 grs. de champiñones picados y cocidos

* 1 taza de crema
* 1 taza de verduras cocidas y picadas

Procedimiento:

Batir los huevos, la leche y el aceite ligeramente, incorporar los polvos, después añadir el agua necesaria para formar un atole espeso.

Untar una sartén con mantequilla y vaciar con un cucharón, extendiendo la masa para formar la crepa. Voltear, ya que esté cocido, sacar y enrollar cada crepa rellenándola con los ingredientes del relleno.

Acomodar las crepas en un molde engrasado, colocando encima un poco de queso rallado y crema, hornear a que gratine. Servir calientes.

CROQUETAS DE ARROZ

Ingredientes:

* 250 grs. de arroz integral
* 150 grs. de queso crema

* 3 huevos
* 100 grs. de pan molido

Salsa:

* 400 grs. de jitomate
* 1 cebolla
* 25 grs. de alcaparras

* 50 grs. de aceitunas
* Vinagre de manzana al gusto
* Mejorana y tomillo al gusto

Procedimiento:

Remojar el arroz durante una hora en agua caliente, escurrir y cocer.
Ya frío, prensar (como puré) y formar croquetas alargaditas colocándoles en el centro una tirita de queso. Pasarlas por el huevo batido, enseguida por el pan molido y freír en aceite bien caliente para que no se abran.
Servir con la salsa que se prepara de la siguiente forma:
Acitronar la cebolla en un poco de aceite, agregar enseguida el jitomate asado, molido y colado. Agregar después las aceitunas y alcaparras picadas.
Sazonar con sal, pimienta, mejorana, tomillo y un poquito de vinagre.

CROQUETAS DE ARROZ SENCILLAS

Ingredientes:

* 1/4 de kg. de arroz integral
* 1 cebolla finamente picada

* Harina la necesaria
* Sal y pimienta al gusto

Procedimiento:

Remojar el arroz en agua caliente durante 1 hora. Escurrir y cocer.
Ya cocido triturar con un machacador, sazonar con sal y pimienta y agregar la cebolla y la harina necesaria para poder formar las croquetas que se harán en forma de puros. Freírlas.
Servir acompañadas de su ensalada o salsa favorita.

CROQUETAS DE CARNE DE SOYA

Ingredientes:

* 1 taza de carne de soya hidratada
* 1 cucharada de mantequilla
* 2 cucharadas de cebolla picada
* 1/2 taza de leche
* 1 pizca de nuez moscada
* 3 cucharadas de perejil picado
* 2 huevos batidos
* 1 taza de aceite
* 1/2 taza de harina integral
* Sal al gusto

Procedimiento:

Remojar en agua caliente la carne durante 20 minutos.

Acitronar en mantequilla la cebolla y la harina, agregar la leche, la nuez y la sal moviendo hasta que espese y quede una pasta tersa. Agregando más leche si es necesario.

A esta pasta añadir la carne bien exprimida y el perejil, después formar las croquetas y pasar por huevo y luego por pan molido.

Freírlas en aceite y sacarlas bien escurridas, desgrasarlas en papel estraza.

Servir con verduras cocidas al vapor o con aguacate.

CROQUETAS DE CHAMPIÑONES

Ingredientes:

* 1 kg. de champiñones
* 5 dientes de ajo
* 1/2 cebolla
* 1 pizca de cominos
* 1 pizca de nuez moscada
* 1 cucharadita de sal
* 2 cucharadas de harina integral
* 2 cucharadas de harina de arroz o blanca
* 2 cucharadas de germen de trigo
* 1 cucharadita de Royal
* 2 huevos
* 1 vaso de yogurt o leche condensada
* 2 cucharadas de perejil picado
* 2 cucharadas de cebolla picada
* 100 grs. de queso asadero rallado
* Aceite, el necesario

Procedimiento:

Poner a hervir agua con el ajo y la cebolla. Cuando suelte el hervor, agregar los champiñones y dejar que se cocinen durante 15 minutos.

Retirar del fuego, escurrir y picar finamente. En un trasto hondo ir mezclando uno a uno el resto de ingredientes en el orden indicado, y al final agregar los champiñones. Mezclar perfectamente.

Freír en suficiente aceite caliente, cucharadas de esta mezcla, formando las croquetas. Servir con puré de espinacas, ensalada, etc.

CROQUETAS DE PAPAS

Ingredientes:

* 1 kg. de papa hervida y pelada
* 1 vaso de pan molido
* 1/2 taza de harina integral
* Pimienta al gusto
* Sal al gusto

Procedimiento:

Hacer un puré con las papas ya cocidas y peladas, agregar el pan, la harina, la sal y la pimienta. Mezclar perfectamente. Formar las croquetas y freírlas.

CROQUETAS DE QUESO

Ingredientes:

* 4 cucharadas de mantequilla
* 8 cucharadas de harina integral
* $1^{1/2}$ tazas de leche
* 1 taza de aceite
* 2 tazas de queso partido en cuadritos
* 4 yemas batidas
* 1 taza de pan molido
* l/2 cucharadita de sal

Procedimiento:

Preparar una salsa blanca espesa usando los primeros cuatro ingredientes. Añadir luego las yemas y el queso.
Después cuando la mezcla esté fría, agregar l/2 de pan molido.
Dar forma a las croquetas, revolcándolas en el resto del pan molido.
Freírlas en suficiente aceite caliente, escurrirlas y servirlas calientes.

CROQUETAS DE SOYA

Ingredientes:

* 2 manojos medianos de espinaca limpia y picada o
* 5 zanahorias ralladas
* 2 huevos
* Harina de soya la necesaria
* Queso al gusto
* Aceite el necesario
* Papel de estraza
* Sal al gusto

Procedimiento:

Mezclar la verdura cruda con el queso, la sal y la harina necesaria, tomar una cucharada de esta mezcla y envolver en el huevo bien batido.
Freír cada cucharada bien envuelta de huevo en suficiente aceite hasta que dore, escurrir y desgrasar en papel de estraza.
Servir acompañadas de ensalada fresca.

CUETE MECHADO A LA VINAGRETA

Ingredientes:

* 1$^{1/2}$ kgs. de gluten cocido en trozo grueso y redondo (ver Contenido)
* 5 salchichas vegetarianas
* 4 zanahorias en tiritas
* Salsa de soya
* Sal de soya

Vinagreta:

* Mostaza
* Aceite de oliva
* Vinagre de manzana
* Perejil finamente picado (bastante)
* Cebolla finamente picada

Procedimiento:

Incrustar en el gluten trocitos de salchicha y de zanahoria. Una vez mechado se cuece en un poco del caldo donde se coció el gluten, agregándole salsa de soya suficiente a que le de buen sabor. Cocer durante 30 minutos más.

Cortar en rebanadas de un centímetro de grueso y colocar en la vinagreta, dejándolo reposar ahí durante un día. Servir frío, acompañar con ensalada de papa si se desea.

La vinagreta se prepara mezclando bien todos los ingredientes.

CHAYOTES AL GRATÍN

Ingredientes:

* 4 chayotes cocidos
* 1 taza de pan molido
* 100 grs. de queso Chihuahua rallado
* 1 taza de jitomate molido
* 2 huevos
* 1 cebolla picada
* 2 cucharadas de perejil picado
* 5 cucharadas de aceite
* Sal al gusto

Procedimiento:

Pelar y picar los chayotes. Dorar la cebolla en el aceite caliente.

Agregar el jitomate, el perejil y sazonar al gusto.

Mezclar esto con los chayotes ya en trocitos y el queso.

Vaciar a un refractario previamente engrasado y rociar con el pan molido.

Hornear a calor mediano durante 30 minutos.

CHAYOTES AL HORNO

Ingredientes:

* 4 chayotes medianos
* 2 cucharadas de crema
* 2 jitomates picados
* 5 cucharadas de mantequilla

* 1 cebolla mediana picada
* 200 grs. de queso Chihuahua
  en rebanadas finas

Procedimiento:

Cocer los chayotes enteros y sin pelar, cuando estén bien cocidos, retirar del fuego y dejar enfriar, mientras tanto, freír el jitomate y la cebolla.

Partir los chayotes por la mitad a lo largo y ahuecarlos. Machacar la carne de los chayotes que se ha quitado y mezclar con la crema y el sofrito de jitomate y cebolla.

Rellenar con esto el hueco de los chayotes y acomodar encima una rebanada de queso y un trocito de mantequilla.

Acomodar en un refractario o charola y hornear a calor mediano a que gratinen.

CHAYOTES EMPANIZADOS

Ingredientes:

* 1 kg. de chayotes
* 4 huevos
* 1 taza de pan molido

* 1 cucharada de harina
* Aceite el necesario
* Sal al gusto

Procedimiento:

Cocer los chayotes hasta que estén blanditos, pelarlos y rebanarlos a lo largo, dándoles un centímetro de grueso.

Batir ligeramente los huevos y añadir la sal y la cucharada de harina.

Bañar las rebanadas de chayote en esta mezcla y luego empanizarlas; freír en aceite bien caliente y dejar escurrir.

Servir con salsa de jitomate, si desea.

CHICHARRÓN DE GLUTEN

Ingredientes:

* 3 kgs. de harina de trigo blanca o integral
* Agua la necesaria

Procedimiento:

Consulte Gluten en el Contenido y siga el procedimiento en los números 1 y 2. Una vez que ha transcurrido el tiempo de reposo del gluten, sacarlo del agua y cortarlo en trocitos del tamaño deseado. Extenderlos con un vaso o rodillo dándoles la forma de bistec.

Espolvorearlos por ambos lados con alguna sal sazonadora (sal de ajo, de apio, ahumada, etc.). Colocarlos sobre charola o lámina ligeramente engrasada y ponerlos al sol, el tiempo necesario para que se sequen completamente y queden duros (1, 2 o 3 días dependiendo del clima).

Durante el secado se deberán voltear de vez en cuando por uno y otro lado para que sequen bien por ambos lados.

Una vez bien seco el chicharrón, dorarlo.

Cuando se quiera preparar el chicharrón rápidamente, cortar los trocitos de gluten crudo, extenderlos, sazonarlos y ponerlos directamente a dorar en aceite caliente; aunque de esta forma quedan algo correosos, por lo que se aconseja prepararlos así solamente cuando se van a utilizar con salsas o en guisados y no para comerlos solos.

CHILE ATOLE

Ingredientes:

* 6 elotes tiernos y desgranados
* 2 elotes enteros
* 1/2 taza de epazote
* 3 chiles poblanos
* 1 taza de masa blanca
* Sal al gusto

Procedimiento:

Disolver la masa en 2 litros de agua, dejar reposar unos minutos y colar.

Licuar los chiles poblanos en un poco de agua y colar.

Desgranar los 2 elotes y moler con el epazote y un poco de agua.

Aparte cocer los elotes desgranados en agua y dejar a fuego lento moviendo para que no se pegue.

Agregar el resto de ingredientes y dejar hervir, bajar el fuego y dejar sazonar por 20 minutos.

Si hace falta agregar más agua de modo que no esté muy espeso.

CHILE DE QUESO

Ingredientes:

* 10 chiles morrones o poblanos
* 1/4 de kg. de queso fresco
* 1/4 de kg. de crema
* 1 cebolla
* 3 jitomates
* 5 dientes de ajo
* 6 tortillas (en tiras y doradas)
* 1/4 de taza de aceite
* Leche o agua la necesaria
* Cilantro al gusto
* Sal al gusto

Procedimiento:

Asar, pelar y desvenar los chiles.
Freír en el aceite la cebolla, jitomates, ajos y cilantro finamente picados.
Moler en la licuadora los chiles con la crema y el queso y vaciar a lo anterior.
Agregar la leche o el agua según lo espeso que desee.
Servir bien caliente adornando con las tiritas de tortilla doradas.

CHILES POBRES

Ingredientes:

* 12 chiles poblanos
* 1/2 kg. de cebolla en rodajas
* 2 tazas de leche
* 1 taza de crema
* 1/4 de queso fresco
* 1 rama de epazote
* Sal al gusto

Procedimiento:

Asar, sudar, pelar y desvenar los chiles. Cortarlos en rajitas.
Aparte acitronar la cebolla, agregar enseguida las rajas.
Dejar a fuego lento durante 15 minutos y añadir la leche, la crema, el queso rallado, el epazote y la sal.
Dejar sazonar durante 10 minutos y servir acompañado de tortillas calientes.

CHILES RELLENOS (1)

Ingredientes:

* 12 chiles anchos
* 4 huevos a punto de turrón
* 1/2 taza de harina integral
* 2 cucharadas de perejil picado
* 50 grs. de pasas
* 1 kg. de jitomates

* 4 dientes de ajo
* 1/2 cebolla mediana
* 400 grs. de queso fresco
* Comino molido al gusto
* Sal al gusto

Procedimiento:

Asar y desvenar los chiles sin romperlos y rellenarlos con rebanadas de queso.
Pasarlos por harina y enseguida rebozarlos y freírlos.
Escurrirlos sobre papel estraza.
Moler el jitomate, los ajos y la cebolla en la licuadora; colar y freír muy bien agregando un poco de agua y sazonar al gusto.
Colocar los chiles en un refractario y cubrir con el jitomate, las pasas y el perejil.

CHILES RELLENOS (2)

Ingredientes:

* 12 chiles poblanos grandes
* 4 elotes desgranados
* l/4 de kg. de queso Oaxaca
* 1 taza de cebolla picada
* 3 dientes de ajo picados
* l/2 barrita de mantequilla

* 4 huevos a punto de turrón
* 1/2 taza de harina integral
* $1^{1/2}$ tazas de crema
* 1/2 lt. de aceite
* Sal al gusto

Procedimiento:

Asar los chiles, desvenarlos y despellejarlos.
Freír en mantequilla el ajo, la cebolla y los elotes.
Rellenar los chiles con el guiso anterior, y el queso. Pasarlos por harina, rebozarlos, pasarlos por el huevo y freírlos en bastante aceite. Acomodarlos en un refractario engrasado y bañarlos con crema e intercalar cuadritos de mantequilla entre los chiles, hornear a calor mediano durante 15 minutos.

CHILES RELLENOS AL QUESO

Ingredientes:

* 6 chiles poblanos
* 300 grs. de queso fresco
  o Roquefort
* 1 taza de yogurt
* 1/2 cebolla picada

* 50 grs. de harina
* 4 huevos
* Pimienta al gusto
* Aceite, el necesario
* Sal al gusto

Procedimiento:

Mezclar el queso, el yogurt, la cebolla, la sal y la pimienta.
Aparte, asar, sudar y desvenar los chiles. Rellenarlos con la mezcla anterior.
Revolcarlos en la harina, capearlos en el huevo batido y freírlos en aceite bien caliente.
Servirlos solos o con ensalada o con salsa de jitomate.

CHILES RELLENOS DE VERDURAS

Ingredientes:

* 6 chiles poblanos grandes
* 3 zanahorias picadas
* 100 grs. de chícharos pelados
* 3 calabacitas picadas
* 1 chayote
* 10 ramitas de perejil picado

* 1/2 cebolla picada
* 1/4 de kg. de crema
* 100 grs. de queso rallado
* Mayonesa al gusto
* Sal al gusto

Procedimiento:

Asar, pelar y desvenar los chiles, si no se quiere que estén muy picosos desvénelos primero y ponerlos en agua de sal antes de asarlos durante media hora.
Poner a cocer todas las verduras, escurrir y mezclar perfectamente con el resto de los ingredientes a excepción de los chiles, el queso y la crema.
Rellenar con esta mezcla los chiles y colocarlos en un molde engrasado, verter encima la crema y espolvorear el queso.
Hornear a 250 °C y retirar cuando estén bien calientes.

CHILES RELLENOS EN NOGADA

Ingredientes:

* 6 chiles poblanos
* 100 grs. de nuez picada
* 1/4 de papas cocidas
* 100 grs. de pasas
* 2 piezas de acitrón

* 1/4 de lt. de crema
* 1 cebolla en ruedas, desflemada
* Granitos de granada
* Sal al gusto

Procedimiento:

Desvenar y asar los chiles (frotar con sal para quitarles lo picoso).
Hacer una mezcla con el resto de los ingredientes ya bien picados.
Rellenar con esta mezcla los chiles y servir acompañados de hojas de lechuga y rebanadas de cebolla.
Bañarlos con la crema y adornarlos con los granitos de granada.

CHOP MANE

Ingredientes:

* 1/2 kilo de champiñones
* 2 pimientos morrones
* 6 ramas de apio
* 7 cebollitas de cambray
* 1 taza de germinados de soya

* 1/4 de vaso de salsa de soya
* 2 cucharadas de Maicena
* 1/2 vaso de caldo de verduras o agua
* Sal al gusto

Procedimiento:

Lavar y picar las verduras en trozos grandecitos con excepción de los germinados.
Sancocharlas en un poco de aceite durante 5 minutos.
Agregar los germinados, tapar y dejar al vapor 5 minutos más a fuego suave.
Mezclar aparte la salsa de soya, la Maicena y el caldo.
Incorporar con las verduras, cocinar 3 minutos más.
Servir inmediatamente.
Este guiso se puede acompañar con Chop Suey (2) (ver Contenido).

CHOP SUEY (1) (6 personas)

Ingredientes:

- ☆ 1/2 taza de salsa de soya
- ☆ 5 tallos de apio picado
- ☆ 4 zanahorias
- ☆ 1 taza de soya germinada
- ☆ 2 berenjenas chicas
- ☆ 1 taza de ejotes picados
- ☆ 1 taza de champiñones crudos
- ☆ 1 taza de carne de soya
- ☆ 1 cucharada de hierbas de olor

- ☆ 50 grs. de margarina
- ☆ 2 cucharadas de azúcar
- ☆ 1 taza de trigo remojado (24 horas)
- ☆ 1 cebolla mediana
- ☆ 4 dientes de ajo
- ☆ 5 cucharadas de aceite
- ☆ Pimienta al gusto
- ☆ Sal al gusto

Procedimiento:

Sancochar las berenjenas hasta que puedan pelarse fácilmente, después rebanarlas en ruedas delgadas.

Remojar en agua caliente durante 30 minutos la carne de soya, exprimir y freír con la cebolla rebanada y el ajo machacado hasta que tomen un color amarillo. Agregar el apio y las especias y seguir moviendo. Ir añadiendo el resto de verduras, el trigo y suficiente agua.

Cuando suelte el hervor adicionar salsa de soya y el azúcar, dejar a fuego lento hasta que esté cocido.

CHOP SUEY (2)

Ingredientes:

- ☆ l/4 de kg. de arroz integral
- ☆ 2 pimientos morrones
- ☆ l/2 kg. de champiñones
- ☆ 6 ramas de apio

- ☆ 7 cebollitas de cambray
- ☆ 2 cucharadas de tocino vegetariano
- ☆ Salsa de soya al gusto
- ☆ Sal al gusto

Procedimiento:

Remojar el arroz en agua caliente durante una hora y enseguida cocerlo sin sal. Ya cocido sazonarlo con salsa de soya.

Las verduras ya lavadas, cortarlas finamente, sancocharlas durante 8 minutos en un poco de aceite a fuego suave e incorporarlas al arroz cocido.

Servir inmediatamente. Este guisado se puede acompañar de Chop Mane (vea Contenido).

CHOP SUEY CON GERMINADOS

Ingredientes:

* 1 taza de zanahoria rallada
* 1 taza de apio finamente picado
* 1 taza de jícama en cuadritos
* 1 taza de chayotes bien picaditos
* 2 tazas de germinado de soya
* 1 cebolla picada
* 1 taza de hongos picados en cuadritos

* 1/2 taza de perejil picado
* 4 dientes de ajo picaditos
* Aceite el necesario
* Salsa de soya al gusto
* Pimienta al gusto
* Sal al gusto

Procedimiento:

Poner a sancochar en poco aceite todos los ingredientes ya bien picados o rallados, añadiendo de uno en uno siguiendo el orden que lleva la lista de ingredientes, a excepción del perejil y el ajo. Salpimentar al gusto, sazonar con la salsa de soya y dejar hasta que se cuezan los vegetales a fuego lento.

Unos minutos antes de retirar del fuego, añadir el perejil previamente licuado con el ajo y la salsa de soya. Dejar 5 minutos a fuego lento y retirar.

CHORIZO (1)

Ingredientes:

* 1/4 de lt. de vinagre de manzana
* 2 tazas de carne de soya hidratada y exprimida
* 3 chiles anchos grandes
* 3 dientes de ajo
* 70 pimientas blancas

* 1 cucharada de mejorana picada
* 1 cucharada de cominos
* 2 clavos
* Aceite el necesario para freír
* Sal al gusto

Procedimiento:

Hervir los chiles durante 4 minutos, desvenarlos y licuarlos con todos los ingredientes a excepción de la carne de soya. Cuando la carne esté cocida agregar los ingredientes licuados (la salsa) y mezclar muy bien. Es mejor si se deja macerar durante algunas horas.

Después freír con el aceite necesario a que dore al gusto.

NOTA: Puede utilizarse el trigo en lugar de la carne de soya, ya que resulta también muy nutritivo y más digestivo.

Cocer 1/4 de trigo previamente remojado 24 horas, moler y usar igualmente que la carne de soya.

Igualmente se puede preparar con el Ókara (ver receta en el Contenido) o con gluten molido (ver receta en el Contenido).

CHORIZO (2)

Ingredientes:

- 200 grs. de carne de soya (para picadillo)
- 5 dientes de ajo
- 1/2 taza de vinagre de manzana
- 50 grs. de almendras
- 150 grs. de chile pasilla
- 50 grs. de pasas
- 1 pizca de cominos
- 1 raja de canela
- 2 cucharadas de semilla de cilantro
- 10 cucharadas de aceite
- Hierbas de olor al gusto
- Pimienta al gusto
- Sal al gusto

Procedimiento:

Poner a remojar la soya en agua caliente durante 20 minutos y exprimir.

Desvenar los chiles y poner a remojarlos en agua caliente durante 10 minutos, licuar los chiles con el vinagre.

Moler en el molcajete los dientes de ajo junto con las hierbas de olor, vaciar esto al chile.

Ya que esté bien exprimida la soya agregar el chile, las almendras peladas y picadas y las pasas.

Revolver todo perfectamente bien. Dejar una hora o más en reposo para que se concentre su sabor. Si no se va a utilizar de inmediato refrigerar y se va friendo según se vaya necesitando.

CHORIZO (3)

Ingredientes:

- 300 grs. de carne de soya
- 200 grs. de chile guajillo
- 1/2 taza de vinagre de manzana
- 10 dientes de ajo
- 1/2 cucharadita de pimienta
- 1/2 cucharadita de clavo
- 1/2 cucharadita de mejorana
- 1/2 cucharadita de comino
- Almendras y pasas al gusto (opcional)
- Sal al gusto

Procedimiento:

Remojar los chiles en agua caliente. Desvenarlos y licuarlos con los condimentos, sin agregar agua, sólo el vinagre.

Mezclar esta salsa con la carne de soya previamente hidratada y exprimida. Agregar las pasas y almendras picadas. Dejar reposar. Se fríe cuando se va a servir.

NOTA: En lugar de la carne de soya se puede utilizar trigo cocido y molido, o el Ókara (bagazo restante de la leche de soya. Ver receta en el Contenido).

Chorizo (4)

Ingredientes:

- 200 grs. de carne de soya hidratada y exprimida
- 1/2 taza de vinagre
- 50 grs. de pasas
- 50 grs. de almendras
- 150 grs. de chile guajillo
- 4 dientes de ajo
- 3 rajitas de canela
- 1 hoja de laurel
- 1 cucharadita de semilla de cilantro
- 1 pizca de: comino, pimienta, tomillo y mejorana
- Sal al gusto

Procedimiento:

Remojar los chiles en agua caliente, desvenarlos (si no se desean picosos) y licuarlos con el vinagre de manzana, sofreír esto en aceite durante 15 minutos Moler en el molcajete los dientes de ajo y todas las especias. Agregar al chile. Incorporar la carne de soya ya exprimida y freír 20 minutos más a que sazone, agregando más aceite si es necesario.

Ejotes con leche

Ingredientes:

- 1 kg. de ejotes lavados y cortados a lo largo
- 1/2 cebolla grande en gajitos
- 6 chiles poblanos desvenados en tiritas
- 2 jitomates molidos con ajo
- 1 vaso de leche
- 3 ramitas de perejil
- Pimienta al gusto
- Sal al gusto

Procedimiento:

Sofreír la cebolla, después los chiles poblanos y enseguida los ejotes. Agregar la pimienta, la sal, la leche, el perejil y cocer.
Al final el jitomate molido y colado se deja hervir por 10 minutos y se sirve.

ELOTES CON RAJAS

Ingredientes:

* 6 elotes tiernos y grandes, desgranados
* 75 grs. de mantequilla
* 1 cebolla
* 1 jitomate
* 4 chiles poblanos
* 100 grs. de queso crema
* $1^{1/2}$ lts. de leche
* Pimienta al gusto
* Sal al gusto

Procedimiento:

Freír en la mantequilla los chiles asados, desvenados y cortados en rajas.
Agregar el jitomate asado y molido con la cebolla, enseguida los granos de elote crudos. Dejar tapado a fuego suave a que reseque un poco.
Agregar entonces la leche, la sal y la pimienta.
Dejar al fuego hasta que se cueza el elote.
Servir espolvoreando encima el queso.

EMPANADAS DE CARNE DE SOYA

Ingredientes:

Masa:

* 2 tazas de harina integral
* 1/2 taza de aceite
* 2 yemas para barnizar
* 1 cucharada de Royal
* Sal al gusto

Relleno:

* 100 grs. de carne de soya
* 1 cebolla picada
* 4 dientes de ajo
* 50 grs. de pasas
* 100 grs. de aceitunas
* 4 huevos duros
* Pimienta al gusto
* Cominos al gusto
* Pimentón al gusto
* Sal al gusto

Procedimiento:

Remojar la carne en agua caliente durante 20 minutos, escurrirla y exprimirla perfectamente.
Freír en poco aceite con el resto de ingredientes del relleno y dejar sazonar.
Preparar la masa mezclando bien la harina con la sal y el Royal, enseguida agregar el aceite y continuar amasando.
Adicionar agua caliente poco a poco hasta obtener la consistencia deseada.
Ya lista la masa, continuar con el mismo procedimiento de las empanadas de queso y morrón (ver siguiente receta).

EMPANADAS DE QUESO Y PIMIENTO MORRÓN (chileno)

Ingredientes:

Masa:

* 2 tazas de harina integral
* 1/2 taza de aceite
* 1 cucharada de Royal

* 2 yemas para barnizar
* Agua la necesaria
* Sal al gusto

Relleno:

* 1 cebolla picada
* 200 grs. de queso Oaxaca
  o Chihuahua

* 3 pimientos morrones picados
* Orégano al gusto
* Sal al gusto

Procedimiento:

Relleno: Acitronar la cebolla y los pimientos morrones en un poco de aceite, sazonando bien con el orégano y la sal.

Preparar la masa mezclando bien la harina con la sal y el Royal, enseguida agregar el aceite y continuar amasando. Ir adicionando agua caliente poco a poco hasta obtener la consistencia deseada.

Ya lista la masa untarla con un poco de aceite y cubrirla con una servilleta húmeda, dejar reposar 20 minutos en un lugar tibio. Formar bolitas y extender con el rodillo para que queden muy delgaditas.Colocar el relleno en el centro añadiendo una tirita de queso, doblar los bordes y barnizar las empanadas con la yema de huevo. Meter al horno precalentado durante 15 minutos a 200 °C.

ESPINACAS CON CREMA

Ingredientes:

* 1 manojo chico de espinacas
* 1 cebolla mediana picada
* 1/4 de kg. de crema
* 100 grs. de mantequilla

* 200 grs. de queso Chihuahua rallado
* 4 cucharadas de aceite
* Pimienta al gusto
* Sal al gusto

Procedimiento:

Lavar muy bien al chorro del agua las espinacas, cortar en trozos pequeños y freír con la mitad de la mantequilla, el aceite y la cebolla picada.

Vaciar a un molde engrasado con el resto de la mantequilla, mezclar muy bien la crema con las espinacas, espolvorear encima el queso rallado y hornear a 200 °C hasta que el queso gratine.

ESPINACAS SOFÍA

Ingredientes:

* 1/2 kg. de espinacas
* 1 cebolla finamente picada
* 2 jitomates finamente picados
* 3 dientes de ajo picados
* Sal al gusto

Procedimiento:

Sofreír en un poco de aceite el ajo y la cebolla; cuando estén transparentes, agregar el jitomate y dejar cocinar durante 5 minutos.

Enseguida añadir las espinacas perfectamente lavadas y cortadas en trozos, agregar la sal, tapar y dejar a fuego lento durante 5 o 10 minutos más.

Servir caliente.

ESTOFADO VEGETARIANO

Ingredientes:

* 3 tazas de carne de soya
* 4 dientes de ajo
* 200 grs. de puré de jitomate
* 1/3 de taza de aceite
* 2 cebollas en trozos
* 2 papas
* 3 zanahorias
* 1 nabo
* 2 pimientos morrones
* 1/2 taza de ejotes picados
* 1/2 taza de chícharos
* Hierbas de olor al gusto
* Pimienta al gusto
* Sal al gusto

Procedimiento:

Remojar la soya en agua caliente durante 20 minutos, exprimir y freírla en el aceite bien caliente junto con los ajos, las cebollas, el puré de jitomate y las verduras.

Condimentar y dejar sazonar a fuego lento hasta que las verduras estén tiernitas.

GLUTEN EN MOLE ROJO

Ingredientes:

* 1 kg. de gluten (cocido)
* 1/4 de kg. de chile mulato
* 1/4 de kg. de chile ancho
* 1/4 de kg. de chile pasilla
* 75 grs. de ajonjolí tostado
* 1 tablilla de chocolate
* 2 dientes de ajo
* 1 cebolla mediana
* 1 kg. de jitomate
* 1/4 de taza de aceite
* Sal al gusto

Procedimiento:

Poner a hervir los chiles bien lavados y desvenados. Ya cocidos, molerlos con el ajo, la cebolla y la mitad del ajonjolí, una vez bien molido, freír en aceite y añadir el jitomate previamente cocido, molido y colado.

Cuando suelte el hervor adicionar el chocolate y el ajonjolí restante, dejándolo a fuego lento hasta que quede espeso. Entonces agregar el gluten previamente cortado en tiritas y frito con cebolla picada.

NOTA: Este guiso puede prepararse igualmente con carne de soya previamente hidratada y exprimida.

GUISADO A LA JARDINERA

Ingredientes:

* 4 chiles poblanos desvenados
* 1/4 de kg. de ejotes en trocitos
* 1/4 de kg. de brócoli
* 1/4 de kg. de calabacitas
* 1/4 de kg. de papas
* 1 cebolla mediana
* 1 chayote mediano o
* 1 camote mediano o
* 1 poro mediano

Procedimiento:

Vaciar los ingredientes ya lavados y picados en una cacerola con un chorrito de aceite, media taza de agua y sal al gusto. Tapar y dejar a fuego lento hasta que se cuezan, moviendo de vez en cuando para que no se peguen.

Este guisado es muy fácil de preparar, además de ser nutritivo y muy exquisito.

GUISADO DE CÁSCARAS

Ingredientes:

* Chiles poblanos
* Cáscaras de manzana
* Cáscaras de papa

Procedimiento:

Se hacen rajas de los chiles en crudo, y se lavan para desvenarlos. En una sartén se ponen las rajas y las cáscaras de papa y manzana con un poco de aceite y sal, se tapan y se ponen a cocer en su jugo. Si se requiere se les agrega un poquito de agua.

GUISADO DE COL CON MANZANA

Ingredientes:

* 1 col mediana
* 1 cebolla mediana
* 2 manzanas
* 2 jitomates
* 8 ramitas de perejil

* 1 chile jalapeño o
  2 serranos (opcional)
* 2 limones (el jugo)
* Pimienta al gusto
* Sal al gusto

Procedimiento:

Acitronar la cebolla cortada en medias lunas y agregarle la col en trozos, previamente lavados y escurridos.
Tapar y dejar acitronar.
Una vez acitronada adicionarle el jitomate picado, las manzanas peladas, descorazonadas y cortadas en medias lunas y el perejil picado. Por último el chile picadito, el jugo de los limones, la sal y la pimienta al gusto. Dejar un momento más al fuego hasta que esté todo cocido.
Este guisado, además de ser sabroso, ayuda a combatir la gastritis y la acidez.

NOTA: Las cáscaras de manzana sobrante sirven para preparar el guisado anterior.

GUISADO DE FRIJOL TIERNO GRANEADO

Ingredientes:

* 1 kg. de frijol tierno
* 1/2 kg. de calabaza de castilla
* 3 elotes tiernos desgranados
* 1 cebolla picada
* 2 dientes de ajo picaditos

* 3 hojas de albahaca picada
* 1 chile guajillo picado y sofrito
  (opcional)
* Sal al gusto

Procedimiento:

Cocer los frijoles tiernos con la sal. Cuando ya casi estén cocidos, agregar el elote y la calabaza de castilla en trozos pequeños y dejar a fuego lento hasta que se cueza todo.
Acitronar en poco aceite la cebolla y el ajo, y vaciar a los frijoles ya cocidos junto con el albahaca y el chile sofrito si desea.

HAMBURGUESAS DE ESPINACAS

Ingredientes:

* 2 tazas de pan molido
* 1 manojo de espinacas frescas (1 kg.)
* 1 cebolla picada
* 1 cucharada de mostaza
* 2 huevos
* 1 cucharadita de orégano
* Sal al gusto

Procedimiento:

Limpiar y quitar el tallo a las espinacas, cocerlas al vapor y escurrirlas.
Mezclar todos los ingredientes perfectamente, formar las hamburguesas y freír.
Desgrasar las hamburguesas y servir acompañadas de una ensalada fresca, en pan, etc.

HAMBURGUESAS DE LENTEJA

Ingredientes:

* 1/2 kg. de lentejas cocidas (2 tazas)
* 1 cebolla picada
* 10 ramitas de perejil
* 4 dientes de ajo picado
* 1 taza de pan molido
* 2 huevos batidos
* Sal y pimienta al gusto
* Papel estraza

Procedimiento:

Machacar perfectamente las lentejas e incorporar el resto de los ingredientes.
Formar las hamburguesas y freír perfectamente. Desgrasarlas en papel estraza.
Servir acompañadas de ensalada fresca o en medias noches.

HAMBURGUESAS DE NUEZ Y ALMENDRA

Ingredientes:

* 1/4 de kg. de nuez molida
* 1/4 de kg. de almendra molida
* 2 huevos
* 10 cucharadas de perejil picado
* 1 cebolla picada
* 3 dientes de ajo picados
* 1 taza de aceite
* Sal al gusto
* Papel estraza

Procedimiento:

Mezclar la nuez y la almendra molidas, agregar el resto d
incorporar perfectamente hasta formar una masa homogénea
Dar forma a las hamburguesas y freírlas en suficiente ac
desgrasarlas en papel estraza. Servir si se desea con puré de a
y papa. (Ver receta en el Contenido.)

Hígados encebollados

Ingredientes:

* 1 kg. de champiñones picados
* 4 cebollas en ruedas
* 6 dientes de ajo picado

* Pimienta al gusto
* Aceite el necesario
* Sal al gusto

Procedimiento:

Sofreír el ajo y la cebolla, cuando estén transparentes agregar los champiñones ya lavados y picados, salpimentar, tapar la cazuela y dejarlos cocinar a fuego lento.

Hogaza

Ingredientes:

* $2^{1/2}$ tazas de apio picado
(el más tierno con todo y hojitas)
* 1 cebolla grande
* 1/2 taza de aceitunas negras picadas en 1/2 taza de su caldo
* 100 grs. de nuez (no muy picada)
* 6 rebanadas de pan tostado integral y molido
* $2^{1/2}$ tazas de leche

* 3 huevos batidos
* 6 cucharadas soperas de mantequilla derretida
* 3 cucharadas de harina integral dorada
* 350 grs. de queso Chihuahua
* 3 dientes de ajo
* Sal al gusto

Procedimiento:

Batir los huevos enérgicamente hasta que hagan espuma.
Añadir media taza de leche, la cual debe haberse licuado con la harina integral y los dientes de ajo.
Verter esta mezcla a los huevos batidos, después añadir la mantequilla derretida y las aceitunas en su jugo, las otras dos tazas de leche y la mitad del queso mezclándolo muy bien. Después, el apio picado finamente y la cebolla rebanada, las migas de pan y enseguida la nuez molida.
Pasar la mezcla a un molde engrasado y enharinado; espolvoreando encima de la mezcla la otra mitad del queso.
Meter al horno precalentado a 350 °C. Al meterlo se baja a 250 °C. Hornear de 30 a 45 minutos.

Hongos en asado

Ingredientes:

* 1¹/² kgs. de hongos
* 2 cucharadas de perejil
* 4 cucharadas de cebolla picada
* 6 cucharadas de aceite de oliva
* 1 rama de tomillo

* 1 rama de mejorana
* 1 o 2 hojas de laurel
* 1 diente de ajo rallado
* 1/2 kg. de papas chicas y cocidas
* Sal al gusto

Procedimiento:

Acitronar en el aceite de oliva el ajo, la cebolla, los hongos, las hierbas de olor y el perejil.
Agregar las papas y la sal, dejar sazonar por 20 minutos.
(Se puede hacer también con champiñones.)

Indios verdes

Ingredientes:

* 12 tortillas frescas
* 5 huevos a punto de turrón
* 1/2 kg. de tomate
* 2 chiles anchos o pasilla
* 1/2 cebolla
* 3 dientes de ajo

* 3/4 de taza de aceite
* 1 taza de frijol molido y frito
* 1 taza de harina integral
* 400 grs. de queso fresco
* Sal al gusto

Procedimiento:

Cortar las tortillas por la mitad y después doblarlas por la mitad colocándoles en medio un poco de frijol y queso. Pasarlas por harina y rebosarlas, cubrir con el huevo.
Freírlas en aceite caliente a que doren y escurrirlas en papel estraza (a éstas dobladas, se les llaman indios).
Licuar los tomates, los chiles, la cebolla, el ajo en un poco de agua; colar y freír en un poco de aceite; agregar un poco de agua para que no esté muy espesa y dejar sazonar unos minutos.
Hervir ligeramente los indios en la salsa, servir acomodando los indios en un platón y bañar con la salsa, espolvoreando con el resto de queso.

*J*ITOMATES RELLENOS

Ingredientes:

* 6 jitomates maduros y grandes
* 1 taza de carne de soya cocida
* 1/2 taza de chícharos cocidos
* 1/2 kg. de papa cocida y picada
* 1 taza de crema espesa
* 1 taza de mayonesa
* 50 grs. de nueces
* 1/2 taza de perejil picado
* 1 lechuga orejona
* 2 piezas de zanahoria cocidas y picadas
* Sal al gusto

Procedimiento:

Hacer un círculo en el centro del jitomate con un cuchillo y sacar la pulpa con cuidado con un abocador.

Mezclar el resto de los ingredientes con la mitad de la cantidad de perejil y con esta mezcla rellenar los jitomates.

Acomodarlos en un platón sobre las hojas de lechuga previamente desinfectadas y adornar con el resto del perejil.

*J*ITOMATES RELLENOS ASADOS

Ingredientes:

* 8 jitomates grandes
* 2 cebollas
* 6 dientes de ajo
* 100 grs. de carne de soya para picadillo
* 1/2 taza de aceite
* Pimienta al gusto
* Sal al gusto

Procedimiento:

Lavar y descorazonar los jitomates aparte, acitronar en un poco de aceite una de las cebollas picadas y 3 dientes de ajo machacados.

Licuar los corazones de los jitomates, colar y agregar a lo anterior, dejar sazonar.

Relleno:

Remojar la carne de soya en agua caliente durante 30 minutos, escurrir y exprimir perfectamente.

Freír con el resto de las cebollas y de los ajos bien picaditos, sazonar con sal y pimienta, y acomodar este relleno en el centro de los jitomates.

En una charola vaciar el guisado preparado con el corazón de los jitomates y sobre éste sentar los jitomates ya rellenos.

Hornear el tiempo necesario para que los jitomates se cuezan.

Lentejas guisadas

Ingredientes:

* 1/4 de kg. de lentejas cocidas
* 1/4 de kg. de jitomate
* 1/4 de kg. de zanahoria
* 1/4 de kg. de papa
* 1 taza de gluten en trocitos o carne de soya

* 1/2 cebolla
* 3 dientes de ajo
* Pimienta al gusto
* Sal al gusto

Procedimiento:

Moler el jitomate con la cebolla y el ajo, colar y freír en poco aceite; añadir el resto de verduras bien picadas y las lentejas.

Sazonar al gusto y adicionar el gluten; dejar freír todo esto durante 5 minutos y después añadir 3 o 4 tazas de agua y dejar a que hierva; bajar un poco la flama y dejar hasta que las verduras estén bien cocidas.

Si gusta puede acompañarlas con arroz integral y huevo duro en rebanadas.

Lomo con champiñones

Ingredientes:

* $1^{1/2}$ kgs. de gluten cocido en trozos
* 100 grs. de tocino vegetariano
* 100 grs. de salchichas vegetarianas
* 1/2 kg. de champiñones rebanados y cocidos
* 2 hojitas de laurel
* 1 cebolla en gajitos

* 1 cucharadita de Maicena
* 2 cucharadas de mostaza
* 375 grs. de crema
* $1^{1/2}$ vasos del agua de cocción de los champiñones
* Jugo de limón al gusto
* Sal al gusto

Procedimiento:

Mechar el gluten cocido con el tocino y las salchichas en trocitos y dorar junto con la cebolla.

Aparte mezclar en el caldo de los champiñones la Maicena y agregarlo a la carne cuando ya esté dorada.

Taparla y dejar cocinando a fuego lento durante media hora junto con las hojas de laurel.

Después, mezclar la crema con la mostaza, añadirla al lomo, agregar los champiñones y la sal. Dejar sazonar. Agregar un chorrito del limón si se desea.

Lomo con chorizo

Ingredientes:

* 1 kg. de gluten en trocitos
* 5 dientes de ajo
* 250 grs. de chorizo vegetariano
* 100 grs. de manteca vegetal o aceite
* 1/2 kg. de jitomate
* 3 chiles chipotles en vinagre
* 2 clavos de olor
* 1 rajita de canela
* Pimienta al gusto
* Sal al gusto

Procedimiento:

Cocer el gluten como se indica en las instrucciones (ver receta en el Contenido). Aparte asar los jitomates, limpiarlos y molerlos con los chiles chipotles, los ajos, la canela y los clavos.

En una sartén calentar la manteca y freír el chorizo. Dorar además el gluten cocido, freír la salsa, sazonándola con sal y pimienta al gusto. Añadir una taza de agua y dejar sazonar todo junto durante 15 minutos.

Servir caliente acompañado con hojas de lechuga, cebolla desflemada, rabanitos y rebanadas de aguacate.

Lomo de carne de soya o gluten

Ingredientes:

* 1/2 kg. de bisteces de soya o gluten
* 1/4 de taza de vinagre
* 4 cebollas de rabo
* 1 taza de aceite para freír
* 4 dientes de ajo
* 125 grs. de chile ancho
* 3 hojas de laurel
* 1/2 cucharada de orégano
* 2 bolillos fríos rebanados
* 1 lechuga orejona
* 100 grs. de mantequilla
* 1 pizca de pimienta
* 10 papas medianas
* Sal al gusto

Procedimiento:

Hidratar la carne de soya (ver instrucciones).

Asar y desvenar los chiles, moler con ajo y un poco de agua.

Agregar dos rebanadas de pan. Pimienta y orégano a que se muela todo perfectamente. Colar y freír.

Añadir las papas cocidas y peladas. Salpimentar los bisteces de gluten o soya y dejar sazonar. Vaciar el guisado sobre un platón extendido adornado con el pan dorado, rodajas de cebolla y hojas de lechuga.

MACEDONIA DE VERDURAS

Ingredientes:

* 200 grs. de chícharos pelados
* 4 zanahorias
* 5 papas
* 7 tallos de apio
* 1/2 cebolla
* 2 chayotes

* 4 calabacitas
* 1/4 de kg. de ejotes
* 1 taza de arroz integral
* 1 cucharada de agar-agar
* 1/2 lt. de agua caliente
* Sal al gusto

Procedimiento:

Picar muy finamente todas las verduras. Dejarlas cocer junto con el arroz a fuego lento.

Mezclar lo anterior perfectamente y vaciar a pequeños moldecitos, encima de esta mezcla vaciar la gelatina de agar-agar y refrigerar.

Servir con rebanadas de aguacate y un poco de aceite de oliva y si desea jugo de limón.

Para preparar la gelatina sólo se necesita disolver el agar-agar en el agua caliente.

MANCHA MANTEL (MOLE)

Ingredientes:

* 1/2 kg. de gluten en trozos o carne de soya
* 1/4 de kg. de mole
* 1 cebolla chica
* 2 plátanos machos
* 1 pieza de piña o una lata de piña
* 6 naranjas
* 100 grs. de nueces
* 100 grs. de cacahuate

* 100 grs. de piñones
* 1 tablilla de chocolate amargo
* 1 raja grande de canela
* 100 grs. de pasa
* 3 dientes de ajo
* 3 cucharadas grandes de azúcar morena
* Agua, la necesaria
* Sal al gusto

Procedimiento:

Freír el gluten o carne de soya en aceite con cebolla y ajo y el plátano en rodajas. Moler en la licuadora el mole con las nueces, el cacahuate, los piñones, el jugo de naranja, la piña, la canela, el chocolate y las pasas. Agregar esto al gluten junto con una poca de agua, el azúcar y la sal. Dejar hervir hasta que espese.

MANICOTTI (canelones italianos)

Ingredientes:

* * 1/2 kg. de pasta de canelones o macarrones gruesos
* * 1 taza de aceitunas

Relleno:

* * 1 kg. de requesón
* * 1/4 de kg. de queso manchego rallado
* * 100 grs. de queso parmesano rallado
* * 1/4 de kg. de queso Chihuahua rallado
* * 6 huevos
* * Perejil picado al gusto
* * Orégano al gusto
* * Sal al gusto

Salsa:

* * 2 kg. de jitomates maduros asados y pelados
* * 1/4 de kg. de champiñones en trocitos
* * 1 pimiento morrón picado
* * $1^{1/2}$ cebollas picadas
* * 6 dientes de ajo picaditos
* * 10 ramitas de perejil picado
* * 1 cucharada de orégano molido
* * Sal al gusto

Procedimiento:

Freír los ajos, la cebolla, el pimiento morrón, los champiñones y el perejil.
Licuar los jitomates, colar y agregar a lo anterior; poner el orégano y la sal al gusto y dejar la salsa 30 minutos al fuego a que sazone.
Aparte, hervir dos litros de agua con un poco de aceite y sal. Cuando suelte el hervor, agregar los canelones o macarrones y se dejan 10 o 15 minutos al fuego. Deben quedar *al dente* (un poco duritos). Escurrir.
Mezclar los ingredientes del relleno (apartando media taza de queso manchego y media de queso Chihuahua) y rellenar los canelones.
En un refractario poner una capa de salsa y encima colocar los canelones rellenos; cubrir con más salsa y continuar poniendo así las capas, intercalar algunas aceitunas, hasta terminar con una capa de salsa.
Hornear a 200 °C durante 30 minutos.
Sacar del horno, espolvorear encima los quesos que se habían apartado y dejar al horno 15 minutos más.
Servir caliente.

MILANESAS DE BERENJENA

Ingredientes:

* 1 berenjena grande
* 2 huevos
* 1 taza de pan molido o germen de trigo
* Pimienta al gusto
* Sal al gusto

Procedimiento:

Rebanar las berenjenas a lo largo, como en forma de filetes, con todo y cáscara; picarlas con un tenedor y mojarlas en el huevo ligeramente batido y sazonado con la sal y la pimienta.
Empanizarlas y freírlas.
Si desea servirlas con salsa de jitomate.

MILANESAS DE SOYA Y CACAHUATE

Ingredientes:

* 1 taza de cacahuate
* 1 taza de soya frijol
* 2 cucharadas de avena
* 2 cucharadas de cebolla rallada
* 1 cucharadita de orégano
* 1 cucharadita de pimentón
* Pan rallado
* Sal al gusto
* 1 huevo

Procedimiento:

Remojar 8 horas y cocer el frijol y el cacahuate. Escurrirlos y hacerlos puré (caliente).
Mezclar con todos los demás ingredientes. Agregar algo de pan rallado si es necesario para obtener una pasta que se pueda manejar. Tomar porciones grandes, con una cuchara envolverlas en pan rallado y aplastar las milanesas a menos de 2 centímetros de espesor.
Dorar al horno o freír.
Servir con salsa de tomate o al gusto.
También se hace con cacahuate solo.

MIXIOTES

Ingredientes:

* 1/2 kg. de carne de soya o gluten en trocitos (ver Contenido)
* 1/4 de kg. de margarina
* Hojas de maguey

Salsa:

* 7 chiles anchos
* 7 chiles guajillos
* 1 o 2 chiles chipotles, en vinagre
* 3 cucharadas de orégano
* 1 cucharadita de cominos
* 6 pimientas gordas
* 6 clavos de olor
* 1 raja de canela
* 20 dientes de ajo
* 1 cebolla
* 1/4 de lt. de vinagre de manzana
* 1/4 de vaso de salsa de soya

Procedimiento:

Tostar y remojar los chiles en agua caliente. Desvenarlos y licuarlos con todas las especias, la salsa de soya y el vinagre (sin agua).

Mezclar esta salsa con la carne de soya previamente hidratada y exprimida, o con el gluten ya cocido.

Agregar la margarina derretida, mezclar perfectamente y dejar reposar durante 24 horas.

Una hora antes de transcurrir este tiempo, remojar las hojas de maguey durante una hora, escurrir y rellenar formando los mixiotes.

Amarrar y cocer en una vaporera durante 20 minutos.

MOCHONGOS

Ingredientes:

* 3/4 de kg. de plátano macho verde
* 150 grs. de queso Chihuahua rallado
* 6 dientes de ajo picado
* 3 chiles guajillo tostados y remojados
* Pimienta al gusto
* Sal al gusto

Procedimiento:

Cocer el plátano con cáscara en agua con sal.

Escurrirlos y pelarlos; hacer con ellos un puré. Aparte, moler en el molcajete los dientes de ajo y los chiles. Mezclarlos con el puré y sazonar con la sal y la pimienta.

Formar bolitas con esta mezcla y freírlas.

Servir acompañados de ensalada fresca.

MOLE DE OLLA

Ingredientes:

- ★ 400 grs. de carne de soya
- ★ 1 limón en rebanadas
- ★ 1 taza de masa
- ★ 1/4 de taza de manteca vegetal
- ★ 125 grs. de queso añejo
- ★ 4 dientes de ajo
- ★ 1 cebolla grande picada
- ★ 1/4 de kg. de ejotes tiernos

- ★ 1/4 de kg. de calabacitas pequeñas
- ★ 3 piezas de elotes tiernos
- ★ 1/4 de kg. de flor de calabaza
- ★ 50 grs. de chile ancho
- ★ 50 grs. de chile pasilla
- ★ 1 rama de epazote
- ★ Si se desea 5 xoconostles
- ★ Sal al gusto

Procedimiento:

Poner a cocer la mitad de la cebolla, los ajos y trozos de elote con la sal y cuando estén suaves agregar las flores de calabaza, los ejotes, el epazote, los xoconostles y la carne de soya previamente hidratada y exprimida (ver instrucciones).
Moler los chiles ya asados y remojados en agua caliente.
Añadir esta mezcla a lo anterior y dejar cocer en este guiso las bolitas de masa que se forman con la manteca y el queso.
Servir con cebolla picadita y rebanadas de limón.

MOLE DE PEPITA DE CALABAZA

Ingredientes:

- ★ 1/2 kg. de tomate
- ★ 2 cucharadas de pepita de calabaza
- ★ 1 rama de mejorana
- ★ 1 rama de tomillo
- ★ 1/2 cebolla

- ★ 5 hojas de hierbabuena
- ★ 2 dientes de ajo
- ★ 1 raja de canela
- ★ Aceite de oliva el necesario
- ★ Sal al gusto

Procedimiento:

Tostar a fuego lento la pepita de calabaza y la canela, licuar con el resto de los ingredientes y freír en aceite de oliva o de cocina. Agregar un poco de agua y sal para dejar sazonar.

NOTA: Se emplea para tortas de calabaza o de papa, berenjenas, carne de soya, etc.

MOLE POBLANO

Ingredientes:

(1)

* 125 grs. de chile pasilla
* 100 grs. de chile mulato
* 100 grs. de chile negro

(2)

* 2 jitomates medianos
* 1 cebolla mediana
* 6 tomates verdes
* 12 dientes de ajo
* 1/2 plátano

(3)

* 4 pimientas
* 2 clavos de olor
* 1 cucharadita de semilla de cilantro
* 1 cucharadita de ajonjolí
* 125 grs. de pepita verde
* 1 rajita de canela
* 1/2 cucharadita de orégano
* 1/2 cucharadita de cominos
* 125 grs. de cacahuate

(4)

* 1 bolillo
* 3 tortillas

(5)

* $1^{1/2}$ lts. de agua
* 1 poro
* 1 tablilla de chocolate
* Sal al gusto

Procedimiento:

El mole se debe empezar a preparar desde la víspera.

Dorar, desvenar y remojar los chiles del Inciso 1.

Cortar y freír los ingredientes del Inciso 2 y refrigerar.

Tostar los condimentos del Inciso 3 y guardar en lugar fresco.

Dorar los ingredientes del Inciso 4 y remojarlos.

Recuerde que todo lo anterior se preparó desde la víspera.

Al día siguiente escurrir y licuar los chiles con la mitad del caldo de poro del Inciso 5 que se preparará cortando el poro en rodajas e hirviéndolo con el agua.

Una vez licuados los chiles, colarlos y hervirlos durante una hora a fuego suave.

Moler aparte los ingredientes de los Incisos 2 y 3 con el caldo sobrante y agregarlos al chile, dejar hervir 20 minutos.

Agregar enseguida el chocolate ya desbaratado en un poco de agua, dejar 15 minutos más al fuego, incorporar los ingredientes del Inciso 5 ya molidos.

Agregar poco a poco estos últimos hasta dar la espesura deseada.

Sal al gusto. Dejar sazonar y espesar. Servir caliente.

Se le puede poner al mole trocitos de gluten (ver Contenido) previamente fritos, o carne de soya en trozos que se hayan previamente hidratado y frito.

O en su lugar se puede usar también queso panela en cuadritos, o champiñones rebanados y cocidos.

MOLE VERDE OAXAQUEÑO

Ingredientes:

* 2 ramas de epazote tiernas
* 5 hojas de santa fresca
* 1 ramito de perejil
* 3 o 4 cucharadas de orégano (oaxaqueño)
* 1/2 cabeza de ajo
* 1 pizca de comino

Procedimiento:

Licuar y freír todo. Agregar una cucharada de masa disuelta en agua para que espese.

Poner carne de soya en trocitos previamente hidratada, exprimida y frita o gluten en trocitos, o champiñones.

MOUSSAKA

Ingredientes:

* 100 grs. de carne de soya picada
* 1 cebolla mediana picada
* 100 grs. de champiñones en trozos
* 1 kg. de jitomate picado
* 200 grs. de queso tipo Chihuahua rallado
* 1 kg. de berenjenas
* 2 dientes de ajo
* 2 huevos
* 1 taza de aceite
* 1 taza de pan molido
* Pimienta negra al gusto
* Sal al gusto

Procedimiento:

Acitronar la cebolla en un poco de aceite, agregar la carne previamente remojada y exprimida.

Añadir también los champiñones limpios y cortados en trozos, dejar a que doren. Aparte licuar los jitomates con el ajo, colar y agregar a lo anterior, sazonando con sal y pimienta al gusto, dejar a fuego lento durante 15 minutos.

Por otra parte, cortar las berenjenas a lo largo (en forma de filete) con un centímetro de espesor y mojar en el huevo ligeramente batido. Empanizar y freír en aceite bien caliente.

Untar el fondo de un refractario grande con la salsa que preparamos y colocar una capa de berenjenas ya fritas y otra de queso y así sucesivamente hasta terminar con una capa de queso.

Hornear a fuego moderado hasta que se derrita el queso y servir caliente.

MUSSELIN DE VERDURAS

Ingredientes:

* 8 hojas de col cocidas
* $1^{1/2}$ tazas de zanahorias en rodajas y cocidas
* $1^{1/2}$ tazas de espinacas picadas y cocidas
* $1^{1/2}$ tazas de ejotes picados y cocidos
* $1^{1/2}$ tazas de nabo rallado y semicocido

* $1^{1/2}$ tazas de champiñones picados y cocidos
* 50 grs. de mantequilla
* 100 grs. de nuez picada
* 1/4 de kg. de crema
* 100 grs. de queso Chihuahua rallado
* Pimienta al gusto
* Sal al gusto

Procedimiento:

Engrasar un molde con la mantequilla, mezclar perfectamente las verduras a excepción de la col, ya que las hojas de ésta se acomodarán sobre el molde, y encima se colocarán capas de verduras alternando con la crema batida y el queso rallado.

Para la crema batida sólo hay que batir perfectamente bien la crema, e ir incorporando poco a poco la nuez y la pimienta.

Meter al horno por espacio de 20 minutos a 200 °C.

NIDITOS DE ESPINACAS

Ingredientes:

* 1 kg. de espinacas
* 1 taza de salsa blanca espesa
* 6 elotes

* 1 pizca de azúcar
* 1 cucharada de aceite
* Sal al gusto

Procedimiento:

Lavar perfectamente las espinacas, escurrirlas y con el agua que les queda cocerlas al vapor con un poco de sal.

Ya cocidas, escurrirlas, agregarles la salsa blanca mezclando bien y formar bolitas de unos 5 centímetros de espesor.

Ahuecar las bolitas oprimiendo el centro con una cuchara dándoles la forma de niditos.

Colocar sobre molde engrasado y hornear unos minutos a que resequen y doren un poco.

Colocar el relleno que se prepara de la siguiente forma:

Desgranar los elotes y cocinarlos en un poco de agua con la sal y el azúcar.

Dejar cocer a fuego lento hasta que resequen. Añadir el aceite.

Rellenar.

Para preparar la salsa blanca ver el Contenido de la sección de Salsas.

NOPALITOS CON AJONJOLÍ

Ingredientes:

*   rdes
*
*
*
*

* 1/2 kg. de nopalitos cocidos
  y cortados en tiras
* 3 ramitas de cilantro
* 1 chile pasilla
* Sal al gusto

Procedi

Po   s y jitomates, remojar 3 minutos el chile pasilla en la
mis   ció lo anterior, desvenar y licuar con los tomates,
jito

Aci   a y agregar a esto lo licuado, los nopales cocidos y el
cilantro picado. Dejar sazonar al gusto y servir bien caliente.

NOPALITOS EN CHILE POBLANO

Ingredientes:

* 1/2 kg. de nopales cocidos
  en tiritas
* 6 chiles poblanos
* 1/2 cebolla mediana

* 3 jitomates
* 3 dientes de ajo
* Aceite el necesario
* Sal al gusto

Procedimiento:

Asar los chiles y envolverlos en un plástico o lienzo húmedo, despellejarlos,
desvenarlos y cortarlos en rajas.
Asar los jitomates y molerlos con cebolla y ajo, colar y freír en un poco de aceite.
Cuando suelte el hervor añadir los nopales y las rajas de chile.
Sazonar al gusto.

NOPALITOS ENCEBOLLADOS

Ingredientes:

* 1 kg. de nopales
* 4 cebollas
* 5 dientes de ajo
* 1/3 de taza de aceite

* 3 ramas de epazote
* Orégano al gusto
* Sal al gusto

Procedimiento:

Cortar los nopales en tiritas y hervirlos (de preferencia en una olla de cobre) durante una hora, junto con una cebolla partida en cuatro partes y los dientes de ajo.

Rebanar finamente las cebollas restantes y acitronarlas; añadir a esto los nopales ya cocidos y bien escurridos.

Sazonar con el epazote finamente picado, el orégano y la sal. Dejar a fuego lento unos minutos más a que se sazone todo junto.

Servir bien calientes.

OCOPA AREQUIPEÑA (peruano)

Ingredientes:

* 1 cebolla chica en 6 trozos
* 3 dientes de ajo
* 2 chiles guajillos secos
* 100 grs. de cacahuate tostado
* 100 grs. de queso fresco
* 2 ramitas de perejil
* 50 grs. de galletas Marías

* 1 kg. de papas
* 1 taza de leche
* 2 cucharadas de aceite
* 3 huevos duros para adornar
* Aceitunas al gusto
* Hojas de lechuga
* Sal al gusto

Procedimiento:

Cocer las papas en el agua necesaria con una pizca de sal.

Tostar los cacahuates y enseguida los ajos, la cebolla y los chiles guajillos, estos últimos se remojan en agua caliente y cuando estén blandos desvenarlos muy bien.

Licuar los chiles con 2 cucharadas de agua, agregar los ajos, los cacahuates, el queso, el perejil, las galletas, el aceite, la sal y la leche necesaria hasta que tome la consistencia del atole.

Colocar en un platón las papas ya cocidas, peladas y cortadas en trozos grandes. Bañarlas con la salsa bien caliente y adornar con las aceitunas, las hojas de lechuga y las rodajas de huevo duro.

PAELLA

Ingredientes:

* 5 dientes de ajo
* 1 cebolla picada
* 3 morrones rojos picados
* 1/2 kg. de jitomate
* 2 tazas de arroz
* 10 cucharadas de perejil picado
* 2 morrones verdes picados
* 1/4 de cucharadita de nuez moscada

* 1 cucharada de azafrán (opcional)
* 1 taza de chícharos
* 1 taza de zanahoria picada
* Aceite el necesario
* Agua la necesaria
* Algas marinas al gusto
* Pimienta al gusto
* Sal al gusto

Procedimiento:

Poner a acitronar el ajo, la cebolla, y los morrones bien picaditos en un poco de aceite. Añadir una mínima cantidad de agua y enseguida agregar el jitomate picado para que también se acitrone.

Cuando esté listo adicionar el arroz con uno y medio litros de agua, por último añadir el perejil, los morrones rojos, la nuez moscada, el azafrán, las algas marinas y la sal previamente licuados.

Salpimentar y dejar cocer a fuego lento hasta que el arroz esté cocido.

NOTA: Procurar que el arroz no se pase de cocido, es decir, que no se reviente.

PANCITA VEGETARIANA

Ingredientes:

* 1 kg. de gluten en trocitos
* 100 grs. de chile pasilla
* 100 grs. de chile ancho
* 1 cebolla
* 10 dientes de ajo
* 2 ramas de epazote

* 50 grs. de masa de maíz
* 50 grs. de manteca vegetal
* Hierbas de olor
* Pizca de cominos
* Pimienta al gusto
* Sal al gusto

Procedimiento:

Cocer el gluten en trozos con hierbas de olor, salsa de soya, etc. como se indica en el capítulo de Gluten. Freírlo.

Aparte, tostar los chiles, desvenarlos, remojarlos en el agua caliente. Ya escurridos molerlos con la cebolla, los ajos y los cominos.

Freír esta salsa en la manteca vegetal caliente, sazonando con sal y pimienta al gusto. Añadir la masa disuelta en un poco de agua.

Dejar espesar, agregar el agua del caldo de verduras necesaria para formar el caldillo. Agregar también el epazote.

Añadir el gluten ya frito y dejar sazonar.

PAPAS A LA ANDALUZA

Ingredientes:

* 1/2 kg. de papas
* 4 dientes de ajo
* 4 ramas de perejil

* 2 huevos
* Aceite de oliva
* Sal al gusto

Procedimiento:

Cortar las papas en cuadros medianos, picar el ajo y el perejil y hervir todo con un poco más de agua de la que los cubre, agregando un chorrito de aceite de oliva y sal al gusto.
Cuando las papas empiezan a soltar harinilla, retirarlas del fuego y añadir los huevos ligeramente batidos.
Poner nuevamente al fuego hasta que el huevo esté cocido.

PAPAS A LA HUANCAÍNA

Ingredientes:

* 1 kg. de papa (mediana o chica)
* 1 lechuga romanita
* 1 cebolla en rodajas desflemada (con limón)
* 1/4 de kg. de cacahuate pelado y tostado

* 50 grs. de mantequilla
* 1/2 cebolla mediana
* 1/2 lt. de leche
* Pimienta al gusto
* Sal al gusto

Procedimiento:

Cocer, escurrir y pelar las papas, colocar cada una sobre una hoja de lechuga previamente desinfectada.
Bañar con la salsa de cacahuate bien caliente y adornar con la cebolla desflemada.

Salsa:

Poner en la licuadora la leche, la media cebolla y el cacahuate tostado.
En una sartén derretir la mantequilla y ahí vaciar lo licuado, dejar que espese al fuego lento.
Agregar más leche, si es necesario. Debe tener la consistencia de un atole espesito. Bañar con esto las papas.

PAPAS AL GRATÍN

Ingredientes:

* 1 kg. de papas blancas
* 100 grs. de mantequilla
* 2 dientes de ajo
* 1/2 lt. de leche
* 1/4 de kg. de carne de soya hidratada y escurrida

* 1 cebolla mediana finamente picada
* 1 cucharadita de hierbas de olor
* 100 grs. de queso rallado
* Pimienta al gusto
* Sal al gusto

Procedimiento:

Se lavan las papas y se cuecen con una pizca de sal gruesa, agua y los dientes de ajo. Cuando ya están cocidas retirar los dientes de ajo. Escurrir las papas y pelarlas, hacerlas puré, añadir 3/4 partes de la mantequilla y la leche caliente. Con el resto de la mantequilla freír la cebolla, la carne de soya, la sal, la pimienta y las hierbas de olor. Cocinar durante 10 minutos a fuego lento. Ya que está cocido añadir el puré, mezclar muy bien y colocar en un refractario engrasado. Espolvorear con el queso y hornear a 250 °C durante 25 minutos.

PAPAS FINGIDAS

Ingredientes:

* 1 kg. de papas
* 1/4 de kg. de picadillo (ver receta en el Contenido) o chorizo (ver receta en el Contenido)
* 4 huevos batidos

* 2 tazas de pan molido
* 1 lechuga
* 6 dientes de ajo
* 1 limón (el jugo)
* Aceite comestible, el necesario
* Sal al gusto

Procedimiento:

Poner a cocer las papas en suficiente agua con sal, pelar y pasar por un prensador y después agregarles un poco de sal.
Formar bolitas con la masa anterior y rellenar con el picadillo, pasarlas por el pan molido y enseguida por el huevo; volver a pasar por el pan molido.
En un cazo hondo calentar el aceite y freír los ajos, las bolitas de papa y escurrirlas.
Servir acompañadas de ensalada de lechuga aderezada con limón.

PAPAS RELLENAS AL HORNO

Ingredientes:

- ★ 6 papas blancas medianas
- ★ 1¹/² tazas de yogurt o crema
- ★ 100 grs. de nuez picada
- ★ 100 grs. de queso asadero
- ★ 50 grs. de mantequilla
- ★ 1 pizca de nuez moscada
- ★ 5 ramas de perejil picado
- ★ Sal al gusto

Procedimiento:

Partir las papas por la mitad a lo largo y cocerlas al vapor con un poco de agua (deben quedar cocidas pero macizas).

Ahuecarlas estando calientes, dejándoles un poco de pulpa y cuidando que no se rompa la cáscara. Hacer puré el corazón de la papa y mezclarlo con la crema o el yogurt, la nuez, el perejil, la nuez moscada y la sal.

Rellenar con esto las papas. Colocar encima un trocito de mantequilla y una tirita de queso.

Hornear durante 15 minutos. Servir calientes. Se pueden bañar con su aderezo favorito.

PASTEL DE CARNE

Ingredientes:

- ★ 1/2 kg. de carne de soya
- ★ 1/2 taza de apio picado
- ★ 1/2 taza de cebolla picada
- ★ 1/2 taza de salsa de soya
- ★ 1/2 taza de salsa catsup
- ★ 6 huevos crudos
- ★ 5 huevos cocidos
- ★ 1 taza de germen de trigo
- ★ 1 taza de pan molido
- ★ 125 grs. de mayonesa
- ★ 50 grs. de almendras
- ★ 50 grs. de papas
- ★ 1 taza de aceitunas deshuesadas
- ★ 5 salchichas de soya (opcional)
- ★ 1 barrita de mantequilla
- ★ Sal al gusto

Procedimiento:

Agregar a la carne de soya ya hidratada y escurrida, la cebolla, el apio, la salsa de soya, la salsa catsup, los huevos crudos, el germen de trigo y la mayonesa; mezclar todo esto y colocar en papel aluminio bien engrasado con la mantequilla, sobre esta torta acomodar los huevos cocidos, las salchichas, las aceitunas, las pasas y las almendras peladas, envolver en el papel aluminio dándole forma de rollo.

Meter al horno moderado sobre una charola de aluminio por espacio de 2 a 3 horas, volteando cada 20 minutos para que se cueza parejo.

Se puede acompañar de papas y zanahorias al horno. Envueltas en papel aluminio poniéndoles dentro un trocito de mantequilla, sal y pimienta. (Aprovechando el horno mientras se cuece el rollo.)

NOTA: Se aconseja no destapar el rollo demasiado caliente para evitar que se desbarate.

PASTEL DE CREPAS

Ingredientes:

* 2 tazas de harina integral
* 1/2 taza de aceite
* 1/3 de taza de agua
* 1 cucharada de azúcar morena
* 1 huevo
* 1 cucharada de Royal
* Una pizca de sal
* Papel estraza

Procedimiento:

Batir en un tazón todos los polvos, 2 cucharadas de aceite, el huevo y el agua necesaria para formar un atole. Calentar el resto del aceite en una sartén y vaciar la cantidad necesaria de pasta para formar una tortilla muy delgada.
Voltear con cuidado para que se cueza, sacar y escurrir en papel estraza.
Formar un pastel alternando con capas de crepas y de relleno y meter al horno precalentado a que doren.

Relleno:

* 1$^{1/2}$ tazas de carne de soya para picadillo hidratada y exprimida
* 1 jitomate
* 6 dientes de ajo
* 1/2 cebolla
* 2 chiles poblanos en rajas
* 1/2 taza de perejil picado
* 1 taza de crema espesa
* 2 cucharadas de aceite
* 150 grs. de queso Oaxaca deshebrado
* Sal al gusto

Procedimiento:

Moler el jitomate con 3 dientes de ajo, 1/4 de cebolla, y un poco de agua.
Freír el resto de ajos y cebollas bien picados junto con las rajas de chile.
Colar el jitomate y agregar a lo anterior, después añadir la carne de soya y dejar sazonar por unos minutos, acomodar el relleno después de la capa de crepas y encima bañar con crema y queso deshebrado y así alternar las capas hasta terminar con crema y queso.
Hornear. Servir caliente.

PASTEL DE ELOTE SALADO (chileno)
(para 12 personas)

Ingredientes:

* 12 elotes desgranados
* 2 cebollas medianas
* 125 grs. de aceitunas
* 50 grs. de pasas
* 3 huevos duros
* 2 tazas de carne de soya
  (para picadillo)

* 200 grs. de ejotes cocidos
* 2 cucharadas soperas de Maicena
* 5 cucharadas de perejil picado
* 1 pizca de azúcar
* 1/2 taza de agua
* Sal al gusto

Procedimiento:

Licuar los dientes de elote y después cocerlos con sal durante 20 minutos a fuego moderado, revolviendo constantemente.

Remojar durante 25 minutos la soya en agua caliente y exprimirla.

Freír la cebolla picada y agregar el agua, la Maicena, el perejil y la carne de soya. Dejar sazonar al gusto.

En un molde engrasado colocar una capa de elote, otra del guisado preparado, aceitunas, pasitas y el huevo en rodajas, y así continuar hasta terminar.

Adornar encima con parte de las aceitunas, pasas y huevo duro.

Al final poner unos granitos de azúcar para que dore.

Hornear a fuego moderado hasta que dore.

PASTETE DE AVENA

Ingredientes:

* 4 tazas de avena
* 6 tazas de agua
* 3 chiles poblanos

* 3 tazas de verdura picada
  (papas, calabacitas, zanahoria, etc.)
* Sal de ajo al gusto

Procedimiento:

Hervir el agua. Aparte dorar la avena en una sartén, cuando el agua suelta el hervor, agregar la avena ya tostada, mover hasta que se forme una pasta.

Agregar la verdura y los chiles en rajitas. Colocar en un refractario previamente engrasado. Hornear por una hora a 200 °C.

Se puede servir con salsa de jitomate.

PASTETE DE HONGOS Y MACARRÓN

Ingredientes:

* 1 kg. de hongos cocidos y escurridos
* 1 kg. de macarrón de soya cocido y escurrido (o cualquier otra pasta de soya)
* 200 grs. de chile ancho
* 5 dientes de ajo picados
* 1 cebolla picada
* 1/2 taza de salsa de soya
* 1/2 taza de aceite
* Sal al gusto

Procedimiento:

Tostar, remojar, limpiar y licuar los chiles para formar una salsa.

Calentar el aceite y acitronar en él la cebolla y el ajo. Incorporar la salsa y los hongos, dejándolos cocinar 15 minutos a fuego lento, agregar la salsa de soya y dejar 10 minutos más.

Aparte engrasar un refractario, colocar ahí el macarrón, bañándolo enseguida con la salsa anterior.

Hornear a calor regular durante 20 minutos. Servir caliente.

PATÉ DE LENTEJA

Ingredientes:

* 30 grs. de mantequilla
* 1 1/2 tazas de lentejas crudas
* 2 dientes de ajo
* 1/4 de kg. de queso Cheddar rallado
* 1/2 taza de cebolla en rodajas
* 1/4 de taza de champiñones en rodajas
* 2 dientes de ajo machacados
* 1 cucharada de perejil picado
* 2 huevos batidos
* 5 tallos de perejil picados
* 1 taza de germen de trigo
* Agua, la necesaria
* Una pizca de sal

Procedimiento:

En una cacerola grande, verter las lentejas crudas y cubrirlas con agua, añadir la sal y los dos dientes de ajo enteros.

Cocer a fuego lento hasta que estén tiernas, escurrirlas, quitar los dientes de ajo y dejar enfriar.

En un platón, aplastar las lentejas cocidas con un tenedor y añadir el queso, la cebolla y los champiñones mezclando bien.

Incorporar la sal, el ajo y el perejil, añadir los huevos y el germen de trigo.

Formar una masa uniforme y vaciar en un molde para pan, engrasado con mantequilla. Hornear a calor mediano durante 40 minutos hasta que el paté tenga consistencia. Probar con un palillo clavado en el centro, que deberá salir limpio. Retirar del horno y dejar enfriar.

Desmoldar sobre un platón adornado con perejil fresco y servir con una salsa de jitomate.

PAY DE ESPÁRRAGOS

Ingredientes:

Pasta:

* 200 grs. de harina integral
* 150 grs. de mantequilla derretida
* 2 huevos
* Sal al gusto

Relleno:

* 1 manojo de espárragos en trocitos limpios y cocidos
* 150 grs. de queso amarillo rallado
* 4 huevos
* 1/4 de crema o yogurt

Procedimiento:

Hacer la pasta mezclando perfectamente los ingredientes. Extender con la mano sobre un molde para pay previamente engrasado.

Con un tenedor marcar el borde superior del pay para darle mejor presentación. Hornear la base durante 20 minutos a 200 °C.

Aparte preparar el relleno. Poner primero los huevos y añadir el resto de los ingredientes y mezclar bien.

Vaciar sobre el molde con la pasta ya semicocida y hornear 20 minutos más. Servir caliente.

NOTA: Con este mismo procedimiento se puede hacer una variedad enorme de pays diferentes, con sólo sustituir los espárragos por: huitlacoche, rajas, champiñones, flor de calabaza, espinacas, verduras, etc.

PESCADO A LA VERACRUZANA

Ingredientes:

* 6 filetes de pescado vegetariano (ver receta en el Contenido)
* 1 taza de perejil picado
* 6 dientes de ajo picados
* 6 chiles largos güeros (en vinagre o al natural)
* 2 pimientos morrones en rajas
* 1 kg. de jitomate picado
* 2 tazas de cebolla picada
* 4 cucharadas de aceite de oliva o de cocina
* Sal al gusto

Procedimiento:

Freír el ajo, la cebolla y el pimiento morrón a que acitronen, agregar el jitomate y el perejil, dejar que se sazonen.

Acomodar en un refractario una capa del sofrito, enseguida una capa de filetes, cubrir con el resto del sofrito, adornar con los chiles güeros y hornear durante 20 minutos a calor mediano.

PESCADO VEGETARIANO

Ingredientes:

* 4 tazas de papa rallada
  en crudo
* 2 tazas de queso
  Chihuahua rallado

* 5 huevos
* Algas marinas
  (opcional)
* Sal al gusto

Procedimiento:

Mezclar todos los ingredientes perfectamente.
Vaciar en suficiente aceite caliente esta mezcla a cucharadas grandes dándole la forma de filetes y dejar dorar por ambos lados.
Servir al gusto.
(Si gusta puede prepararlo como pescado a la veracruzana, ver Contenido.)

PIMIENTOS A LA CIRASUOLO

Ingredientes:

* 6 pimientos morrones
* 1/2 cebolla picada
* 100 grs. de champiñones

* 150 grs. de queso crema
* 200 grs. de queso asadero rallado
* Sal al gusto

Procedimiento:

Cortar los morrones por mitad a lo largo, quitar las semillas y acomodarlos en una cacerola, cubrirlos de agua hasta la mitad y ponerlos tapados a cocinar.
Cuando estén casi cocidos, retirar del fuego.
Mezclar aparte la cebolla, los jitomates, los champiñones, el queso crema y la sal.
Rellenar con esto los chiles.
Espolvorear encima el queso asadero.
Ponerlos nuevamente al fuego hasta que se cuezan y el queso se gratine.

PIZZA ENRIQUECIDA

Ingredientes:

* 1 paquetito de levadura (8 grs.)
* 3 cucharadas de harina de soya
* 1/2 taza de avena
* 1³/⁴ de tazas de agua fría
* 1 cucharada de aceite

* 1 cebolla mediana
* 3 jitomates medianos
* 300 grs. de queso rallado
* Orégano al gusto
* Sal al gusto

Procedimiento:

Disolver la levadura con un poco de agua tibia, agregar algo de harina para formar un bollito suave y dejarlo en un lugar tibio hasta que doble su volumen. Aparte mezclar en una palangana las harinas con la avena, el aceite y la sal.
Poner en el centro el paquetito de levadura e ir incorporando poco a poco el agua, batiendo hasta formar una masa suave. Dejarla reposar 30 minutos.
Picar la cebolla y añadirla a la masa; extender con el rodillo en forma de tortilla con un centímetro de espesor y colocarla sobre una charola engrasada.
Cubrir con la salsa o rodajas de jitomate, espolvorear con orégano y sal.
Rociar con aceite y hornear 25 minutos a calor mediano; retirar del horno y colocar el queso, volver a meter al horno hasta que gratine.

NOTA: Si se desea se pueden agregar además, aceitunas, champiñones, pimiento morrón, etc.

PIZZA RÁPIDA

Ingredientes:

* 1/2 kg. de harina integral
* 2 cucharadas de salvado
* 2 cucharadas de harina blanca

* 1 cucharada de Royal
* 100 grs. de mantequilla
* 1 cucharada de sal

Relleno:

* 1¹/² tazas de salsa catsup
* 2 cebollas en tiritas
* 1 taza de aceitunas
* 2 o 3 pimientos morrones en tiritas

* 100 grs. de champiñones
* Orégano
* Sal al gusto

Procedimiento:

Mezclar perfectamente todos los ingredientes, batiendo, amasando hasta formar una masa homogénea. Untar la masa de aceite, taparla con una servilleta y dejarla reposar una hora.
Enseguida, extenderla con rodillo sobre tabla enharinada hasta formar una tortilla de 1 o 2 centímetros de espesor. Colocarla sobre charola engrasada. Hornearla a 200 °C durante 20 minutos. Retirarla del horno y colocar el relleno como sigue: extender la salsa catsup sobre la pasta ya horneada. Sofreír la cebolla, los pimientos y los champiñones, salpimentar y colocar sobre la pasta. Espolvorear el orégano y el queso y hornear por 20 minutos más.

PIZZA VEGETARIANA

La pasta se preparará de la misma forma de "pan integral" (ver receta en el Contenido).

Extender la masa con un rodillo sobre una mesa enharinada. Formar una tortilla grande del grueso deseado (de 1 a 2 centímetros) y del tamaño de la charola para la pizza.

Colocar la tortilla encima de la charola previamente engrasada, cortar los bordes y hornear durante 20 minutos.

Enseguida proceder a colocar el relleno que se prepara de la siguiente forma:

Ingredientes:

Relleno:

* 1/2 taza de salsa catsup
* 2 pimientos morrones picados
* 1/2 cebolla picada
* 200 grs. de queso rallado
* 2 salchichas de soya en rebanadas finas (opcional)

* 100 grs. de champiñones rebanados
* Orégano al gusto
* Sal al gusto

Procedimiento:

Acomodar la salsa catsup encima de la pasta, después añadir el pimiento morrón, la cebolla y los champiñones previamente acitronados.

Colocar rueditas de salchicha, espolvorear el orégano y la sal al gusto y por último el queso rallado. Meter al horno por espacio de 30 minutos aproximadamente.

NOTA: El relleno se puede hacer también con chorizo vegetariano, o al gusto.

PIZZA VEGETARIANA SENCILLA

Ingredientes:

* 2 tazas de harina integral
* 3 sobrecitos de levadura Flesham (8 grs. c/u)

* 1 pizca de azúcar
* 1/4 de taza de aceite
* Una pizca de sal

Relleno:

* 1 taza de salsa catsup
* 2 pimientos morrones picados y sofritos
* 1 cebolla picada y sofrita

* 250 grs. de queso manchego o Chihuahua
* Orégano al gusto
* Aceitunas al gusto (opcional)
* Sal al gusto

Procedimiento:

Hacer un volcancito, alrededor poner el azúcar y la sal y en el cráter la levadura previamente disuelta en media taza de agua tibia. Después de 10 minutos agregar encima el aceite y amasar con un poco de agua hasta que quede tersa. Cubrir de aceite, tapar y dejar reposar una hora. Extender la masa enseguida con el palote, y con ésta cubrir la charola para la pizza previamente engrasada.

Hornear durante 20 minutos a calor mediano, retirar del horno y colocar el relleno. Hornear durante 20 minutos más.

POLLO (DE GLUTEN)

Ingredientes:

Gluten:

* 7 ramas de apio
* 2 cebollas
* 7 dientes de ajo

Procedimiento:

Preparar el gluten como se indica (vea el Contenido). Una vez lavado el gluten, cocerlo de la siguiente forma:

Colocar en una olla $2^{1/2}$ litros de agua, el apio picado, la cebolla en trozos, el ajo y sal al gusto. Cuando empiece a hervir, ir agregando trocitos de gluten arrancados con la mano, como formando hojitas o gajitos, simulando la carne de pollo deshebrada. Dejarla cocer durante 30 o 40 minutos.

Prepararla al gusto. Puede ser con ensalada rusa (papas, chícharos, mayonesa) o en salsa de jitomate con papas, chícharo y hierbas de olor.

Úsela en cualquiera de sus recetas de pollo.

POTAJE DE GERMINADOS

Ingredientes:

* 1 taza de arroz integral germinado (ver Germinados)
* 1 taza de lentejas germinadas
* 1 taza de garbanzo germinado
* 2 pimientos verdes en rajas
* 2 pimientos rojos en rajas
* 1 taza de queso manchego rallado
* 1 cebolla grande rebanada en rodajas
* 1 manojo de perejil picado
* 1/4 de taza de aceite de oliva
* Nuez moscada al gusto
* Sal al gusto

Procedimiento:

Mezclar todos los ingredientes incluyendo la mitad del queso rallado. Colocar en un refractario, espolvoreando el resto del queso.
Hornear a calor mediano durante 30 minutos.

NOTA: Se pueden utilizar también germinados de soya, alfalfa, etc., en lugar de los germinados que se mencionan en la receta.

POTAJE DE VERDURAS

Ingredientes:

* 2 nabos medianos
* 2 papas medianas
* 2 calabacitas grandes
* 2 zanahorias grandes
* 1 taza de chícharos
* 1 taza de ejotes picados
* 1 poro mediano
* 1 chayote mediano
* 8 dientes de ajo
* 1 tallo de apio
* 2 tazas de garbanzo o trigo o cebada (remojadas 24 horas)
* 2 jitomates grandes
* 2 pimientos morrones
* Hierbabuena picada
* Perejil picado
* Cilantro picado
* Sal al gusto

Procedimiento:

Lavar, picar y poner a cocer al vapor los primeros 10 ingredientes enlistados.
Aparte poner a cocer el garbanzo previamente remojado, ya que esté cocido, añadir a las verduras cuando éstas estén a medio cocer.
Enseguida agregar el jitomate molido y colado, y los pimientos cortados en cuadritos. Al final agregar la hierbabuena, el perejil, el cilantro y la sal al gusto.

Pozole tapatío (para 20 personas)

Ingredientes:

* 1 kg. de maíz
  (de preferencia morado)
* 1 cabeza de ajo
* 125 grs. de chile pasilla
* 2 kgs. de jitomates asados

* 1 cebolla grande
* 4 cucharadas soperas de cal
  (para pelar el maíz)
* Orégano al gusto
* Sal al gusto

Procedimiento:

Calentar 2 litros de agua, cuando suelte el hervor disolver ahí la cal, agregar el maíz y dejar hervir unos 15 minutos aproximadamente, hasta que el maíz suelte el pellejo. Retirarlo del fuego y lavarlo perfectamente frotándolo con energía y lavándolo varias veces para que quede libre del pellejo y de la cal.

Poner a hervir a fuego lento en 4 tantos del agua que cubre el maíz.

Preparar aparte la salsa de la siguiente manera:

Remojar los chiles en agua caliente, desvenarlos y licuarlos con los jitomates asados y pelados, la cebolla y el orégano.

Colar y agregar cuando el maíz esté a medio cocer. Si es necesario, agregar más agua calentándola previamente. Cuando revienta el maíz, licuar en poca agua los ajos pelados y agregar. Añadir la sal y dejar otro momento al fuego a que se sazone.

Servir adornado con cebolla finamente picada, rábanos en rueditas y limón al gusto. Se le puede agregar champiñones cocidos y rebanados o trocitos de panela o trocitos de gluten cocido o de carne de soya previamente hidratada, escurrida y frita.

NOTA: Durante la cocción del pozole, no se deberá mover hasta el fondo de la olla para evitar que se pegue.

Pozole verde

Ingredientes:

* 1 kg. de maíz
* 150 grs. de pepita verde tostada
* 300 grs. de tomate verde
* 5 hojas de lechuga
* 1/2 cebolla
* 10 dientes de ajo
* 50 grs. de ajonjolí tostado
* 5 ramas de cilantro

* 3 ramas de epazote
* 3 clavos
* 3 pimientas
* 1 raja de canela
* 1 tortilla dorada
* 1/2 bolillo dorado
* Chile serrano al gusto
* Sal al gusto

Procedimiento:

Licuar todos los ingredientes con excepción del maíz, agregar enseguida el maíz que se habrá cocido previamente.

Poner al fuego a que se sazone todo junto.

REVOLTIJO

Ingredientes:

* 1/2 kg. de romeritos
* 1/2 kg. de nopales
* 1/2 kg. de papas
* 1/4 de kg. de mole rojo

* 1/4 de tablilla de chocolate
* Ajonjolí tostado al gusto
* Sal al gusto

Procedimiento:

Lavar y cocer los romeritos; ya cocidos, escurrirlos.
Picar las papas y los nopales, cocerlos y escurrirlos.
Freír el mole en un poco de aceite, agregar el chocolate y el agua necesaria, dejar sazonar.
Agregar las verduras ya cocidas y el ajonjolí.
Servir caliente.

ROLLITOS DE ACELGAS

Ingredientes:

* 1 taza de arroz integral cocido
* 1 kg. de acelgas
  (que no estén rotas las hojas)
* 7 cucharadas de aceite
* 300 grs. de papas cocidas

* 2 huevos
* 2 cucharadas de chorizo
  vegetariano (opcional)
* $1^{1/2}$ tazas de pan molido
* Sal al gusto

Procedimiento:

Quitar a las acelgas los tallos y cocerlas al vapor.
En 2 cucharadas de aceite, freír el chorizo y las papas cocidas y picadas, agregar el arroz cocido y sazonar con sal.
Rellenar las hojas de acelga y enrollar formando los rollitos. Pasar por el huevo ligeramente batido y después por el pan molido. Freír en el aceite restante y servir bien caliente.
Se pueden servir en caldillo de jitomate, con salsa, etc.

ROLLITOS DE LECHUGA

Ingredientes:

* 2 lechugas
* 1 kg. de jitomate
* 1 ramito de perejil bien picado
* 6 cucharadas de pan molido
* 6 cucharadas de queso parmesano rallado

* 2 huevos
* 3 cucharadas de aceite
* Sal, pimienta y orégano para la salsa

Procedimiento:

En un recipiente mezclar muy bien el queso con el pan molido. Agregarle el perejil picado, los huevos, la sal, la pimienta, uniéndolo todo hasta lograr una masa uniforme.

Lavar las lechugas eliminando las hojas estropeadas y pasarlas por agua hirviendo, secándolas bien después.

En cada hoja colocar un poco del relleno y enrollarla. Colocar todos los rollitos en un refractario.

Para preparar la salsa poner 3 cucharadas de aceite en una cacerola. Colocar los tomates picados y cocinar durante 20 minutos a fuego lento, sazonándolos bien con la sal, la pimienta y el orégano.

Con esta salsa bañar los rollitos de lechuga y hornear durante 20 minutos más.

ROPA VIEJA

Ingredientes:

* 2 tazas de carne de soya
* 3 dientes de ajo
* 50 grs. de pasas
* 50 grs. de aceitunas
* 50 grs. de almendras
* 3 cucharadas de aceite

* 1/2 cebolla picada
* 1/3 de taza de puré de jitomate
* Chiles en vinagre al gusto
* Pimienta al gusto
* Sal al gusto

Procedimiento:

Poner a remojar durante 20 minutos la carne de soya en agua caliente y exprimir. Freír la carne en el aceite junto con los ajos.

Agregar la cebolla y dejar que acitrone, añadir las pasas, las almendras, las aceitunas, los chiles y el puré de jitomate.

Salpimentar al gusto y dejar sofreír hasta que espese, si desea puede adornarlo con rajas de chile poblano y hojas de lechuga a los lados.

Rosca de chorizo y papa

Ingredientes:

* 1/4 de kg. de chorizo vegetariano
* 3 dientes de ajo picados
* 1/2 taza de jitomate picado
* 200 grs. de germen de trigo crudo
* 3 cebollas chicas picadas
* 3/4 de kg. de papa cocida y prensada

* 6 cucharadas de aceite
* 3 huevos
* Chiles verdes al gusto
* Pimienta al gusto
* Pan molido el necesario
* Sal al gusto

Procedimiento:

Freír el chorizo, el ajo, la cebolla, el jitomate y los chiles, perfectamente.
Mezclar las papas, el huevo, el germen de trigo, la sal y amasar.
Agregar pan molido si se necesita para dar cuerpo a la masa. Engrasar un molde de rosca y empanizar.
Acomodar una capa de papa cubriendo el molde, poner el relleno de chorizo y cubrir con otra capa de papa.
Hornear 25 minutos y vaciar a un platón redondo y plano.
Se sirve con ensalada fresca.

Salchichas forradas

Ingredientes:

* 12 salchichas vegetarianas
* 12 palillos

* 100 grs. de queso amarillo
* Papel aluminio para enrollar

Procedimiento:

Hacer una cortada a lo largo de cada salchicha y llenar el hueco que se forme con queso, tratando de encajarlo con el palillo.
Forrar con papel aluminio y hornearlas a calor mediano unos minutos a que doren.
Se sirven calientes acompañadas de ensalada fresca.

SALCHICHAS VEGETARIANAS

Ingredientes:

* 1 o 2 tazas de harina integral
* 2 tazas de harina de soya
* 2 tazas de agua
* 4 huevos

* 3 dientes de ajo
* 1 pizca de nuez moscada
* Orégano al gusto
* Sal al gusto

Procedimiento:

En un trasto hondo vaciar la harina de soya y el agua, batiendo perfectamente, enseguida incorporar una taza de harina integral, los huevos uno a uno, la sal, el orégano, los ajos picados y la nuez moscada, mezclando todo muy bien. Si es necesario añadir la otra taza de harina integral o parte de ella.

Formar las salchichas con las manos enharinadas y poner a cocer en una olla con agua hirviendo.

Cuando suben se sacan y escurren. Servir en medianoches con mayonesa, crema, tomate, etc. según como se desee.

SOPA CAZUELA DE ESPINACAS

Ingredientes:

* 3 dientes de ajo picados
*]/2 cebolla picada
* 2 calabacitas picadas
* 3 zanahorias picadas
* 4 cucharadas de aceite comestible

* 3 cucharadas de aceite de oliva
* 1 taza de espinacas picadas
* Pimienta al gusto
* Sal al gusto

Procedimiento:

Sancochar en los dos aceites bien calientes, el ajo, la cebolla, la zanahoria y las calabacitas, añadir medio litro de agua y dejar medio cocer durante 15 minutos. Agregar la espinaca y si hace falta añadir un poco más de agua, salpimentar y dejar a que dé un hervor durante 5 minutos, servir espolvoreando si gusta, cebolla y perejil picado.

SOUFFLÉ DE BERENJENAS

Ingredientes:

* 3 berenjenas grandes
* 1 cebolla
* 250 grs. de queso Oaxaca o Chihuahua rallado
* 100 grs. de crema
* 50 grs. de mantequilla
* Pimienta al gusto
* Sal al gusto

Procedimiento:

Asar bien las berenjenas al fuego directo (la cáscara queda quemada).
Pelarlas al chorro del agua y cortarlas en cuadritos pequeños, quitando el exceso de semillitas.
Picar la cebolla y sofreír en la mantequilla, agregar las berenjenas ya picadas, el queso rallado y dejar a fuego lento, añadir la crema, sal y pimienta al gusto.
Vaciar a un refractario y hornear por un momento a que gratine.

SOUFFLÉ DE BRÓCOLI

Ingredientes:

* 1 kg. de brócoli
* 2 tazas de queso Chihuahua, Oaxaca o manchego rallado
* 3 huevos
* 1/2 taza de mayonesa
* Sal al gusto

Procedimiento:

Cocer el brócoli al vapor. Acomodarlo en trocitos en un refractario.
Aparte licuar los huevos con el queso, la mayonesa y la sal.
Vaciar sobre el molde con el brócoli.
Hornear durante 30 minutos. Servir caliente.

SOUFFLÉ DE CALABAZA

Ingredientes:

* 3 calabacitas ralladas
* 3 huevos
* 3 cucharadas de pulido de arroz o harina de arroz
* 2 cucharadas de cebolla picada
* 2 cucharadas de perejil
* 4 ajos picados
* 50 grs. de mantequilla
* 50 grs. de queso rallado
* Sal al gusto

Procedimiento:

Batir los huevos a punto de turrón. Mezclar con la yema.
Agregar el resto de los ingredientes con excepción del pulido de arroz, que al final se espolvorea encima del soufflé.
Hornear a 200 °C.

NOTA: También se puede preparar este soufflé sustituyendo la calabacita por zanahoria, acelgas, espinacas, coliflor, rajas, elote, etc.

SOUFFLÉ DE ESPINACAS

Ingredientes:

* 1 kg. de espinacas
* 4 o 5 huevos
* 100 grs. de mantequilla
* 150 grs. de crema
* 1/4 de kg. de queso rallado
* 1 cebolla picada
* 3 dientes de ajo picados
* Aceite el necesario
* Sal al gusto

Procedimiento:

Lavar las espinacas y cortarlas en trozos. Sofreír el ajo y la cebolla en poco aceite.

Aparte mezclar la espinaca ya en trozos con la crema, la mantequilla, el huevo y la mitad del queso rallado.

Verter todo esto sobre un molde o refractario engrasado, aplastando un poco la espinaca. Espolvorear encima el resto del queso rallado y hornear durante 30 minutos a fuego moderado.

SOUFFLÉ DE HONGOS

Ingredientes:

* 3 tazas de leche
* 400 grs. de queso parmesano
* 2 huevos
* 400 grs. de hongos
* Sal al gusto

Procedimiento:

Poner a hervir la leche con un poquito de sal, mientras se baten 2 yemas de huevo. Retirar la leche del fuego y agregar los hongos previamente desinfectados y cortados en trocitos, junto con el queso rallado.

Incorporar las yemas mezclando perfectamente, batir por separado las claras y agregar a lo anterior.

Vaciar a un molde refractario y meter al horno de 10 a 20 minutos.

SOUFFLÉ DE QUESO

Ingredientes:

* 125 grs. de queso Chihuahua rallado
* 100 grs. de mantequilla
* 100 grs. de harina
* 1/2 lt. de leche
* 5 huevos
* 1 pizca de nuez moscada
* Pimienta al gusto
* Sal de ajo al gusto

Procedimiento:

Derretir la mantequilla, dorar ahí la harina; agregar la leche poco a poco, moviendo constantemente, incorporar enseguida el queso y dejar al fuego hasta que se derrita. Retirar y dejar enfriar un poco. Agregar entonces las yemas batidas a punto de cordón y las claras batidas a punto de turrón.
Mezclar y condimentar con la nuez moscada, la pimienta y la sal de ajo. Vaciar a un molde engrasado.
Hornear a 150 °C durante 30 minutos y luego 15 minutos más a 250 °C.

SOUFFLÉ DE ZANAHORIA

Ingredientes:

* $1^{1/4}$ de kgs. de zanahorias
* 1/4 de kg. de queso Chester o Oaxaca
* 6 huevos batidos
* 2 jitomates
* 3 dientes de ajo
* 1/2 cebolla
* 1/2 taza de perejil picado
* 1 taza de crema
* 1 pizca de pimienta
* 1/2 taza de aceite
* Sal al gusto

Procedimiento:

Rebanar finamente las zanahorias y cocerlas, escurrir y freírlas en la mitad del aceite, aparte freír el jitomate ya molido con ajo y cebolla.
Colocar en un platón refractario engrasado una capa de zanahorias, encima poner queso y crema; poner otra capa de cebolla y perejil, bañar con parte de los huevos y de caldillo de jitomate, sazonar con sal y continuar así acomodando las capas alternando hasta terminar con queso y crema.
Hornear a calor moderado 30 minutos.

SPAGUETTI A LA ITALIANA

Ingredientes:

* 1 paquete mediano de spaguetti (de soya)
* 1/3 de cucharadita de canela molida
* 1/2 cucharada de azúcar
* 3 jitomates maduros
* 1/2 taza de salsa catsup
* 2 dientes de ajo
* 75 grs. de margarina
* 1/4 de kg. de queso Chihuahua o parmesano rallado
* 3 hojas de albahaca
* 1 cebolla mediana
* 1/3 de taza de aceite
* Hierbas de olor las necesarias
* Sal al gusto

Procedimiento:

Poner a cocer el spaguetti con sal y hierbas de olor en suficiente agua; escurrir y dejar enfriar.

Salsa:

Acitronar la cebolla y el ajo bien picaditos; licuar el jitomate en crudo, colar y vaciar a lo anterior.

Añadir la salsa catsup, el azúcar y la sal, enseguida la canela, el albahaca y al final la mantequilla.

Verter esta salsa bien caliente sobre el spaguetti previamente colocado en un platón.

Espolvorear el queso rallado y si desea puede hornearlo.

SPAGUETTI AL GRATÍN

Ingredientes:

* 1/4 de kg. de spaguetti de harina de soya
* 200 grs. de queso rallado
* 4 huevos
* 1/4 de kg. de crema
* 30 grs. de mantequilla
* Pimienta al gusto
* Sal al gusto

Procedimiento:

Poner a cocer el spaguetti en agua con sal, un chorrito de aceite y un trozo de cebolla.

Escurrir y enjuagar con agua fría; mezclar perfectamente bien todos los ingredientes a excepción de la mantequilla, engrasar un molde con ésta y vaciar ahí la mezcla anterior.

Meter al horno durante 10 o 15 minutos aproximadamente a 200 °C.

Suruyos

Ingredientes:

* 1 taza de queso añejo rallado
* 2 huevos a punto de turrón
* 1/2 taza de epazote picado
* 2$^{1/2}$ cucharadas de Royal
* 3 chiles serranos finamente picados
* 1 taza de chorizo vegetariano
* 2$^{1/2}$ tazas de masa
* 1 taza de aceite
* Sal al gusto

Procedimiento:

Revolver la masa, el huevo, el Royal, la sal al gusto y un poco de agua para formar una masa uniforme.

Hacer pequeñas tortillitas y colocar en el centro el chorizo, el epazote y el chile. Enrollar perfectamente de modo que no tenga bordes, pasarlas por huevo y dorarlas en aceite.

Servir espolvoreadas con queso.

Tallarines de soya

Ingredientes:

* 300 grs. de harina de soya
* 100 grs. de harina integral
* 200 grs. de harina blanca
* 2 huevos
* 1/2 kg. de espinacas
* 4 dientes de ajo
* 2 jitomates grandes
* 1 cebolla mediana
* Agua, la necesaria
* Sal al gusto

Procedimiento:

Revolver muy bien las harinas y mezclar con el huevo, la sal y una poca de agua para formar una pasta que pueda extenderse con el rodillo.

Formar una gran tortilla del grosor deseado y cortar tiras en forma de tallarines del ancho y largo que guste; poner éstos al sol o al horno durante 20 minutos.

Para el caldillo, moler el jitomate, los ajos, la cebolla y la sal con un poco de agua, sofreír en poco aceite. Agregar el agua necesaria para formar el caldillo, cuando suelte el hervor agregar los tallarines ya secos, y las espinacas finamente picadas.

Dejar sazonar a fuego lento durante 15 minutos y servir.

TEMPURA

Ingredientes:

Verduras:

* 2 pimientos morrones desvenados y cortados en rodajas
* 1 cebolla en rodajas
* 1 berenjena en ruedas
* 2 o 3 calabacitas en ruedas
* 2 o 3 zanahorias en ruedas
* 1 camote en rodajas
* 1 manojo de perejil
* 1 manojo de berros

Aderezo:

* Salsa de soya
* Vinagre
* Hojitas de hierbabuena fresca
* Agua la necesaria

Mezcla para Capear:

* 1 taza de leche
* 1/2 taza de harina o más
* 1 huevo
* Pimienta y sal al gusto

Procedimiento:

Licuar los ingredientes de la mezcla para formar un atole espesito.

Mojar aquí las rodajas de verduras y freírlas.

Hacer ramitas pequeñas de berro y perejil, mojar en el atole y freír.

Servir caliente acomodándolas en un platón para darle mejor vista al platillo, acompañando un platito con el aderezo para cada persona donde se irán mojando las verduras a medida que se vayan comiendo.

TIMBALES DE ARROZ INTEGRAL

Ingredientes:

* 2 tazas de arroz integral
* 4 dientes de ajo picado
* $1^{1/2}$ tazas de aceite
* 1 limón (el jugo)
* 1/4 de kg. de queso manchego o Chihuahua rallado
* 1/2 taza de mantequilla
* 2 tazas de espinacas cocidas
* 1 taza de cebolla picada
* 1 taza de crema
* 3 cucharadas de salsa de soya
* Sal al gusto

Procedimiento:

Remojar el arroz una hora en agua caliente y escurrir.

Acitronar el ajo y cebolla en bastante aceite.

Poner el arroz en 1/2 litro de agua con el limón y la sal y dejar que se cueza a fuego lento. Cuando esté cocido, retirarlo del fuego y mezclarlo con el queso, la mantequilla, el ajo y la cebolla sofritos.

Llenar moldes de timbal y apretar ligeramente, hornear 5 minutos y desmoldar.

Aparte picar la espinaca y freírla sazonándola.

Poner las espinacas en un platón refractario y acomodar los timbales, sacándolos con cuidado y adornar con la crema ligeramente batida.

TIMBALES DE ELOTE

Ingredientes:

* 6 elotes tiernos desgranados
* 125 grs. de mantequilla
* 1/4 de lt. de leche
* 6 huevos
* 1 cucharadita de sal
* 1 cucharadita de azúcar
* 50 grs. de pan molido

* 1 cebolla picada
* 3 chiles poblanos asados, sudados y desvenados
* 1/2 kg. de jitomate asado y colado
* 125 grs. de crema
* Aceite el necesario
* Sal al gusto

Procedimiento:

Acremar la mantequilla, agregar enseguida el elote molido en crudo, los huevos, la sal, el azúcar y la leche. Mezclar perfectamente.

Vaciar a moldecitos engrasados y espolvoreados con el pan molido.

Hornear durante 30 minutos. Servir calientes bañándolos con la siguiente salsa: Freír la cebolla, agregar los chiles en rajas y el jitomate y dejar sazonar 15 minutos a fuego lento.

Servir una cucharada de crema sobre cada timbal.

TIMBALES DE QUESO

Ingredientes:

* 8 huevos
* 1/4 de kg. de crema
* 25 grs. de mantequilla

* 100 grs. de queso Chihuahua
* Pimienta al gusto
* Sal al gusto

Salsa:

* 75 grs. de mantequilla
* 35 grs. de harina
* 1/2 lt. de leche

* Pimienta al gusto
* Sal al gusto

Procedimiento:

Batir los huevos ligeramente, agregar la crema, el queso rallado, la mantequilla derretida, la sal y la pimienta. Colocar esta pasta en moldecitos de timbal enmantequillados y hornear a baño María durante una hora. Vaciar a un platón y bañarlos con la salsa que se preparara así:

Freír la harina en la mantequilla, cuando empiece a dorar agregar la leche, la sal y la pimienta. Dejar hervir hasta que espese.

TORTA DE ACELGAS

Ingredientes:

- 1 manojo de acelgas
- 2 piezas de pan
- 1 cebolla mediana
- 1 cucharada de nata o de crema
- 2 huevos
- 1 taza de leche
- 1 cucharada de mantequilla
- Sal al gusto

Procedimiento:

Lavar, picar y poner a cocer las acelgas al vapor.

Remojar el pan en la leche y desmoronarlo, añadir a las acelgas ya bien escurridas, e ir incorporando los huevos uno a uno, la cebolla picada, las natas y la crema.

Derretir en una cazuela la mitad de la mantequilla y vaciar en ella la pasta de acelgas, dejar a fuego lento a que se cueza muy bien.

Menear un poco en el centro de la torta antes de que empiece a endurecer, esto es con el objeto de que quede bien cocida. Cuando esté cocida por abajo, se cambia a otra cazuela que tenga la mitad restante de mantequilla derretida para que se cueza el lado que le falta a la torta. Servir bien caliente.

TORTA DE ALCACHOFA

Ingredientes:

- 6 alcachofas
- 120 grs. de mantequilla
- 3 cucharadas de harina
- 3/4 de lt. de leche
- 6 huevos
- 200 grs. de queso Chihuahua
- 2 limones (el jugo)
- 1/2 cucharada de nuez moscada
- Sal al gusto

Procedimiento:

Limpiar las alcachofas y quitar las hojas que estén duras, dejando aquéllas más suaves que no tengan puntas picudas.

Rebanar cada una en 4 partes quitando los pelitos y dejarlas remojando en agua con el jugo de limón durante 5 minutos.

Escurrir perfectamente para después pasarlas en agua hirviendo con sal durante 10 minutos. Colocarlas en una sartén y ponerlas al fuego hasta que el agua que les ha quedado se consuma.

Retirar del fuego y añadir 2 cucharadas de mantequilla para que se derrita y le dé un mejor sabor.

Preparar una salsa con sólo 30 gramos de mantequilla derretida, harina, leche, sal y nuez moscada.

Poner a fuego lento durante unos minutos y cuando espese la salsa agregar las alcachofas, el queso picado en cuadritos, 3 huevos enteros y 3 yemas de huevos, mezclando todo muy bien.

Añadir las claras de huevo a punto de nieve y verter esta mezcla en un molde refractario. Hornear a 180 grados centígrados durante una hora aproximadamente. Servir bien caliente.

TORTA DE CARNE

Ingredientes:

* 200 grs. de carne de soya hidratada y exprimida
* 6 huevos
* 1 cebolla picada
* Pimienta al gusto
* Sal al gusto

Procedimiento:

Mezclar los ingredientes.

En una sartén calentar suficiente aceite y freír la torta. Cuando ya está cocida por la parte inferior, colocar un plato o una tapadera del tamaño de la sartén para voltear la torta. Dejarla dorar al gusto.

Se puede servir acompañada de papas fritas, ensalada, etc.

TORTA DE ELOTE (1)

Ingredientes:

* 4 elotes desgranados y molidos
* 1 cucharada de azúcar
* 2 tazas de queso Chihuahua rallado
* 2 huevos
* Sal al gusto

Procedimiento:

Mezclar todos los ingredientes perfectamente y vaciar a un refractario engrasado. Hornear a 200 °C hasta que esté bien dorado.

TORTA DE ELOTE (2)

Ingredientes:

* 6 elotes tiernos desgranados
* 5 huevos
* 100 grs. de mantequilla
* 1/4 de lt. de leche
* 1 cebolla picada
* 2 jitomates picados
* 1/2 cucharada de azúcar
* 2 chiles poblanos
* Una cucharada de sal

Procedimiento:

Acitronar la cebolla y el jitomate junto con los chiles cortados en rajitas.

Licuar la leche, los huevos, la mantequilla, la sal y el azúcar, e ir agregando poco a poco los granos de elote hasta formar una pasta homogénea.

Engrasar un molde o refractario y vaciar ahí el licuado añadiéndole el sofrito del chile, cebolla y jitomate.

Revolver un poco para que se mezcle con la pasta y hornear a fuego moderado hasta que se cueza (aproximadamente 40 minutos).

TORTA DE FLOR DE CALABAZA

Ingredientes:

* 4 manojos de flor de calabaza
* 1 cebolla mediana
* 50 grs. de mantequilla
* 4 chiles poblanos en rajas
* 1 taza de granos de elote cocidos

* 2 ramas de epazote fresco
* 4 huevos
* 250 grs. de queso rallado
* Pimienta al gusto
* Sal al gusto

Procedimiento:

Freír la cebolla en la mantequilla, añadir la flor de calabaza previamente lavada, los chiles en rajas y los granos de elote cocidos. Retirar del fuego y dejar enfriar. Agregar el epazote bien picado, los huevos ligeramente batidos, el queso rallado, la sal y la pimienta al gusto.

Verter la mezcla sobre un refractario previamente engrasado; espolvorear el queso rallado y hornear a 220 °C hasta que el huevo esté bien cocido y el queso se haya gratinado.

TORTA DE MAÍZ CON POLLO

Ingredientes:

* 1 kg. de masa
* 1 elote semilicuado
* 200 grs. de mantequilla
* 1/2 lt. de leche
* 5 chiles poblanos en rajas

* 1/4 de kg. de queso rallado
* 1/2 kg. de gluten frito en trocitos (ver receta en el Contenido)
* Sal al gusto

Procedimiento:

Se mezcla la masa con el elote, los chiles, el queso, la sal y la leche necesaria. Se coloca una capa de esta mezcla en un molde engrasado, luego una de gluten, otra de mezcla, otra de gluten y otra de mezcla.

Se hornea y se sirve caliente.

TORTAS DE CARNE DE SOYA Y CEREAL

Ingredientes:

* 2 tazas de carne de soya
* 1 limón (el jugo)
* 1 taza de avena
* 3 huevos
* 1¹/² tazas de aceite para freír

* 4 dientes de ajo picados
* 1 cebolla picada
* Pimienta al gusto
* Sal al gusto

Procedimiento:

Hidratar la carne de soya en agua caliente durante 20 minutos.

Mezclar todos los ingredientes (excepto el aceite) perfectamente y dejar reposar durante 10 minutos.

Formar tortas delgadas y freír, escurrir en papel estraza y servir acompañadas de ensalada fresca.

TORTAS DE GARBANZO

Ingredientes:

* 400 grs. de garbanzo
* 6 huevos
* 100 grs. de queso amarillo

* 125 grs. de leche
* 1 pizca de azafrán

Relleno:

* 1 kg. de acelgas
* 1 cebolla picada
* 1/4 de kg. de jitomate
* 100 grs. de chorizo vegetariano (opcional)

* 50 grs. de aceitunas picadas
* Pimienta al gusto
* Sal al gusto

Procedimiento:

Remojar los garbanzos durante 12 horas. Cocerlos, escurrirlos y quitarles el hollejo. Hacerlos puré.

Aparte, batir las yemas a punto de cordón, agregar al garbanzo ya molido, mezclar también el queso rallado, la crema, el azafrán (disuelto en poquita agua), la sal, la pimienta y las claras batidas a punto de turrón.

En un molde engrasado y enharinado, poner una capa del garbanzo, otra del relleno de acelgas y la última de garbanzo.

Hornear a fuego suave durante una hora. Servir caliente.

El relleno se prepara de la siguiente forma: Acitronar la cebolla en un poco de aceite, agregar enseguida el chorizo, el jitomate asado, molido y colado. Cuando reseque agregar las acelgas picadas finamente, la sal, la pimienta y las aceitunas picadas. Dejar a fuego suave hasta que se cuezan las acelgas.

TORTAS DE TALLOS DE ACELGA

Ingredientes:

Tortas:

* 1 kg. de tallos de acelgas
* 100 grs. de queso fresco
* 3 huevos
* Harina integral la necesaria

Salsa:

* 1/4 de kg. de jitomate
* 1/2 cebolla
* 2 dientes de ajo
* 2 chiles de árbol
* 2 cucharadas de aceite de oliva
* Aceite de cocina el necesario
* Sal al gusto

Procedimiento:

Poner a cocer al vapor los tallos de acelga, ya que estén cocidos deshebrarlos muy bien.

Revolverlos con un poco de harina y el queso rallado.

Aparte batir las claras a punto de turrón e ir incorporando una a una las yemas, hasta que esté todo bien batido. Mezclar con las acelgas deshebradas.

Freír esta mezcla en proporciones al gusto y desgrasar en papel estraza.

Preparar la salsa moliendo el jitomate, la cebolla, el ajo y los chiles.

Colar y freír en el aceite (se combinan los dos aceites), añadir un poco de agua y dejar sazonar muy bien.

Servir bien caliente acompañando a las tortitas de tallos de acelgas.

TORTITAS DE ARROZ INTEGRAL

Ingredientes:

* 50 grs. de perejil picado
* 200 grs. de arroz integral cocido
* 1/2 cebolla finamente picada
* 4 huevos
* 1 cucharada de harina integral
* Sal al gusto

Procedimiento:

Levantar las claras a punto de turrón, luego agregar las yemas e ir añadiendo el resto de ingredientes sin dejar de batir.

Freír porciones en suficiente aceite y desgrasar en papel estraza.

NOTA: Pueden servirse con salsa de jitomate, solas, en salsa verde, etc.

TORTITAS DE ATÚN VEGETARIANO

Ingredientes:

* 6 papas crudas
* 200 grs. de queso añejo
  rallado

* 4 huevos
* Pimienta al gusto
* Sal al gusto

Procedimiento:

Rallar las papas con todo y cáscara, revolver con el queso, las yemas de huevo y por último las claras a punto de turrón. Sazonar con sal y pimienta.
Formar pequeñas tortitas y freír en bastante aceite.
Servir calientes con ensalada, puré, etc.

TORTITAS DE AVENA

Ingredientes:

* $1^{1/2}$ tazas de avena integral
* 1/2 taza de nuez picada
* 3 cucharadas de perejil picado

* 3 cucharadas de cebolla picada
* 4 huevos
* 3 cucharadas de salsa de soya

Procedimiento:

Triturar la avena en la licuadora y mezclarla con las nueces.
Agregar el perejil y la cebolla; enseguida los huevos y la salsa de soya. Mezclar perfectamente.
Freír las tortitas en el aceite necesario.
Se pueden acompañar con puré de espinacas, o servirse en mole, pero en este caso se suprime el perejil.

TORTITAS DE CAMARÓN

Ingredientes:

* 3 chiles anchos (pasilla o negro)
* 1/2 kg. de nopales cocidos
* 4 jitomates
* 1 cebolla mediana
* 2 dientes de ajo
* 5 ramitas de cilantro
* 1 pizca de orégano
* Pimienta al gusto
* Sal al gusto

Procedimiento:

Remojar los chiles en agua caliente durante 15 minutos, desvenar y licuar en poca agua con los dientes de ajo, la cebolla, el jitomate y el orégano.
Colar y freír en poco aceite y dejar sazonar a fuego lento.
Cortar los nopales en tiritas y añadir a la salsa, salpimentar al gusto y agregar el agua necesaria para formar el caldo. Al soltar el hervor, adicionar el cilantro picado, y dejar a fuego lento hasta que los nopales se cuezan.

Tortitas:

Ingredientes:

* 2 huevos
* 3 cucharadas de avena

Procedimiento:

Batir el huevo a punto de turrón e incorporar la avena hasta que esté bien revuelto. Dejar caer cucharadas de esta mezcla en el aceite bien caliente. Ya fritas, escurrirlas y agregarlas al caldillo unos minutos antes de servirse.

TORTITAS DE EJOTES

Ingredientes:

* 1 kg. de ejotes tiernos
* 4 huevos
* Sal al gusto

Procedimiento:

Lavar, despuntar y cortar los ejotes en cuadritos.
Cocerlos al vapor con un poquito de sal.
Aparte, batir las claras a punto de turrón e incorporar enseguida las yemas y los ejotes ya cocidos y escurridos.
Con esta mezcla formar tortitas con las manos mojadas. Freír en aceite bien caliente. Servir con salsa roja o verde.

TORTITAS DE ELOTE

Ingredientes:

* 3 elotes grandes
* 3 huevos
* 1 cebolla picada (mediana)
* 7 ramas de perejil picado
* Sal al gusto

Procedimiento:

Poner en la licuadora los huevos enteros y los granos de elote.
Una vez ya licuado lo anterior agregar el perejil y la cebolla finamente picada.
En una sartén con aceite caliente poner cucharadas de la mezcla formando las tortitas hasta que se doren. Se pueden servir con salsa de tomate, guacamole, etc.

TORTITAS DE GLUTEN (de harina integral)

Ingredientes:

* 1/2 kg. de gluten de harina integral (ver receta en el Contenido)
* 1 rama de mejorana
* 1 tallo de apio
* 1 chile morrón
* 1/2 cebolla
* 3 dientes de ajo
* 3 ramas de cilantro
* 5 ramas de perejil
* 1 taza de aceite
* Tomillo al gusto
* Sal al gusto

Procedimiento:

Picar finamente las verduras y mezclar con el gluten y las hierbas de olor. Una vez bien mezclado todo y con la sal necesaria, formar las tortitas y freírlas en suficiente aceite.
Servir calientes acompañadas de una ensalada fresca o un puré.

TORTITAS DE PAPA

Ingredientes:

* 1 kg. de papas cocidas y peladas
* 5 huevos
* 100 grs. de queso Chihuahua
* Sal al gusto

Procedimiento:

Prensar las papas ya cocidas y peladas. Agregarles el queso rallado y la sal.
Aparte batir las claras de huevo a punto de turrón. Agregarles las yemas, mezclar y agregar a las papas.
Mezclar todo perfectamente.
En una sartén con aceite caliente ir poniendo cucharadas de la mezcla formando las tortitas hasta que se doren.
Se pueden servir con salsa, aderezo o en caldillo de jitomate, etc.

TORTITAS DE PLÁTANO

Ingredientes:

* 2 kgs. de plátanos machos
* 200 grs. de queso Chihuahua
* 1 taza de frijoles cocidos

Procedimiento:

Tomar los plátanos machos y cocerlos con cáscara hasta que la cáscara se rompa. Pelar y hacer puré. Formar tortillitas con un diámetro de 8 a 10 centímetros, colocarles encima un trocito de queso y una cucharadita de frijoles.

Hacer otra tortillita igual a la anterior, colocarla encima y unirlas en los extremos de manera que queden pegadas y freírlas. Se pueden servir acompañadas de ensalada al gusto.

TORTITAS DE SESOS

Ingredientes:

* 4 tazas de avena integral
* 1 pimiento morrón finamente picado
* 1 jitomate picado
* 1 cebolla finamente picada
* 4 huevos
* 1 taza de leche
* Pimienta al gusto
* Sal al gusto

Procedimiento:

Mezclar bien los ingredientes, agregando más leche si es necesario. (Debe quedar espeso.) Freír en aceite bien caliente poniendo cucharadas de la mezcla. Dorar por ambos lados.

VERDURAS A LA VINAGRETA

Ingredientes:

* 1/4 de kg. de zanahorias cortadas en rodajas
* 1/4 de kg. de ejotes finamente picados
* 1/4 de kg. de calabacitas en rodajas
* 1/4 de kg. de chícharos pelados
* 1/4 de kg. de papitas de cambray

Vinagreta:

* 1/8 de vaso de aceite de oliva
* 1 pizca de orégano
* 1/4 de vaso de vinagre
* 1 limón (el jugo)
* 3 pimientas negras molidas
* 3 dientes de ajo machacados
* Sal al gusto

Procedimiento:

Cocer al vapor y por separado las verduras, dejar enfriar y acomodarlas formando una fuente por colores (para dar mayor vista al platillo) y sazonar con la vinagreta. Dejar reposar durante 30 minutos y servir.

La vinagreta se prepara licuando los últimos 5 ingredientes enlistados y mezclando al último el aceite de oliva y el orégano.

Zanahorias gratinadas

Ingredientes:

* 1/2 kg. de zanahorias
* 100 grs. de crema
* 50 grs. de queso Chihuahua rallado
* 20 grs. de mantequilla
* Sal al gusto

Procedimiento:

Pelar y lavar las zanahorias enteras y ponerlas a medio cocer en agua hirviendo con sal.

Escurrir perfectamente y acomodar en un refractario engrasado con mantequilla, bañarlas con crema y espolvorear con queso rallado y adornar intercalando trocitos de mantequilla.

Hornear a 200 °C durante 20 minutos para que gratine.

Zanahorias rellenas

Ingredientes:

* 5 zanahorias grandes y gruesas
* 50 grs. de aceitunas
* 2 huevos cocidos
* 50 grs. de queso rallado
* 50 grs. de mantequilla
* 1 cucharada de perejil picado

Procedimiento:

Pelar y poner a cocer las zanahorias en agua con sal.

Ya cocidas partir por la mitad y ahuecarlas por la parte más ancha.

Picar finamente la parte que se le quitó a las zanahorias y freír en la mantequilla. Dejar enfriar y mezclar perfectamente con los huevos cocidos, la mitad de las aceitunas y el perejil bien picaditos.

Rellenar con esto las zanahorias y adornar espolvoreando un poco de queso y colocando encima de cada zanahoria una aceituna.

SALSAS

SALSA BLANCA	*	SALSA DE MANZANAS
SALSA BOLOÑESA	*	SALSA DE NUEZ
SALSA CASCABEL	*	SALSA DE QUESO
SALSA CATSUP	*	SALSA DE QUESO Y PIMIENTOS
SALSA CHICAGO	*	SALSA DE TOMATE
SALSA CHIMICHURRI	*	SALSA GEMMA
SALSA CHINA	*	SALSA MOUMAR PARA LASAÑA
SALSA DE AJONJOLÍ	*	SALSA VINAGRETA
SALSA DE CHIPOTLE	*	SALSA VINAGRETA ESPAÑOLA

Salsa blanca

Ingredientes:

* 1 lt. de leche
* 75 grs. de mantequilla
* 4 cucharadas de Maicena
* Pimienta
* Nuez moscada
* Sal al gusto

Procedimiento:

Hervir la leche apartando 1/2 taza de ésta para disolver en ella la Maicena. Cuando ya esté hirviendo la leche agregar la Maicena disuelta y unos minutos después añadir la mantequilla, la pimienta, la nuez moscada y la sal al gusto. Debe moverse continuamente para que no se pegue. Retirar después del fuego una vez que esté lo suficientemente espesa.

Se puede hacer en menor cantidad guardando las mismas proporciones.

Salsa boloñesa

Ingredientes:

* 1 kg. de jitomate
* 1 manojo de perejil
* 2 cebollas medianas
* 3 zanahorias
* 6 dientes de ajo
* Pimienta al gusto
* Sal al gusto

Procedimiento:

Cocer los jitomates y las zanahorias y después licuar con el resto de los ingredientes; sazonar con sal y pimienta.

Servir las albóndigas de trigo (ver receta en el Contenido) bañadas con la salsa boloñesa.

Se puede emplear en una gran variedad de guisados.

Salsa cascabel

Ingredientes:

* 1/4 de kg. de chiles cascabel
* 10 dientes de ajo
* Vinagre de manzana el necesario
* Aceite de oliva al gusto
* Orégano al gusto
* Sal al gusto

Procedimiento:

Tostar los chiles, remojarlos en agua caliente, desvenarlos si no se desea picosa la salsa.

Licuar con los ajos y el orégano en el vinagre necesario. Agregar la sal y el aceite de oliva.

Si se desea se le puede poner también 1/4 de kg. de tomates asados.

SALSA CATSUP

Ingredientes:

* 1 lt. de puré de tomate
* 180 ml. de vinagre de manzana
* 40 grs. de cebolla finamente picada
* 4 dientes de ajo
* 3 hojas de laurel
* 1/2 cucharadita de pimienta
* 1/4 de cucharadita de canela en polvo
* 3 clavos de olor
* 1 cucharada de sal
* 150 grs. de azúcar
* 1 cucharadita de harina de mostaza
* 1 pizca de color vegetal rojo

Procedimiento:

Hervir en vinagre la cebolla, la canela, el clavo, la pimienta y el laurel durante cuatro minutos.

Agregar el ajo al tercer minuto.

Colar la mezcla, dejarla enfriar e incorporar la harina de mostaza diluida en un poco de vinagre.

En un poco del puré disolver el azúcar, la sal y el colorante, incorporar con el resto de puré y con la mezcla del vinagre.

Revolver perfectamente. Envasar.

SALSA CHICAGO

Ingredientes:

* 1/2 lt. de puré de tomate
* 1 jitomate picado finamente
* 1/2 cebolla picada finamente
* 1 pepino picado finamente
* 1 zanahoria picada finamente
* 1 jícama picada finamente
* 1 botellita de salsa Torito o Tamazula
* Sal al gusto

Procedimiento:

Mezclar todos los ingredientes, servir como botana en galletitas de soda o en hojas de lechuga, etc.

SALSA CHIMICHURRI

Ingredientes:

* 1/4 de lt. de aceite de cártamo o de oliva
* 1 yema de huevo
* 1 cabeza de ajo grande (pelada)
* 1/2 limón (el jugo)
* Pimienta molida negra al gusto
* Orégano fresco
* Tomillo seco
* Albahaca al gusto
* Sal al gusto

Procedimiento:

Colocar todos los ingredientes en la licuadora y molerlos, agregar poco a poco el aceite hasta formar la mayonesa. Refrigerar.

Sirve para aderezar todo tipo de ensaladas.

SALSA CHINA

Ingredientes:

* 1 zanahoria mediana
* 1 rama de apio
* 1/2 cebolla
* 1 jitomate
* 3 dientes de ajo
* 2 tazas de caldo o de consomé vegetal
* 1/2 taza de Maicena
* 50 grs. de mantequilla
* 50 grs. de cacahuates molidos
* Sal al gusto

Procedimiento:

Picar finamente la zanahoria, el apio, la cebolla, el jitomate y el ajo, y acitronarlos en la mantequilla. Enseguida agregar las 2 tazas de consomé donde previamente se ha diluido la Maicena, dejar sazonar al gusto. Al servirlo sobre las albóndigas de zanahorias, (ver receta en la sección de Guisados), o cualquier otro platillo, rociar encima el cacahuate molido.

SALSA DE AJONJOLÍ

Ingredientes:

* 2 dientes de ajo
* 1/2 taza de ajonjolí limpio y ligeramente tostado
* 1 limón (el jugo)
* 1 manojito de perejil
* 1 pieza de jitomate grande
* 1/2 taza de agua
* Sal al gusto

Procedimiento:

Licuar los ajos, el ajonjolí, el limón, la sal y el agua.

Vaciar en un tazón agregando el jitomate y el perejil bien picados.

Servir frío.

SALSA DE CHIPOTLE

Ingredientes:

* 4 tomates verdes
* 2 ajos
* 1 chile chipotle grande (seco)

* 1/2 cebolla chica
* Sal al gusto

Procedimiento:

El chile se tuesta en el comal.
Aparte hervir los tomates junto con el ajo, y licuar todos los ingredientes, o molerlos en el molcajete.

SALSA DE MANZANAS

Ingredientes:

* 2 manzanas grandes picadas con cáscara
* 1 cebolla chica picada
* 100 grs. de mantequilla

* 1 taza de yogurt
* 1/2 cucharadita de curry
* Sal al gusto

Procedimiento:

Derretir la mantequilla, se marchita la cebolla, se agrega la manzana, después el yogurt y el curry.
Se deja a fuego suave y se mueve constantemente, se agrega sal al gusto, se retira del fuego dejándolo enfriar. Se puede usar en ensaladas, papas, guisados, etc.

SALSA DE NUEZ

Ingredientes:

* 100 grs. de nuez
* 200 grs. de crema bien espesa

* Pimienta al gusto
* Sal al gusto

Procedimiento:

Licuar la nuez con la crema y salpimentar al gusto.
Esta salsa puede utilizarse para bañar guisos, ensaladas, etc.

Salsa de queso

Ingredientes:

* 50 grs. de mantequilla o de aceite
* 2 cucharadas de harina integral
* 2 lts. de leche
* 1 taza de queso rallado Gruyére o Cheddar
* 1/8 de cucharadita de nuez moscada
* Sal al gusto

Procedimiento:

En una cacerola calentar el aceite o la mantequilla, agregar la harina, la sal, y la nuez moscada.

Añadir la leche caliente poco a poco sin dejar de mover, cocinar a fuego suave hasta que espese.

Retirar del fuego y dejar entibiar; incorporar el queso mezclando perfectamente.

NOTA: Sirve para ensaladas, verduras cocidas y también para gratinar.

Salsa de queso y pimientos

Ingredientes:

* 250 grs. de queso amarillo
* 1 taza de leche o más
* 3 pimientos morrones rojos finamente picados
* 50 grs. de aceitunas finamente picadas
* Pimienta al gusto
* Sal al gusto

Procedimiento:

Colocar en una sartén a fuego lento, la leche y el queso amarillo rallado, removiendo constantemente.

Si se requiere agregar un poco más de leche.

Condimentar con sal y pimienta y agregar los pimientos y las aceitunas. Dejar 15 minutos más al fuego y servir caliente sobre cualquier platillo o verdura al vapor.

SALSA DE TOMATE

Ingredientes:

* 1 kg. de jitomate
* 1 cebolla grande
* 2 dientes de ajo
* 1 cucharada de aceite o mantequilla
* 1 cucharadita de azúcar
* Laurel al gusto
* Perejil al gusto
* Pimienta al gusto
* Tomillo al gusto
* Sal al gusto

Procedimiento:

Licuar y colar el jitomate.

Picar finamente y acitronar la cebolla y el ajo en la mantequilla. Añadir el jitomate, azúcar y hierbas.

Dejar sazonar de 20 a 30 minutos a fuego lento, colar la salsa y servir.

SALSA GEMMA

Ingredientes:

* 1 kg. de jitomate asado y pelado
* 1/2 cebolla
* 4 dientes de ajo
* 1 chile jalapeño en vinagre
* 2 cucharadas de aceite
* Hierbas de olor
* Sal al gusto

Procedimiento:

Licuar todos los ingredientes. Ponerlos al fuego, con el aceite.

Agregar la sal y las hierbas de olor. Dejar que sazonen.

Se puede servir con cualquier platillo.

SALSA MOUMAR PARA LASAÑA

Ingredientes:

* 1/2 lt. de leche
* 1 cucharada de mantequilla
* 1 cucharada de harina
* 1 pizca de sal
* 2 yemas de huevo
* 50 grs. de queso Chihuahua o queso Gruyére rallado
* 1/2 taza de crema
* Pimienta blanca
* Nuez moscada al gusto

Procedimiento:

Derretir la mantequilla, añadir la harina y dejar cocinar a fuego lento durante un minuto. Agregar la leche caliente, la sal, la pimienta y la nuez moscada. Cuando esté hirviendo, añadir la crema, las yemas y al final el queso.

SALSA VINAGRETA (para ensaladas frescas)

Ingredientes:

* 3/4 de taza de aceite de oliva
* 2 cucharadas de vinagre de manzana
* 2 limones (el jugo)
* 1 cucharada de azúcar morena
* 1 diente de ajo machacado
* 1/2 cucharada de mostaza
* 1 cucharada de perejil picado
* 1 cucharada de hierbabuena picada
* 1/2 cucharada de tomillo
* Pimienta al gusto
* Sal al gusto

Procedimiento:

Poner en un frasco de cristal todos los ingredientes, añadir la sal y la pimienta, tapar y agitar muy bien hasta que esté todo mezclado y servir.

SALSA VINAGRETA ESPAÑOLA

Ingredientes:

* 2 cucharadas de vinagre de manzana
* 3 cucharadas de aceite
* 1 cucharada de alcaparras picadas
* 1/2 cucharada de hierbas de olor molidas
* 1 pimiento morrón picado
* 1 huevo cocido y picado
* 1 cucharada de perejil picado
* 3 cucharadas de salsa de soya
* Pimienta al gusto
* Sal al gusto

Procedimiento:

Mezclar perfectamente todos los ingredientes y bañar con esto la ensalada.

QUESOS

Quesos

QUESO COTIJA	*	QUESO DE NUEZ
QUESO COTTAGE	*	QUESO DE PIMIENTO
QUESO DE AJO	*	MORRÓN
QUESO DE APIO	*	QUESO DE SOYA (VER CONTENIDO)

QUESO COTIJA

Ingredientes:

* 10 lts. de leche tibia (de establo)
* 1/2 pastilla de cuajar
* 1/2 vaso de agua tibia
* 100 grs. de chile ancho o cascabel
* Vinagre de manzana el necesario
* Sal al gusto

Procedimiento:

Disolver la pastilla de cuajar en el agua y mezclarla con la leche tibia. Dejar reposar 30 minutos para que cuaje.

Pasado este tiempo, cortar la cuajada en cuadros y vaciarla en un costalito de manta previamente mojado y exprimido. Colgarlo para que escurra el suero.

Ya seco, colocar el queso en un molde que tendrá una tela cubriendo su superficie. Tapar por encima del molde con la misma tela y colocar encima del queso un objeto plano y pesado. De 8 a 10 kilos. Dejar reposar 24 horas.

Enchilarlo. Se puede dejar madurar o comer fresco.

Para el chile sólo se licuan los chiles desvenados con la sal y el vinagre necesario (sin agua).

NOTA: El suero sobrante es bueno para regar las plantas.

QUESO COTTAGE

Ingredientes:

* 2 lts. de yogurt (ver Contenido)
* Sal al gusto

Procedimiento:

Colocar el yogurt en un refractario y ponerlo en baño María durante el tiempo necesario hasta que se corte y se cuaje.

Vaciarlo en un saquito de manta previamente mojado y exprimido.

Colgarlo y dejarlo escurrir hasta que tenga la firmeza deseada.

(Entre mayor sea el tiempo de escurrimiento, mayor será la consistencia del queso.)

El queso cottage crudo también puede prepararse con sólo escurrir en la manta el yogurt ya preparado, sin necesidad de calentarlo en baño María.

NOTA: El suero obtenido del escurrimiento es una bebida nutritiva y rejuvenecedora de nuestra piel, tanto tomado como aplicado sobre ella.

QUESO DE AJO

Ingredientes:

* 200 grs. de queso cottage o queso crema (Philadelphia)
* 1 cabeza de ajos
* 50 grs. de ajonjolí tostado
* Salsa de soya al gusto
* Sal al gusto

Procedimiento:

Pelar y freír los ajos en un poco de aceite, hasta que estén bien dorados. Machacarlos perfectamente en el molcajete.

Añadirlos al queso crema junto con la salsa de soya deseada. Mezclar perfectamente.

Formar con este preparado una bola. Si está muy blanda, refrigerar hasta que endurezca para poderla trabajar.

Ya formada la bola, revolcarla sobre el ajonjolí tostado.

Servir frío como botana, para untar o como guarnición.

QUESO DE APIO

Ingredientes:

* 200 grs. de queso cottage o de queso crema (Philadelphia)
* 1 rama de apio en trozos muy finitos
* 50 grs. de ajonjolí tostado
* Salsa de soya al gusto
* Sal al gusto

Procedimiento:

Ya picada la rama de apio en trozos finitos, añadirlos al queso crema junto con la salsa de soya deseada. Mezclar perfectamente. Formar con este preparado una bola. Si está muy blanda refrigerar hasta que endurezca para poderla trabajar. Ya formada la bola, revolcarla sobre el ajonjolí tostado.

Servir frío como botana, para untar o como guarnición.

QUESO DE NUEZ

Ingredientes:

* * 200 grs. de queso cottage o
  de queso crema (Philadelphia)
* * 100 grs. de nuez picada (tostada
  si se desea)

* * Salsa de soya al gusto
* * Sal al gusto

Procedimiento:

Mezclar el queso crema con la mitad de las nueces y la salsa de soya.
Formar con este preparado una bola. Si está muy blanda refrigerar hasta que endurezca para poderla trabajar. Ya formada la bola, revolcarla sobre la nuez restante.
Servir frío como botana, para untar o como guarnición.

QUESO DE PIMIENTO MORRÓN

Ingredientes:

* * 200 grs. de queso cottage o
  de queso crema (Philadelphia)
* * 1 pimiento morrón en trocitos
  muy finos

* * 50 grs. de ajonjolí tostado
* * Salsa de soya al gusto
* * Sal al gusto

Procedimiento:

Ya picado el pimiento morrón en trozos finitos, añadirlos al queso crema junto con la salsa de soya deseada. Mezclar perfectamente.
Formar con este preparado una bola. Si está muy blanda, refrigerar hasta que endurezca para poderla trabajar.
Ya formada la bola revolcarla sobre el ajonjolí tostado.
Servir frío como botana, para untar o como guarnición.

ANTOJITOS

Antojitos

AYACAS	*	SANDWICH DE JITOMATE, AGUACATE
BOLITAS DE FRIJOL	*	Y GERMINADO DE ALFALFA
BOLLITOS (VENEZOLANOS)	*	SANDWICH FRESCO DE GERMINADOS
CORUNDAS	*	TACOS DE FRIJOL
CHILAQUILES MOLDEADOS	*	TACOS DE GLUTEN
ENCHILADAS	*	TAMAL DE CAZUELA
ENCHILADAS DE AGUASCALIENTES	*	TAMALES DE COL
ENCHILADAS VERDES	*	TAMALES DE DULCE
FRIJOLES NEGROS CON HOJA DE	*	TAMALES DE ELOTE
AGUACATE	*	TAMALES DE SAL
GORDITAS DE REQUESÓN	*	TAQUITOS DE CREMA
GORDITAS DE TRIGO Y PILONCILLO	*	TORTILLAS DE HARINA
GORDITAS POBRES	*	INTEGRAL (1)
PENEQUES EN CHILE ANCHO	*	TORTILLAS DE HARINA
POTOSINAS	*	INTEGRAL (2)
QUESADILLAS DE CÁSCARA	*	TORTILLAS DE HARINA
DE PAPA	*	INTEGRAL (3)
QUESADILLAS DE CILANTRO	*	UCHEPOS

AYACAS (tamales venezolanos)

Ingredientes:

* 8 hojas grandes de plátano
* 1 ovillo de hilaza
  (para amarrarlos)
* 1 kg. de masa o harina de maíz

* 1/4 de lt. de aceite
* 30 grs. de achiote
* Agua la necesaria
* Sal al gusto

Relleno:

* 1/4 de kg. de zanahoria en rodajas
* 1/4 de kg. de ejotes finamente picados
* 1/4 de kg. de chícharos pelados
* 100 grs. de almendras peladas
* 5 huevos duros en rodajas
* 8 chiles jalapeños en rajas finitas

* 150 grs. de alcaparras
* 150 grs. de aceitunas
* 1 cebolla grande en rodajas
* 1/4 de kg. de papas picadas finamente
* 100 grs. de pasas

Salsa:

* 3 jitomates asados
* 3 dientes de ajo
* 1/2 cebolla mediana

* Aceite el necesario
* Sal al gusto

Procedimiento:

Hervir las hojas de plátano durante 10 minutos para suavizarlas, cortar cada hoja en rectángulos de 20 centímetros de largo por 15 de ancho.

Mezclar la masa con el aceite y el achiote, la sal y el agua necesaria para formar una pasta uniforme y fácil de trabajar.

Extender los rectángulos de hoja de plátano y sobre cada uno colocar una bolita de masa, que irá trabajándose con los dedos mojados hasta darle forma de tortilla.

Una vez extendida, acomodar en el centro el relleno. Un poquito de chícharo, otro poco de ejotes, una almendra, una rodaja de huevo, otra de cebolla, una aceituna, una alcaparra y unas tiritas de jalapeño. Agregar una cucharada de salsa que se prepara licuando los ingredientes.

Doblar la hoja de plátano procurando que quede bien cerrada, es decir, que no haya orificios por donde pueda penetrar el agua al hervirlos, amarrarlos bien con la hilaza para evitar que se abran.

Poner al fuego una olla con bastante agua y un poco de sal y cuando suelte el hervor depositar ahí las ayacas y dejar cocer durante 30 minutos.

BOLITAS DE FRIJOL

Ingredientes:

* 2 tazas de frijoles cocidos, molidos y secos
* 1/2 taza de aceite
* 1/2 taza de cebolla picada
* 100 grs. de carne de soya cocida
* 1/4 de taza de epazote picado
* 1/4 de kg. de queso Chihuahua rallado
* Sal al gusto

Procedimiento:

Freír un poco de cebolla y añadir los frijoles moviendo hasta que se sequen. Dejar enfriar.
Formar bolitas mezclando con el epazote y la carne de soya picadita.
Espolvorear con el queso rallado.

BOLLITOS (venezolanos)

Ingredientes:

* 1 kg. de harina Minsa
* 1 taza de aceite
* 1 cucharada de anís seco
* Agua la necesaria
* Ovillo de hilaza
* Hojas de elote
* Sal al gusto

Procedimiento:

Amasar la harina con el resto de los ingredientes hasta obtener una masa uniforme.
Hacer bollitos que se envuelven en las hojas de elote previamente remojadas.
Amarrar y cocer al vapor durante 30 minutos.

NOTA: Si se desean dulces solamente se reemplaza la sal por una miel de piloncillo, con la que se amasan los bollitos.

CORUNDAS (tamales michoacanos de ceniza)

Ingredientes:

Masa:

* 1 kg. de maíz
* 1 cucharadita de cal
* 2 tazas de cenizas de carbón de madera
* 1/4 de kg. de manteca vegetal
* 1/4 de kg. de crema
* 200 grs. de queso fresco
* 4 chiles poblanos
* 1 cebolla mediana
* 1/2 kg. de jitomate
* 300 grs. de queso panela
* 1 cucharadita de Royal
* Caldo de verduras o agua la necesaria
* Pimienta al gusto
* Hojas de maíz (de milpa), las necesarias
* Sal al gusto

Procedimiento:

Cocer el maíz junto con la cal y la ceniza en una olla con 2 litros de agua. Cuando el agua suelte el hervor, mover continuamente con una cuchara de madera durante 15 minutos más. Retirar del fuego, escurrir el maíz y lavarlo con agua fría, frotándolo hasta que suelte el hollejo. Una vez limpio, molerlo para obtener la masa.

Aparte batir enérgicamente la manteca hasta acremarla, incorporarle el Royal, enseguida el caldo o el agua poco a poco batiendo la masa constantemente hasta que esponje. La masa estará lista cuando flote al soltar una bolita de ésta, en un vaso de agua fría.

Una vez lista la masa, agregarle el queso fresco desmoronado, la crema y la sal al gusto. Mezclar perfectamente.

Aparte asar, sudar y limpiar los chiles poblanos, cortarlos en rajas.

Asar los jitomates, pelarlos y licuarlos con la cebolla. Freír la salsa en un poco de aceite caliente, agregar las rajas, sazonar con sal y pimienta y dejar que espese.

Ya lista, añadir el queso panela en cuadritos.

Proceder a formar los tamales en las hojas de maíz previamente remojadas, colocando un poco de masa, extenderla, agregar un poco de la salsa preparada y doblar la hoja formando un triángulo. Colocar los tamales en la vaporera. Cocinar durante una hora.

CHILAQUILES MOLDEADOS

Ingredientes:
* 300 grs. de tortillas
* 3 chiles poblanos
* 3 jitomates grandes
* 1/2 cebolla
* 150 grs. de queso Chihuahua rallado
* 125 grs. de crema
* 125 grs. de mantequilla
* Pan molido
* Sal al gusto

Procedimiento:

Cortar la tortilla en cuadritos y freírla en la mantequilla.

Freír aparte el jitomate asado y molido con la cebolla y los chiles asados, desvenados y en rajas. Dejar al fuego 10 minutos, sazonando al gusto.

Untar un molde de corona con mantequilla y polvo de pan.

Colocar una capa de tortillas, otra de salsa, otra de queso y trocitos de mantequilla. Continuar así hasta terminar de llenar el molde.

Hornear a calor suave durante 30 minutos. Vaciar a un platón y bañar con la crema.

ENCHILADAS

Ingredientes:
* 1 taza de carne de soya
* 1 cebolla
* 2 dientes de ajo
* 1 cucharada de salsa de soya
* Hierbas de olor
* Tortillas las necesarias

Para la Salsa:
* 4 jitomates
* 5 dientes de ajo
* 2 chiles jalapeños
* 4 cucharadas de aceite
* 3 ramas de perejil picado
* 1/2 taza de agua

Para el Picadillo:
* 75 grs. de pasas
* 1/2 plátano macho picado
* 2 jitomates
* 3 ramas de perejil
* 200 grs. de queso Chihuahua rallado
* Sal al gusto

Procedimiento:

Poner a hervir durante 5 o 10 minutos la carne de soya con las hierbas de olor, una tercera parte de la cebolla, los 2 dientes de ajo y la salsa de soya.

Escurrir y exprimirla, después, freír la carne de soya con las pasas, la cebolla restante bien picada, el plátano, el jitomate y el perejil.

Salsa:

Asar los jitomates con los dientes de ajo y los chiles; moler, colar y freír con el resto de los ingredientes.

Rellenar las tortillas con el picadillo, engrasar un molde refractario con mantequilla y acomodar aquí los taquitos, bañar con la salsa y el queso.

Hornear hasta gratinar, y si gusta, al sacarlos puede adornarlos con crema y cebollas desflemadas.

Enchiladas de Aguascalientes

Ingredientes:

- ✱ 20 tortillas
- ✱ 5 chiles anchos
- ✱ 10 tomates verdes
- ✱ 125 grs. de crema
- ✱ 1 huevo
- ✱ 200 grs. de queso Chihuahua rallado

- ✱ 125 ml. de leche
- ✱ 350 grs. de papas
- ✱ 100 grs. de chorizo vegetariano
- ✱ 1 lechuga
- ✱ 1 manojo de rábanos
- ✱ Sal al gusto

Procedimiento:

Desvenar y remojar los chiles en la leche durante 1/2 hora.

Enseguida licuarlos con los tomates cocidos, la mitad del queso y la leche en que se remojaron. Agregar además, la crema y la sal.

Pasar las tortillas por aceite caliente y bañarlas con la salsa preparada, rellenar, enrollar, espolvorear con el queso restante.

Acompañar con hojas de lechuga y rabanitos.

El relleno se prepara friendo el chorizo con las papas cocidas en cuadritos, queso rallado y sal al gusto.

Enchiladas verdes

Ingredientes:

- ✱ 20 tortillas
- ✱ 150 grs. de queso fresco
- ✱ 4 chiles poblanos
- ✱ 1 cebolla
- ✱ 150 grs. de cacahuates tostados

- ✱ 1/2 telera
- ✱ 1/4 de lt. de leche
- ✱ Pimienta al gusto
- ✱ Sal al gusto

Procedimiento:

Pasar rápidamente las tortillas por aceite caliente, bañarlas muy bien en la salsa, rellenarlas con el queso fresco, doblarlas y acomodarlas en un platón cubriéndolas con el resto de la salsa y el queso.

La salsa se prepara así: freír en poco aceite los chiles que previamente se habrán de asar, desvenar y licuar con la cebolla; dejar 10 minutos al fuego y agregar los cacahuates que se habrán molido con la telera remojada en la leche.

Sazonar con pimienta y sal y dejar hervir a que espese.

FRIJOLES NEGROS CON HOJA DE AGUACATE

Ingredientes:

* 1/2 kg. de frijol negro
* 1 cabeza de ajo grande
* 1 cebolla grande
* 10 hojas de aguacate
* Cominos molidos al gusto
* Sal al gusto

Procedimiento:

Cocer el frijol. Cuando esté a medio cocer, agregar el comino y la sal.
Tostar la hoja de aguacate y molerla en la licuadora junto con el frijol, ya cocido.
Freír todo después. Se puede hacer espeso para servirse como guisado con totopos o como atole para enfrijoladas, para relleno de tamales, etc.

GORDITAS DE REQUESÓN

Ingredientes:

* 1 kg. de masa
* 1 taza de requesón
* Agua la necesaria
* Sal al gusto

Procedimiento:

Amasar la masa agregando poco a poco el requesón, la sal y un poco de agua hasta que resulte una pasta suave.
Hacer las gorditas y cocerlas sobre el comal, dejándolas dorar por ambos lados.
Cuando se hayan enfriado abrirlas por la mitad y si desea puede rellenarlas con queso, nopalitos o rajas de pimiento morrón.

GORDITAS DE TRIGO Y PILONCILLO

Ingredientes:

* 1 kg. de harina integral
* $1^{1/2}$ tazas de aceite
* 2 cucharadas de canela molida
* 2 cabezas grandes de piloncillo

Procedimiento:

Cortar el piloncillo en trocitos y ponerlo a remojar 2 horas antes.
Mezclar la harina con el aceite y la canela.
Agregar el piloncillo con el agua donde se remojó y terminar de amasar hasta formar una pasta homogénea.
Formar las gorditas y cocer en el comal.

GORDITAS POBRES

Ingredientes:

* 1/2 kg. de tortillas duras
* 1/2 lt. de leche
* 2 chiles anchos
* 1/2 cucharadita de Royal
* 75 grs. de harina
* 4 chiles poblanos

* 1 quesito fresco (150 grs.)
* 1/4 de kg. de crema
* 1 taza de salsa al gusto
* Pimienta al gusto
* Una cucharadita de sal

Procedimiento:

Remojar las tortillas en la leche, molerlas con los chiles previamente desvenados y remojados en agua caliente. Agregar la sal, el Royal y la harina. Formar las gorditas y freírlas en aceite o mantequilla.
Adornarlas con la salsa, el queso fresco y la crema.
Se pueden acompañar con ensalada de lechuga.

PENEQUES EN CHILE ANCHO

Ingredientes:

* 5 huevos a punto de turrón
* 400 grs. de queso fresco
* 12 piezas de peneques
* 1 taza de harina integral

* 2 tazas de aceite
* 2 tazas de salsa de chile ancho
* Sal al gusto
* Papel estraza

Procedimiento:

Rellenar los peneques con queso, pasar por harina y después por huevo; freír en aceite caliente y escurrirlos sobre papel estraza.
Freír el chile y sazonar, agregando agua si hace falta.
Acomodar los peneques en el platón; bañar con salsa y espolvorear con el resto del queso, meter al horno por 15 minutos.

POTOSINAS

Ingredientes:

* 1/2 kg. de masa de maíz
* 2 chiles anchos
* 1/2 cucharadita de Royal
* 1 cucharada de manteca vegetal o de aceite
* Queso fresco para adornar
* Una cucharadita de sal

Relleno:

* 3 cebollas medianas picadas
* 75 grs. de chile ancho
* 3 huevos
* 50 grs. de queso añejo rallado

Procedimiento:

Asar, desvenar y remojar los chiles en agua caliente.

Mezclar esta salsa con la masa y agregar la manteca, la sal y el Royal.

Formar tortillitas, rellenarlas, unirlas como quesadillas y freírlas o asarlas.

Adornar con el queso fresco rallado acompañando de hojas de lechuga y rabanitos.

Para hacer el relleno se debe freír la cebolla. Una vez acitronada, agregar la salsa que se habrá preparado previamente asando, desvenando, remojando y licuando los chiles. Dejar sazonar 10 minutos y agregar enseguida los huevos ligeramente batidos y el queso añejo dejando al fuego hasta que se forma una pasta con la que se rellenarán las quesadillas.

QUESADILLAS DE CÁSCARA DE PAPA

Ingredientes:

* Cáscaras de papa al gusto
* Hojas de epazote
* Cebollitas de cambray
* Chiles verdes al gusto
* Aceite de oliva el necesario
* Sal al gusto

Procedimiento:

Picar todos los ingredientes y dorarlos en aceite de oliva, con este relleno se hacen las quesadillas.

QUESADILLAS DE CILANTRO

Ingredientes del relleno:

Relleno:

* 1 manojo de cilantro
* 1/2 cebolla mediana
* 6 chiles guajillo
* 1/3 de taza de masa
* Agua la necesaria
* Sal al gusto

Procedimiento:

Picar muy finamente la cebolla y el cilantro.
Licuar en un poco de agua los chiles y aparte en un poquito de agua licuar la masa.
Mezclar todos los ingredientes perfectamente y con esto rellenar las tortillas.
Freírlas en suficiente aceite y desgrasarlas en papel de estraza.

SANDWICH DE JITOMATE, AGUACATE Y GERMINADO DE ALFALFA

Ingredientes:

* 4 rebanadas de pan fresco de trigo
* 4 hojas de lechuga romanita
* 4 rodajas de jitomate fresco
* 4 rodajas de pimiento verde
* 1/2 aguacate
* Mantequilla la necesaria
* Mayonesa la necesaria
* Germinado de alfalfa el necesario
* Sal al gusto

Procedimiento:

Untar con mantequilla las rebanadas de pan, y un poco de mayonesa; colocar las hojas de lechuga, las rodajas de jitomate, las de pimiento y el aguacate y después rociar con la alfalfa germinada. Salar al gusto y cortar en dos.

SANDWICH FRESCO DE GERMINADOS

Ingredientes:

* 1/2 taza de aceitunas
* 2 tazas de alfalfa germinada
* 1/2 taza de crema
* 1/4 de taza de queso fresco rallado
* 1 pimiento rojo picado
* 1 cucharada de cebolla picada
* 1/2 taza de mayonesa
* 2 paquetes de pan integral
* Sal al gusto

Procedimiento:

Licuar la crema, el queso y la mayonesa; vaciar a un refractario añadiendo el resto de los ingredientes, con excepción de las aceitunas.
En caso de quedar muy secos aflojar con un poco de crema.
Formar los sandwiches cortándolos esquinados o a la mitad y colocando sobre ellos una aceituna ensartada en un palillo.

TACOS DE FRIJOL

Ingredientes:

* 18 tortillas frescas
* 250 grs. de queso fresco rallado

* 1 lechuga orejona rebanada
* Palillos (los necesarios)

Relleno:

* 2 tazas de frijoles cocidos, molidos y secos

* 1/4 de lt. de aceite
* 250 grs. de chorizo vegetariano

Salsa:

* 1/4 de kg. de jitomate asado
* 1/2 taza de cebolla picada
* 1/2 taza de cilantro picado

* Chiles serranos asados
* Sal al gusto

Procedimiento:

Mezclar los frijoles y el chorizo.
Con esto rellenar los taquitos prendiéndolos con 2 palillos. Freírlos y escurrirlos.
Servir acompañado de la salsa, lechuga y queso.

Salsa:

Moler en el molcajete el jitomate, la cebolla, el cilantro y los chiles serranos y sazonar.

TACOS DE GLUTEN

Ingredientes:

* 20 tortillas de maíz
* 1/4 de kg. de gluten frito y picado en tiritas (ver receta en el Contenido)
* 1/4 de kg. de queso Oaxaca rallado

* 2 tazas de salsa de jitomate
* Rabanitos picados
* Lechuga picada
* Cebollita tierna picada
* Sal al gusto

Procedimiento:

Rellenar las tortillas con un poco de gluten, doblarlas y freírlas. Colocar después dentro de los tacos el queso, la cebolla, la lechuga, el rábano y la salsa.

TAMAL DE CAZUELA

Ingredientes:

- ☆ 3/4 de kg. de harina de maíz para tamales o masa
- ☆ 450 grs. de manteca vegetal

- ☆ 1/2 cucharadita de Royal
- ☆ Cáscara de 15 tomates

Relleno:

- ☆ 3 chiles anchos
- ☆ 3 chiles mulatos
- ☆ 3 chiles pasilla
- ☆ 200 grs. de jitomate
- ☆ 10 tomates verdes
- ☆ 2 tortillas
- ☆ 1/2 bolillo
- ☆ 1 cucharada de semillas de los chiles

- ☆ 50 grs. de cacahuates
- ☆ 50 grs. de ajonjolí
- ☆ 1 tablilla de chocolate
- ☆ 1/2 taza de vinagre
- ☆ 4 clavos
- ☆ 4 pimientas grandes
- ☆ 1 raja de canela
- ☆ Sal al gusto

Procedimiento:

Batir la manteca hasta que haga ojos, agregar la harina para tamal, el cocimiento de las 15 cáscaras de tomate, la sal y el Royal.

Batir perfectamente hasta que una bolita de la masa flote en un vaso de agua. Untar una cazuela de manteca, colocar una capa de masa, otra de relleno, otra de masa.

Hornear a calor regular durante una hora. Servir caliente.

El relleno se prepara desvenando los chiles en seco, se fríen ligeramente y se muelen junto con el pan y las tortillas previamente dorados. Moler ahí mismo los cacahuates, las semillas de chile y el ajonjolí también dorados. Agregar el jitomate y el tomate en crudo.

Se deberá moler todo esto recién tostado y junto con los clavos, la canela y la pimienta.

Freír esta mezcla en aceite caliente, al empezar a hervir agregar el chocolate y la sal.

Dejar al fuego hasta que espese, retirar y agregar el vinagre.

TAMALES DE COL

Ingredientes:

* 1 col mediana
* 1 kg. de masa
* 1 cucharada de Royal
* 1 taza de aceite
* 1 cebolla
* 10 dientes de ajo

* 1 cucharada de orégano
* 6 chiles poblanos asados, pelados y desvenados
* 1/4 de kg. de queso fresco
* Salsa o mole al gusto
* Sal al gusto

Procedimiento:

Quitar a la col el centro y ponerla a cocer en agua con sal.

Mezclar la masa con el Royal, el aceite y la sal. Licuar una cebolla, los dientes de ajo y el orégano, con el mínimo de agua y después agregarlo a la masa, revolviéndola bien y formando una pasta uniforme y fácil de manejar.

Una vez que la col está casi cocida, deshojarla y en cada hoja colocar una cucharada de masa, las rajitas de chile y una tirita de queso y si se desea, puede añadirle salsa o mole al gusto.

Enrollar los tamalitos y ponerlos a cocer al vapor durante 45 minutos o una hora.

TAMALES DE DULCE

Ingredientes:

* 1 kg. de harina para tamal
* 350 grs. de manteca vegetal
* 3 cucharadas de Royal
* 1/4 de cucharada de cominos
* 1/2 lt. de agua
* 10 cáscaras de tomate limpias
* 1 cucharada de tequesquite
* 1/2 kg. de chiles poblanos en rajas

* 3 piezas de acitrón picado
* 1/2 kg. de fresas crudas o 2 vasos de mermelada de fresa o 1/2 kg. de pulpa de guayaba
* 100 grs. de pasas remojadas en 1/2 vaso de agua caliente
* Un poco de colorante rojo vegetal

Procedimiento:

El mismo de la receta anterior a excepción del relleno que es la fresa o la guayaba.

TAMALES DE ELOTE

Ingredientes:

* 12 elotes tiernos
* 250 grs. de crema
* 250 grs. de mantequilla blanda

* Hojas tiernas del elote
* Sal al gusto

Relleno:

* 6 chiles poblanos asados y en rajas
* 1/2 kg. de jitomate
* 1/4 de kg. de queso Oaxaca

* 1 trozo de cebolla
* 2 dientes de ajo
* 1 chile ancho

Procedimiento:

Desgranar y moler los elotes (sin agua). Mezclarles la crema, la mantequilla, la sal batiendo hasta que se incorpore todo perfectamente.

Aparte preparar el relleno. Licuar los jitomates con el ajo, la cebolla, el chile ancho y la sal; colar y sofreír en un poco de aceite.

Colocar en las hojas de elote unas cucharadas de la mezcla de elote, un poco de salsa, unas rajitas y una tirita de queso.

Envolver, acomodar en la vaporera y cocer durante 30 o 40 minutos.

TAMALES DE SAL

Ingredientes:

* 1 kg. de harina para tamal
* 350 grs. de manteca vegetal
* 3 cucharadas de Royal
* 1/4 de cucharada de cominos
* 1/2 lt. de agua
* 10 cáscaras de tomate limpias
* 1 cucharada de tequesquite

* 1/2 kg. de chiles poblanos en rajas
* 3 tazas de carne de soya hidratada y exprimida
* 150 grs. de queso Oaxaca
* 2 cucharadas de aceite
* 2 tazas de salsa de tomate
* 30 o 40 hojas de tamal

Procedimiento:

Hervir en una taza de agua los cominos, las cáscaras de tomate y el tequesquite. Batir la manteca hasta acremar con el Royal; agregar poco a poco la harina cernida, el agua fría y el agua anterior colada.

Freír por separado las rajas y la salsa de jitomate junto con la carne de soya y los cominos.

En hojas anchas se unta un poco de la masa y se rellena con lo anterior y el queso deshebrado. Envolver dando forma y dejar cocer 20 minutos en olla express y 45 minutos en vaporera. Los tamales estarán cuando se desprendan de las hojas.

NOTA: El punto necesario al acremar la masa se verifica al dejar caer una bolita de masa en un vaso de agua y si flota es señal de que ya está lista la masa para formar los tamales.

TAQUITOS DE CREMA

Ingredientes:

- * 30 tortillas
- * 4 chiles poblanos asados, desvenados y en rajas
- * 3/4 de kg. de jitomate, asado, molido y colado
- * 1 cebolla picada
- * 1/4 de kg. de crema
- * 100 grs. de queso fresco
- * 50 grs. de mantequilla
- * Pimienta al gusto
- * Sal al gusto

Procedimiento:

Freír en un poco de aceite las rajas, el jitomate y la cebolla, sazonándolos con la sal y la pimienta.

Pasar las tortillas rápidamente por aceite caliente.

Rellenarlas con la mezcla anterior, enrollarlas y acomodarlas en un refractario previamente engrasado.

Agregar encima la crema, el queso rallado y trocitos de mantequilla.

Hornear. Servir calientes.

TORTILLAS DE HARINA INTEGRAL (1)

Ingredientes:

- * 1 kg. de harina integral
- * 2 cucharadas de Royal
- * 1 taza de aceite
- * 1 pizca de azúcar
- * Agua caliente la necesaria
- * Sal al gusto

Procedimiento:

Revolver la harina, el Royal, la sal y el azúcar, incorporar el aceite y añadir la cantidad necesaria de agua para formar una pasta uniforme.

Dividir la masa en pequeñas porciones y dejarlas reposar 10 minutos. Extender con un rodillo y formar las tortillas delgadas.

En un comal cocer las tortillas por ambos lados.

TORTILLAS DE HARINA INTEGRAL (2)

Ingredientes:

* 1 kg. de harina integral
* 1 cucharada sopera de Royal
* 1/4 de crema o yogurt

* 1/2 cucharadita de sal
(no si son para buñuelos)
(ver receta en el Contenido)

Procedimiento:

Mezclar y amasar con el agua necesaria; untar de aceite y dejar reposar 1/2 hora. Hacer las bolitas y luego las tortillas, extendiéndolas con el rodillo sobre la mesa enharinada. Cocerlas en el comal.

TORTILLAS DE HARINA INTEGRAL (3)

Ingredientes:

* 1/2 kg. de salvado
* 3 tazas de harina integral
* 2 tazas de aceite o 1/4 de kg. de manteca vegetal

* 1 cucharada de Royal
* Agua tibia la necesaria
* Sal al gusto (de ajo)

Procedimiento:

Mezclar el salvado con la harina y el aceite para formar una pasta uniforme, añadir el agua necesaria para dar la consistencia y por último sal. Dejar reposar de 30 a 60 minutos.

Formar pequeñas bolitas y extender con el rodillo sobre la mesa enharinada para dar la forma de tortilla, ponerlas al comal caliente para que se cuezan.

UCHEPOS (tamales de elote michoacanos)

Ingredientes:

* 6 elotes tiernos desgranados
* 400 grs. de azúcar
* 1 1/2 lts. de leche
* 1 cucharada de vainilla

* 1 pizca de bicarbonato
* Hojas tiernas de elote (las necesarias)
* Sal al gusto

Procedimiento:

Moler los granos de elote con la leche. Colar la mezcla resultante y ponerla a fuego lento.

Añadir el azúcar, el bicarbonato y la vainilla, moviendo constantemente para que no se pegue.

Una vez que tome consistencia de atole espeso, retirarla del fuego y dejarla entibiar.

Poner cucharadas de la pasta en las hojas de maíz previamente remojadas. Envolverlos formando los tamales.

Dejarlos enfriar. Servir fríos.

POSTRES Y DULCES

POSTRES Y DULCES

ALLBRAN	*	DURAZNOS CUBIERTOS
ARETITAS	*	ESTRELLA DE ZANAHORIA
ARROZ CON LECHE	*	FLAN
BETÚN BLANCO	*	FLAN DE CAJETA
BETÚN DE CHOCOLATE (1)	*	FLAN DE CHOCOLATE
BETÚN DE CHOCOLATE (2)	*	FLAN DE MAGIA
BOLITAS DE AJONJOLÍ	*	FLAN DE MANZANA
BUDÍN DE ZANAHORIA	*	FLAN DE QUESO
BUÑUELOS (ESTILO MICHOACÁN)	*	FLAN DE VAINILLA
BUÑUELOS DE ELOTE	*	FLAN PRÁCTICO
BUÑUELOS DE SOYA	*	GELATINA DE ELOTE
CAJETA DE FRIJOL	*	GRANOLA
CORICOS DE MAÍZ (ROSQUITAS)	*	HELADO DE AJONJOLÍ
CREMA ALMENDRADA	*	HELADO DE FRESA
CREMA DE CACAHUATE	*	HELADO DE LIMÓN
CREMA DE CHOCOLATE	*	HELADO DE SOYA CON COCO
CREMA DE LIMÓN	*	HELADO DE SOYA CON FRESA
CREMA DE MAMEY	*	HELADO DE SOYA CON GUAYABA
CREMA VIENESA	*	HELADO DE SOYA CON PLÁTANO
CHOCOLATE CRIOLLO	*	HELADO DE SOYA CON VAINILLA
CHONGOS ZAMORANOS	*	HELADO DE VAINILLA
DULCE DE ARROZ CON LECHE	*	HELADO DE YOGURT Y PIÑA
HORNEADO	*	HELADO DORA
DULCE DE CALABAZA	*	JAMONCILLO DE LECHE
DULCE DE CIRUELA PASA	*	JERICALLA
DULCE DE COCO (1)	*	JUN-JUN
DULCE DE COCO (2)	*	(POSTRE JAPONÉS)
DULCE DE LIMÓN	*	MANZANAS CON CREMA
DULCE DE MAMEY	*	MANZANAS EN LECHE
DULCE DE MELÓN	*	MANZANAS HORNEADAS
DULCE DE NUEZ	*	MARINAS
DULCE DE PAPAYA	*	MAZAPANES
DULCE DEL SUR	*	MERENGUES
DULCE LILÍ	*	MERMELADA DE PIÑA

ALL-BRAN

Ingredientes:

* 5 tazas de salvado
* 1 taza de azúcar mascabado
* 1/2 taza de miel

* 1/2 taza de aceite
* 3 cucharadas de vainilla
* 6 cucharadas de agua

Procedimiento:

Mezclar todos los ingredientes y hornear a 200 °C durante 30 minutos, revolviendo varias veces para que se tuesten parejito.

ARETITAS

Ingredientes:

* 1/2 taza de harina de arroz
* 1/2 taza de harina integral
* 1/2 taza de harina de maíz
* 1 raja grande de canela
* 3 huevos ligeramente batidos
* 3 clavos de olor
* 200 grs. de queso panela

* 2 cucharadas de Royal
* 3 guayabas
* 1/4 de kg. de piloncillo
* 1/2 taza de agua
* 3/4 de taza de aceite
* Una pizca de azúcar
* Papel estraza

Procedimiento:

Formar un polvorón con los polvos, el huevo, el queso rallado y una pizca de azúcar, amasar hasta quedar una masa uniforme.
Hacer pequeñas tortillas delgadas y dejarlas reposar 10 minutos sobre una servilleta.
Freír las tortillas en aceite bien caliente y escurrir sobre papel estraza.
Preparar una miel con el piloncillo y el agua, ya que esté espesa agregar las guayabas bien picaditas, los clavos y la canela.
Servir las aretitas en un platón hondo bañadas con la miel.

Arroz con leche

Ingredientes:

- 1/4 de kg. de arroz integral
- 1 lt. de leche
- 1 lata de leche Nestlé
- 1 raja de canela
- 5 hojas de naranjo o de limón
- 1 cabeza de piloncillo
- 4 cucharadas soperas de Maicena

Procedimiento:

Lavar y hervir el arroz en 2 litros de agua con la canela y las hojas de naranjo o de limón. Ya que hierve 10 minutos retirar del fuego y dejar tapado reposando hasta que esponje (una hora). Enseguida agregar las dos leches con el piloncillo y poner a fuego bajito, hasta que se cueza el arroz.

Para espesarlo, agregar la Maicena previamente disuelta en medio vaso de leche. Dejar hervir un poco más hasta que espese al gusto.

Betún blanco

Ingredientes:

- 1 paquete de queso crema (190 grs.)
- 100 grs. de mantequilla sin sal (blanda)
- 2 tazas de azúcar glass
- 1 cucharadita de vainilla

Procedimiento:

Acremar el queso y la mantequilla hasta que estén muy suaves, agregar poco a poco el azúcar glass y finalmente la vainilla.

Decorar el pastel al gusto.

Betún de chocolate (1)

Ingredientes:

- 1/4 de kg. de crema para batir (Lyncott)
- 3 cucharadas de leche
- 100 grs. de chocolate amargo derretido (Turín)

Procedimiento:

Hervir todo junto y dejar reposar 24 horas antes de hacer el pastel. Batir al día siguiente y decorar el pastel.

BETÚN DE CHOCOLATE (2)

Ingredientes:

* 240 grs. de chocolate amargo
* 1$^{1/2}$ barras de mantequilla
* 4 tazas de azúcar glass cernida
* 2 huevos
* 1 cucharadita de extracto de vainilla
* Una pizca de sal

Procedimiento:

Se suaviza el chocolate y la mantequilla en baño María (que no hierva) y luego se añaden los demás ingredientes, se incorporan muy bien y se saca el tazón del baño María, se coloca sobre el hielo y se bate 5 minutos hasta que tenga una consistencia untable.

BOLITAS DE AJONJOLÍ

Ingredientes:

* 1/4 de kg. de crema de cacahuate (ver Contenido)
* 1/4 de kg. de miel de abejas
* 50 grs. de ajonjolí tostado
* Germen de trigo el necesario

Procedimiento:

Batir muy bien la crema de cacahuate con la miel y agregar el ajonjolí.
Agregar el germen poco a poco a esta mezcla hasta formar una masa uniforme lo suficientemente firme para hacer bolitas. Revolcarlas en mascabado o en ajonjolí tostado. Refrigerar y servir fría.

BUDÍN DE ZANAHORIA (12 personas)

Ingredientes:

* 1 lata de leche condensada
* 1/2 lata de leche evaporada
* 1 taza de zanahoria molida*
* 2 huevos
* 1 cucharada de canela en polvo

Procedimiento:

Mezclar todos los ingredientes y vaciar la mezcla en un refractario engrasado con mantequilla y hornear a 175 grados durante 45 minutos.

*Puede emplearse el bagazo que queda en el extractor cuando se hace jugo de zanahoria.

329

BUÑUELOS (estilo Michoacán)

Ingredientes:

Miel:

* 1 kg. de piloncillo
* 1 raja de canela
* 2 clavos de olor
* 1 hojita de higuera

* 1 lt. de agua
* Tortillas de harina de trigo integral (ver Contenido)

Procedimiento:

Para hacer la miel se colocan todos los ingredientes anteriores a hervir a fuego lento hasta que se desbarate el piloncillo y se dejan reposar un ratito, mientras tanto se doran las tortillas de harina.

En el cazo se pone un poco de miel colada, se rompen varias tortillas y se voltean a que se doren al gusto.

Se sacan y se repite la operación hasta terminar.

Se sirven fríos o calientes. Se pueden acompañar con atole blanco (ver Contenido), o al gusto.

BUÑUELOS DE ELOTE

Ingredientes:

* 1 taza de elote fresco desgranado
* 1/2 taza de leche Nestlé
* 1/2 taza de harina de trigo
* 2 cucharadas de Royal
* 3 huevos

* 2 tazas de aceite
* 1 cucharada de vainilla
* 1/4 de cucharadita de sal
* 1 taza de azúcar glass
* 3 cucharadas de canela molida

Procedimiento:

Batir todos los ingredientes en la licuadora, excepto el azúcar, la canela y el aceite. Aparte en un cazo hondo, calentar el aceite y dejar caer una cucharada de la pasta para formar los buñuelos.

Cuando estén dorados, escurrirlos en papel estraza y espolvorear con azúcar y canela.

BUÑUELOS DE SOYA

Ingredientes:

* 1/4 de kg. de harina de soya (o la masa restante de la leche de soya: Okara)
* 1 kg. de harina integral
* 1 cucharada de mantequilla

* 1/4 de kg. de azúcar
* 1 1/2 cucharadas de Royal
* Aceite el necesario

Procedimiento:

Mezclar las harinas, el Royal, el azúcar y la mantequilla y amasar todo muy bien para formar una masa que no se pegue en la mesa.

Formar bolitas y extender con el rodillo del tamaño y grueso que guste, freír en abundante aceite y servir con miel.

CAJETA DE FRIJOL

Ingredientes:

* 400 grs. de frijol
* 2$^{1/2}$ lts. de leche
* 900 grs. de azúcar
* 100 grs. de nuez picada

Procedimiento:

Cocer los frijoles en suficiente agua sin sal. Ya cocidos, escurrirlos bien, licuarlos con la leche y colarlos.

Hervir esta mezcla y cuando suelte el primer hervor, agregar lentamente el azúcar, continuar cocinando, moviendo constantemente hasta que espese.

Servir en moldes pequeños, dejar que enfríe.

Adornar con la nuez molida.

CORICOS DE MAÍZ (rosquitas)

Ingredientes:

* 1 kg. de harina Minsa
* 1/2 kg. de manteca vegetal
* 5 huevos
* 3 piloncillos grandes en medio litro de agua
* Una pizca de sal

Procedimiento:

Se hace la miel con el piloncillo (espesita). Juntar los huevos con la manteca, batir hasta que acreme. Agregar la harina, la miel y amasar. Hacer las rosquitas, hornear en lámina engrasada a 200 grados durante 30 minutos.

CREMA ALMENDRADA

Ingredientes:

* 1 lt. de leche
* 1 cucharada de Maicena
* 5 yemas
* 300 grs. de azúcar
* 12 soletas
* 1 raja de canela
* 25 grs. de almendras
* 1 cucharada de canela en polvo
* 50 grs. de azúcar

Procedimiento:

Mezclar las yemas con la Maicena, los 300 gramos de azúcar, la raja de canela y la leche. Poner al fuego, mover constantemente hasta que adquiera el punto de una crema espesa.

Colocar las soletas en un refractario y sobre ellas la crema, enseguida las almendras peladas y picadas, el polvo de canela y los 50 gramos de azúcar. Hornear a que dore. Se puede servir fría o caliente.

CREMA DE CACAHUATE

Ingredientes:

* 1/4 de kg. de cacahuate tostado y pelado
* 2 cucharadas de miel o sal al gusto
* 2 cucharadas de aceite
* Agua la necesaria

Procedimiento:

Vaciar los cacahuates en la licuadora, agregando agua poco a poco hasta formar una pasta suave.
Agregar el aceite y la miel o la sal según el gusto.
Seguir licuando hasta darle la consistencia de crema.

CREMA DE CHOCOLATE

Ingredientes:

* 1 barra de chocolate amargo (Turín 160 grs.)
* 4 huevos
* 4 cucharadas de agua
* 100 grs. de azúcar
* 300 grs. de mantequilla
* 12 soletas
* 10 cerezas

Procedimiento:

Rallar el chocolate, añadir el agua y ponerlo a fuego lento. Una vez derretido, retirar del fuego y agregar el azúcar, la mantequilla, las yemas ligeramente batidas y las claras batidas a punto de turrón.
Colocar en un molde o platón las soletas y vaciar encima la crema de chocolate.
Servir frío adornando con las cerezas.

CREMA DE LIMÓN

Ingredientes:

* 1 lata de leche condensada
* 1 lata de leche evaporada
* 1 taza de piña cortada en cuadritos
* 1 paquete de galletas Marías
* 5 limones (el jugo)
* Cerezas para adornar al gusto (opcional)

Procedimiento:

Mezclar perfectamente las leches, añadir el jugo de limón y batir hasta que se espesen.
Colocar en un molde refractario una capa de galletas Marías, otra de la crema de leche y por último los cuadritos de piña. Continuar de igual forma hasta terminar con una capa de crema arriba y adornar con las cerezas.
Meter el postre al refrigerador aproximadamente una hora para que cuaje bien.

CREMA DE MAMEY

Ingredientes:

* 2 mameyes grandes
* 400 grs. de azúcar
* 1 lt. de leche
* 1 raja de canela

* 3 yemas
* 25 grs. de almendras peladas
* 25 grs. de cerezas
* 2 higos cubiertos

Procedimiento:

Licuar los mameyes con la leche, agregar las yemas, azúcar y canela y poner al fuego moviendo constantemente con una cuchara de madera. Cuando se vea el fondo de la cacerola retirar del fuego, vaciar en un platón y decorar formando margaritas con las mitades de las almendras, los centros con las cerezas y las hojas con tiritas de higos.

CREMA VIENESA

Ingredientes:

* 1 lata de leche Nestlé
* 10 huevos
* 1 cucharada de vainilla
* 1 raja de canela
* 20 grs. de grenetina pura (agar-agar)

* 1$^{1/2}$ docena de soletas
* 1/4 de lt. de jugo de naranja
* 1 naranja cubierta en cuadritos
* 2 higos cubiertos
* 50 grs. de cerezas

Procedimiento:

Hervir por 3 minutos la leche con una taza de agua y la vainilla. Retirar y dejar enfriar ligeramente.
Añadir las yemas batidas y volver a poner al fuego (mover para que no se formen grumos) hasta que hierva.
Mezclar la grenetina previamente remojada en media taza de agua fría y disolver.
Cuando se enfríe la mezcla anterior incorporar las claras a punto de turrón.
Vaciar a un molde redondo hasta la mitad y refrigerar hasta que cuaje.
Sacar y acomodar encima del cuajado las soletas previamente remojadas en el jugo de naranja, vaciar sobre éstas la crema restante y adornar con las frutas.
Dejar cuajar y voltear hacia arriba sobre un platón.

CHOCOLATE CRIOLLO

Ingredientes:

* 1 kg. de cacao
* 2 kgs. de azúcar
* 75 grs. de almendras
* 75 grs. de canela en rajas

* 4 huevos duros
  (sólo la yema se utiliza)
* 6 cucharadas de manteca
  vegetal

Procedimiento:

Tostar y pelar el cacao y dejarlo al sol. Dorar y pelar las almendras y ponerlas también al sol.

Despedazar la canela y ponerla al sol. Desmoronar las yemas y ponerlas también al sol al igual que la manteca.

Dejar todos los ingredientes en el sol durante 2 horas, al cabo de las cuales, molerlos perfectamente. Después agregar el azúcar y volverlos a moler.

Formar las tablillas de inmediato antes de que se enfríe el chocolate. Para ello se puede utilizar una pulsera del tamaño deseado, se coloca en el centro una bolita y amasar con los dedos hasta darle la forma de tablilla.

CHONGOS ZAMORANOS

Ingredientes:

* 5 lts. de leche bronca
* 1/8 de pastillita de cuajar

* 1/2 kg. de azúcar o piloncillo
* 4 rajas de canela

Procedimiento:

Disolver la parte de la pastilla en un poco de leche. Entibiar la leche cruda en la estufa y agregarle lo anterior, mezclar perfectamente, dejar sin lumbre y sin mover hasta que cuaje (hasta que se haga como panela).

Ya cuajada se corta con un cuchillo en trozos medianos.

Espolvorearle el azúcar entre las ranuras de los cortes y acomodarles también las rajas de canela.

Poner a hervir a fuego mediano, y dejar hervir hasta que estén cocidos al gusto.

DULCE DE ARROZ CON LECHE HORNEADO

Ingredientes:

* 2 tazas de arroz integral
* 1 lata de leche Nestlé
* 4 tazas de agua
* 4 yemas a punto de cordón
* 1 raja grande de canela
* 50 grs. de pasas
* 50 grs. de nuez o coco rallado

Procedimiento:

Cocer el arroz en agua con la canela.

Vaciar a un molde refractario alternando con el resto de ingredientes procurando que quede encima el coco o nuez y pasas.

Meter al horno precalentado a calor mediano por 20 minutos.

DULCE DE CALABAZA

Ingredientes:

* 1 kg. de calabaza de castilla madura
* 1/2 kg. de piloncillo
* 1/2 kg. de guayabas
* 2 hojas de higo
* 1 caña picada en trocitos
* 1 raja grande de canela
* 1/2 taza de agua
* La cáscara de una naranja
* Si se desea 15 tejocotes

Procedimiento:

Partir en cuadritos la calabaza, el piloncillo, las guayabas y la cáscara de naranja.

Poner en la olla express todos los ingredientes 15 minutos con el agua.

Vaciar en una cazuela y poner a fuego lento a que espese lo máximo posible.

Servir al gusto.

DULCE DE CIRUELA PASA

Ingredientes:

* 1/4 de kg. de ciruela pasa
* 1 raja grande de canela
* 100 grs. de nueces picadas
* 1/4 de kg. de azúcar morena
* 1 cucharada de vainilla

Procedimiento:

Lavar y dejar remojar las ciruelas pasas toda la noche en medio litro de agua.

Poner a cocerlas en la misma agua en que se han remojado.

Al soltar el hervor añadir el azúcar, la vainilla y la canela y dejar al fuego hasta que se consuma la mitad de agua. Agregar las nueces.

Si se gusta puede acompañarlo al servir con crema batida o también con yogurt.

NOTA: Para la crema sólo se necesita batirla perfectamente bien con azúcar al gusto.

DULCE DE COCO (1)

Ingredientes:

* ★ 1 lata de leche Nestlé
* ★ 1 latita de leche Clavel
* ★ 1 taza de agua de coco
* ★ 1 taza de coco fresco rallado
* ★ 4 huevos
* ★ 1 cucharada de Maicena
* ★ 50 grs. de azúcar morena

Procedimiento:

Hacer un caramelo con el azúcar y forrar con esto un molde redondo y mediano. Licuar el resto de ingredientes y vaciar en el molde, poner a cocer a baño María en olla express durante 15 minutos.

DULCE DE COCO (2)

Ingredientes:

* ★ 150 grs. de Maicena
* ★ 2 piezas de coco fresco y rallado
* ★ 300 grs. de azúcar
* ★ 1 lt. de leche
* ★ 220 grs. de pasas
* ★ 50 grs. de mantequilla (diluida)
* ★ 1 limón (el jugo)
* ★ Una pizca de bicarbonato

Procedimiento:

Colocar en un cazo de preferencia de cobre todos los ingredientes, a excepción de la mantequilla.
Poner a fuego lento y mover hasta dar un punto de cajeta.
Después vaciar a un platón y batir rápidamente la mantequilla a que se incorpore perfectamente. Dejar enfriar y servir.

DULCE DE LIMÓN

Ingredientes:

* ★ 3 cucharadas de Maicena
* ★ 1 lata de leche Nestlé
* ★ 1/4 de kg. de crema espesa
* ★ 4 cáscaras de limón
* ★ 1 limón (el jugo)
* ★ 3 yemas de huevo batidas
* ★ 25 grs. de nuez picada

Procedimiento:

Mezclar la Maicena con una taza de agua fría y la lata de leche.
Poner a fuego lento, moviendo para que no se pegue con una pala de madera, a que espese.
Agregar las cáscaras y el jugo de limón, e incorporar poco a poco las yemas. Retirar del fuego inmediatamente.
Vaciar a copas champañeras y adornar con nuez, refrigerar 10 minutos.

DULCE DE MAMEY

Ingredientes:

* 4 mameyes bien rojos
* 1 kg. de azúcar

* 2 lts. de leche
* Soletas o galletas Marías

Procedimiento:

Hacer una miel a punto de hebra con el azúcar y media taza de agua.

Pasar la pulpa de los mameyes por un colador de cerdas y mezclar con la miel, poner al fuego y agregar la leche.

Dejar a fuego lento a que hierva para que espese.

Cuando el dulce esté tibio, vaciar a la dulcera. Servir con soletas o galletas Marías.

DULCE DE MELÓN

Ingredientes:

* 2 o 3 melones firmes
* 2 cucharadas de cal viva
* 100 grs. de pasas
* 1/2 kg. de azúcar morena

* 1 raja grande de canela
* 1/2 limón (el jugo)
* 1 lt. de agua

Procedimiento:

Decantar la cal con un litro de agua, 24 horas antes de hacer el dulce (mezclar la cal y el agua perfectamente y dejar que se asiente por 24 horas. Separar el agua de la cal).

Picar en tiras pequeñas el melón y dejar reposar 24 horas en el agua decantada.

Preparar un almíbar de azúcar, canela y el jugo de limón.

Escurrir el melón del agua anterior y dejar cocer con las pasas y un poco de agua por 20 minutos. Escurrir e incorporar el almíbar y servir bien frío.

DULCE DE NUEZ

Ingredientes:

* 1 lata de leche Nestlé
* 1/4 de kg. de nuez molida
* Azúcar glass, la necesaria

Procedimiento:

Mezclar la leche y la nuez, poner al fuego moviendo constantemente hasta que se vea el fondo del cazo o sartén.

Dejar enfriar la pasta, formar bolitas y revolcarlas en azúcar glass.

DULCE DE PAPAYA

Ingredientes:

* 1 papaya verde chica
* 1 kg. de azúcar morena
* 1 raja de canela
* 1 cucharada de vainilla

* 6 clavos de olor
* El jugo de un limón
* Una pizca de sal

Procedimiento:

Poner a hervir el azúcar con 1/2 litro de agua y una pizca de sal, añadir la papaya pelada y cortada en cuadritos y cuando suelte el hervor, agregar el jugo del limón, la vainilla y las especias.

Dejar a fuego lento hasta que la papaya quede cristalina. Sacar y dejar enfriar antes de servirse.

DULCE DEL SUR

Ingredientes:

* 1/2 taza de mantequilla suave
* 1/2 taza de azúcar morena
* 1/2 taza de harina integral
* 1/3 de taza de harina de maíz
* 2 cucharadas de Royal
* 1/2 taza de crema espesa
* 3 huevos

* 25 grs. de pasas
* 1 cucharadita de canela en polvo
* 25 grs. de nuez picada
* 6 nueces enteras
* 1 cucharada de jugo de limón
* Una pizca de sal

Para la Salsa:

* 1/4 de taza de azúcar morena
* 1 cucharada de Maicena

* 1/2 taza de crema
* 1/2 litro de agua

Procedimiento:

En un tazón batir la mantequilla y el azúcar hasta que esponje.

Agregar alternando los polvos de hornear y las harinas ya cernidas, la crema y los huevos.

Añadir a lo anterior las nueces picadas, el limón y las pasas.

Vaciar a 6 moldes de cubilete engrasados y enharinados. Hornear a calor mediano hasta que doren.

Vaciar en platos medianos y bañar con la salsa y colocar una nuez encima del cubilete.

Salsa: (*Procedimiento*)

En una olla poner el agua, Maicena y azúcar, y mover para que no se pegue, enseguida poner al fuego.

Retirar del fuego y batir con el resto de ingredientes hasta incorporar.

338

DULCE LILÍ

Ingredientes:

* 2 docenas de soletas
* 1 lata de leche Nestlé helada
* 1/4 de taza de jugo de limón
* 3 claras a punto de turrón duro

* 3 yemas
* 100 grs. de nuez picada
* 1 frasquito de cerezas

Procedimiento:

Licuar las yemas y el jugo de limón.

Aparte batir la leche, la nuez y mezclar con lo anterior.

Acomodar las soletas en un refractario y bañarlas con la mezcla, adornar con cerezas y copitos de turrón. Refrigerar de 2 a 6 horas.

DURAZNOS CUBIERTOS

Ingredientes:

* 3/4 de kg. de azúcar
* 1 kg. de duraznos macizos y pelados

* $1^{1/2}$ tazas de agua
* Cal la necesaria

Procedimiento:

Poner el agua necesaria para que queden cubiertos los duraznos, ir agregando la cal poco a poco hasta que escalde un poco la lengua.

Una vez pelados los duraznos picarlos con un tenedor e ir colocándolos en el agua de cal y dejar reposar toda la noche. Lavar y escurrir a la mañana siguiente, poner a hervir el azúcar con el agua y al soltar el hervor añadir los duraznos ya bien escurridos.

Dejar al fuego hasta que se consuma una tercera parte del líquido y escurrir.

Poner en una charola al sol hasta que estén bien secos.

(De 3 a 5 días según el gusto.)

Revolcar en azúcar y servir.

NOTA: Puede prepararse la cantidad deseada, guardando siempre estas proporciones.

Estrella de zanahoria

Ingredientes:

- ⋆ 2 tazas de agua
- ⋆ 2 sobres de grenetina en polvo sin sabor (o agar-agar)
- ⋆ 1 lata de leche condensada

- ⋆ 2 tazas de zanahorias peladas, cocidas y licuadas (1/2 kg. de zanahoria cruda aproximadamente)

Procedimiento:

Disolver la grenetina o el agar-agar en media taza de agua fría, calentar el resto de agua y cuando suelte el hervor añadir la grenetina. Retirar del fuego y agregar la leche y zanahorias licuadas, batir perfectamente hasta quedar una mezcla homogénea. Vaciar a un molde de gelatina en forma de estrella y refrigerar hasta que cuaje.

Flan

Ingredientes:

- ⋆ 1 lata de leche Nestlé
- ⋆ 100 grs. azúcar morena
- ⋆ 6 yemas de huevo

- ⋆ 1/2 cucharada de vainilla
- ⋆ 2 tazas de agua

Procedimiento:

Batir la leche con las yemas y la vainilla, al estar bien batido, incorporar poco a poco el agua.

Aparte en un molde redondo de 22 centímetros de diámetro aproximadamente, vaciar el azúcar y poner al fuego lento, ya que tome un color obscuro, retirar del fuego y verter sobre esto la mezcla anterior.

Meter al horno precalentado en baño María durante 45 minutos aproximadamente a calor mediano.

Flan de cajeta

Ingredientes:

- ⋆ 1 lata de leche Nestlé
- ⋆ 2 latas de leche evaporada

- ⋆ 4 huevos
- ⋆ 1 cucharada de vainilla

Procedimiento:

Licuar todos los ingredientes y vaciar a un refractario untando con cajeta. Hornear durante una hora aproximadamente.

Dejar enfriar y si desea puede refrigerarse para que esté más firme.

Servir en rebanadas acompañado de galletas Marías.

FLAN DE CHOCOLATE

Ingredientes:

- * 1 taza de leche Nestlé
- * 1/4 de lt. de leche fresca
- * 1 raja de canela
- * 5 huevos

- * 1 cucharada de vainilla
- * 5 tablillas de chocolate
- * 75 grs. de azúcar morena (para caramelo)

Procedimiento:

Hervir la leche fresca con las tablillas y la canela para que se deshagan.
Quitar la canela y batir todos los ingredientes con la batidora.
Hacer el caramelo y forrar el molde, vaciar lo batido y cocer a baño María 15 minutos en olla express, si se quiere se le puede dar una ligera dorada y dejarlo unos minutos en el horno.

FLAN DE MAGIA

Ingredientes:

- * 2 latas de leche Nestlé
- * 6 nueces
- * 6 galletas Marías

Procedimiento:

Hervir en baño María las latas cerradas en la olla express durante una hora.
Dejar enfriar y abrir.
Cortar en tres rebanadas cada una y acomodar sobre una galleta y adornar con una nuez.

FLAN DE MANZANA

Ingredientes:

- * 5 manzanas cocidas
- * 5 claras de huevo batidas a punto de turrón

- * 1 cucharada de canela en polvo
- * 1 limón (el jugo)
- * Azúcar mascabado al gusto

Procedimiento:

Pasar las manzanas cocidas por una coladera, añadir el azúcar, el jugo de limón y las claras batidas.
Vaciar a un refractario y meter al horno durante 15 minutos. Cuando esté frío, vaciar sobre un platón y espolvorear de canela molida.

NOTA: Debe refrigerarse.

FLAN DE QUESO

Ingredientes:

* 2 latas de leche Nestlé
* 2 latas de leche Clavel

* 1/2 kg. de queso rallado doble crema

Procedimiento:

Licuar todos los ingredientes y colocar en un refractario y cubrirlo con papel aluminio.

Meter al horno precalentado en baño María durante una hora o más.

FLAN DE VAINILLA

Ingredientes:

* 1 lata de leche Nestlé
* 5 huevos
* 2 cucharadas de vainilla
* 2 cucharadas de Maicena

* 25 grs. de nuez
* 25 grs. de pasas
* 100 grs. de azúcar

Procedimiento:

Vaciar la leche Nestlé en la licuadora y agregar la misma cantidad de agua, los huevos, la vainilla y la Maicena, licuar muy bien.

Quemar en una sartén el azúcar para hacer un caramelo y verter sobre un refractario, encima vaciar lo licuado y mezclar las nueces y las pasas.

Tapar el refractario con papel aluminio y hornear a baño María durante una hora.

FLAN PRÁCTICO

Ingredientes:

* 1 lata de leche Nestlé
* 1/4 de lt. de agua
* 5 huevos

* 1 cucharada de vainilla
* 200 grs. de azúcar para el caramelo

Procedimiento:

Licuar los huevos, el agua, la vainilla y la leche Nestlé. Vaciar a un molde de corona donde previamente se habrá vaciado el caramelo.

Poner al horno en baño María durante $1^{1/2}$ horas.

Dejar enfriar y vaciar a un platón.

Servir frío.

Para preparar el caramelo, poner el azúcar en una sartén al fuego, mover de vez en cuando hasta que se derrita y dore al gusto. Vaciar al molde estando caliente.

GELATINA DE ELOTE

Ingredientes:

- ⋆ 1 lt. de leche
- ⋆ 50 grs. de grenetina (agar-agar)
- ⋆ 1/2 lt. de agua
- ⋆ 2 elotes desgranados
- ⋆ 440 grs. de azúcar
- ⋆ 1 raja de canela

Procedimiento:

Moler los dientes de elote con la leche, colar y poner a la lumbre con el azúcar y la canela, cuando esté bien cocido retirar del fuego y añadir la grenetina o agar-agar previamente disuelta en medio litro de agua caliente. Mezclar perfectamente.
Vaciar a un molde y decorar al gusto, refrigerar hasta que cuaje y servir.

GRANOLA

Ingredientes:

- ⋆ 6 tazas de avena
- ⋆ 1 taza de germen de trigo
- ⋆ 1 taza de ajonjolí
- ⋆ 2 tazas de salvado
- ⋆ 1 taza de mascabado
- ⋆ 1/2 taza de miel
- ⋆ 1/2 taza de aceite
- ⋆ Agua la necesaria
- ⋆ Nuez o almendras al gusto
- ⋆ 1 taza de pasas
- ⋆ 5 cucharadas de vainilla

Procedimiento:

Incorporar el aceite con la miel perfectamente y añadir el resto de ingredientes a excepción de las pasas y la vainilla.
Hornear a 250 °C durante 50 minutos, revolver cada 15 minutos para que se dore parejo.
Sacar y añadir a esto las pasas y la vainilla mezclando perfectamente.

HELADO DE AJONJOLÍ

Ingredientes:

- ⋆ 1 taza de ajonjolí
- ⋆ 1 lata de leche condensada
- ⋆ 1 cucharada de vainilla

Procedimiento:

Licuar los ingredientes, vaciar en moldecitos y congelar.

HELADO DE FRESA

Ingredientes:

* 1 kg. de fresa
* 400 grs. de azúcar

Procedimiento:

Limpiar y desinfectar bien las fresas, después machacarlas totalmente y mezclar con el azúcar.

Si gusta puede licuarlas añadiendo una mínima cantidad de agua.

Colocar en la heladera o en el congelador hasta obtener el punto deseado de cuajado.

NOTA: Si gusta que el helado sea de leche, sólo debe añadir medio litro de leche en el momento de licuar los ingredientes y debe colocarlo en la heladera.

Al estar casi al punto de cuajado, hay que incorporar 1/4 de litro de crema y volver a dejar a que cuaje.

HELADO DE LIMÓN

Ingredientes:

* 1 kg. de azúcar
* 1/4 de lt. de jugo de limón
* $1^{1/2}$ lts. de agua
* 50 grs. de agua de azahar

Procedimiento:

Diluir el azúcar en el agua simple y añadir el jugo de limón, y el agua de azahar batiendo todo muy bien durante 5 minutos (de preferencia batirla con batidora eléctrica o de mano).

Colocarla en la heladera o en el congelador hasta que cuaje.

NOTA: En caso de utilizar el congelador, cuide de que no permanezca mucho tiempo, pues se endurece demasiado y pierde su sabor.

HELADO DE SOYA CON COCO

Ingredientes:

* 1 lt. de leche de soya (ver receta en la pág. 71)
* 1/2 kg. de azúcar morena
* 1 coco mediano

Procedimiento:

Poner a hervir la leche con el azúcar, cuando suelte el hervor añadir el coco rallado y dejar a fuego lento para que espese.

Ya que esté bien espeso habrá que retirar del fuego y enfriar para después acomodarlo en la heladera o el congelador hasta que cuaje perfectamente.

NOTA: También se puede hacer con leche de vaca.

HELADO DE SOYA CON FRESA

Ingredientes:

* 2 lts. de leche de soya
  (ver receta en la pág. 71)
* 1/2 kg. de fresas

* 1/2 kg. de azúcar morena
* 3 yemas de huevo
* Vainilla al gusto

Procedimiento:

Poner a hervir la leche con el azúcar y la vainilla durante 15 minutos, retirar del fuego y dejar enfriar.

Separar 1/2 vaso de leche para batir en ella las yemas, después juntar las 2 leches y volver a poner al fuego.

Cuando suelte el hervor, retirar nuevamente del fuego y dejar enfriar.

Por último hay que añadir las fresas bien machacadas, sin dejar de batir constantemente hasta que estén bien incorporadas; colocar en la heladera o en el congelador y al empezar a cuajar, poner trozos un poco grandes de fresa para dar mejor sabor al helado. Dejar cuajar aproximadamente 2 horas y media.

NOTA: También se puede hacer con leche de vaca.

HELADO DE SOYA CON GUAYABA

Ingredientes:

* 2 lts. de leche de soya
  (ver receta en la pág. 71)
* 1/2 kg. de guayaba

* 1/2 kg. de azúcar
* 2 yemas de huevo

Procedimiento:

Preparar de la misma forma que el helado de soya de fresa.

HELADO DE SOYA CON PLÁTANO

Ingredientes:

* 1 lt. de leche de soya
  (ver receta en la pág. 71)
* 400 grs. de azúcar morena
* 2 yemas de huevo

* 4 plátanos tabasco
* 1/4 de kg. de crema
* Vainilla al gusto

Procedimiento:

Batir la leche con las 2 yemas de huevo y poner a fuego lento, añadir la vainilla y cuando tenga punto grueso y cremoso retirar del fuego y dejar enfriar.

Preparar un puré machacando los plátanos, agregar el azúcar y la crema mezclando muy bien.

Batir todos los ingredientes perfectamente durante 3 minutos y colocar en la heladera o en el congelador durante 3 horas aproximadamente para que cuaje completamente.

NOTA: También se puede hacer con leche de vaca.

HELADO DE SOYA CON VAINILLA

Ingredientes:

* 2 lts. de leche de soya
  (ver receta en la pág. 71)
* 1/2 kg. de azúcar morena

* 1/4 de kg. de crema
* 3 yemas de huevo
* Vainilla al gusto

Procedimiento:

Batir perfectamente la leche con la vainilla, las yemas de huevo una por una y el azúcar; poner al fuego y mover constantemente para evitar que se pegue, retirar del fuego y dejar enfriar.
Cuando esté frío, agregar la crema batiendo muy bien hasta que todo esté incorporado.
Colocar en la heladera o en el congelador el tiempo que sea necesario para que cuaje completamente.

NOTA: También se puede hacer con leche de vaca.

HELADO DE VAINILLA

Ingredientes:

* 1 lt. de leche
* 2 yemas de huevo
* 1/2 kg. de azúcar

* 3 cucharadas de vainilla
* 1 raja de canela

Procedimiento:

Poner a hervir sólo 3/4 de litro de leche con el azúcar y la canela.
En la leche restante, incorporar las yemas de huevo y añadir a la leche hirviendo poco a poco, sin dejar de mover constantemente, sólo tiene que dar un hervor y retirar del fuego. Dejar enfriar y agregar la vainilla y mover muy bien.
Retirar la canela de la leche y batir constantemente durante 5 minutos.
Acomodar en la heladera o en el congelador hasta que cuaje.

HELADO DE YOGURT Y PIÑA

Ingredientes:

* 2 tazas de yogurt natural
* 1/2 kg. de pulpa de piña
* 1/2 vaso de jugo de piña
* 1/2 taza de miel de abeja
* 1 cucharada de vainilla
* Una pizca de sal

Procedimiento:

Entibiar el jugo de piña, añadir la miel y dejar a fuego lento durante 5 minutos. Retirar del fuego y mezclar con el resto de ingredientes, sin dejar de batir constantemente para obtener una consistencia cremosa.
Colocar en la heladera o en el congelador durante 3 horas.

HELADO DORA

Ingredientes:

* 1 lt. de leche
* 300 grs. de azúcar
* 2 huevos
* 3 yemas
* 1 cucharadita de vainilla
* 1/2 kg. de fresas

Procedimiento:

Poner al fuego la leche, el azúcar y la vainilla, al soltar el hervor, retirar del fuego, vaciar los huevos y yemas que se habrán batido de antemano, mezclar bien.
Ya frío colar, mezclar las fresas y refrigerar.

JAMONCILLO DE LECHE

Ingredientes:

* $1^{1/2}$ lts. de leche
* 1 raja grande de canela
* 1/2 kg. de azúcar morena
* 12 obleas

Procedimiento:

En un cazo de cobre mezclar la leche, el azúcar y la canela.
Poner a fuego lento y mover constantemente con una cuchara de palo.
Cuando se vea el fondo del cazo (punto de cajeta) retirar y mover rápidamente, para que la masa se despegue rápidamente y espese.
Vaciar a un refractario forrado con las obleas, dejar enfriar y cuando esté listo cortar en triángulos o cuadritos.

JERICALLA

Ingredientes:

* 1 lt. de leche
* 4 huevos

* 1 raja de canela
* 1 taza de azúcar

Procedimiento:

Poner la leche al fuego junto con la canela y el azúcar.
Cuando suelte el hervor, retirarla de la lumbre y dejarla enfriar.
Mezclar los huevos perfectamente y agregarlos a la leche revolviendo bien.
Colar y verter en moldes refractarios.
Hornear a 250 grados hasta que dore la superficie del dulce.

JUN-JUN (postre japonés)

Ingredientes (1ª Parte):

* 1 taza de harina integral
* 1/4 de taza de Maicena
* 1/2 taza de germen de trigo

* 1/3 de taza de margarina
* 2 cucharadas de mascabado
* Una pizca de sal

Procedimiento:

Mezclar todo esto y formar una masa compacta en un molde sin engrasar, aplastando bien con las manos.

Ingredientes (2ª Parte):

* 1 taza de mascabado
* 1/2 taza de germen de trigo
* 1/2 taza de coco rallado
* 8 nueces picadas

* 2 huevos
* 1/2 cucharada de vainilla
* Sal al gusto

Procedimiento:

Mezclarlo todo muy bien (queda bastante líquida) y verter sobre la primera base, emparejándola con un tenedor para que quede uniforme.
Meter al horno a fuego moderado durante 20 minutos, retirar y cortar en caliente en cuadritos del tamaño deseado.

MANZANAS CON CREMA

Ingredientes:

* 1 kg. de manzanas
* 3/4 de taza de azúcar
* 1 taza de crema
* 2 huevos
* 30 grs. de mantequilla
* Canela en polvo al gusto

Procedimiento:

Pelar y rebanar las manzanas, colocar en un molde previamente engrasado y espolvorear con la mitad del azúcar y la canela, intercalando cuadritos de mantequilla.

Hornear a 200 °C durante 15 minutos.

Mientras tanto batir los huevos ligeramente con el resto de azúcar e incorporar poco a poco la crema. Cubrir con esta mezcla las manzanas y dejar hornear nuevamente durante 5 minutos.

Servir caliente.

MANZANAS EN LECHE

Ingredientes:

* 6 manzanas
* 1 taza de azúcar morena o mascabado
* 1/2 litro de leche condensada

Procedimiento:

Partir las manzanas a la mitad, descorazonarlas y acomodarlas en una cacerola.

Espolvorear encima el azúcar y vaciar ahí la leche condensada.

Poner al fuego moderado hasta que se hagan blandas las manzanas y la leche se ponga cafecita.

Servir frío o caliente.

MANZANAS HORNEADAS

Ingredientes:

* 5 o 6 manzanas grandes corrientes
* 50 grs. de azúcar morena
* 2 cucharadas de canela molida
* 25 grs. de pasas
* 50 grs. de mantequilla
* Papel aluminio

Procedimiento:

Lavar las manzanas y sacar el corazón con un abocador.

Mezclar la canela, el azúcar, las pasas y la mantequilla y con esto rellenar las manzanas, cubrirlas con papel aluminio.

Colocar en láminas y hornearlas durante 30 minutos.

MARINAS

Ingredientes:

* 1 lata de leche Nestlé
* 200 grs. de galletas Marías molidas
* 50 grs. de nuez picada
* 25 grs. de mantequilla suave
* 25 grs. de azúcar glass

Procedimiento:

Incorporar la leche y las galletas Marías con la mantequilla y amasar hasta formar una masa tersa y que no se pegue a las manos.

Extender con el rodillo en un plástico y espolvorear con el azúcar glass.

Poner la nuez picada y volver a formar una masa.

Formar bolitas adornando con nueces enteras.

MAZAPANES

Ingredientes:

* 75 grs. de almendras crudas y peladas
* 75 grs. de azúcar morena
* 75 grs. de papas cocidas y peladas
* 1 rodaja de cáscara de limón
* 50 grs. de Maicena para revolcar los mazapanes
* Mantequilla o aceite, el necesario para engrasar

Procedimiento:

Moler en la licuadora el azúcar hasta que quede un polvo fino, agregar las almendras y la cáscara de limón hasta que se haga pasta.

Hacer con la papa un puré terso y mezclar todos los ingredientes. Formar bolitas del tamaño de una almendra, y revolcarlas en Maicena, colocarlas en una charola para hornear previamente engrasada con mantequilla o aceite.

Meter al horno precalentado a 200 °C durante 15 minutos.

MERENGUES

Ingredientes:

* 6 claras
* 1 cucharada de vainilla
* 12 cucharadas de azúcar mascabado

Procedimiento:

Batir las claras a punto de nieve y agregar poco a poco el azúcar y la vainilla. Colocarlo por cucharadas en un molde engrasado y meter al horno ya caliente a que doren a calor mediano.

NOTA: Si se desea se puede añadir coco en lugar de la vainilla.

MERMELADA DE PIÑA

Ingredientes:

* 1 pieza de piña
* 1 cucharada de Maicena
* Agua la necesaria

* 1 pizca de bicarbonato
* Azúcar al gusto

Procedimiento:

Pelar y cortar en trozos la piña, después licuarla con un poco de agua y colar si se desea.

Poner a hervir el licuado con un poco más de agua y con la pizca de bicarbonato para que se le quite lo ácido.

Endulzar al gusto y añadir la cucharada de Maicena previamente disuelta en un poco de agua, para que espese, dejar al fuego lento hasta que tome la consistencia de mermelada.

Envasar y mantener en un lugar fresco.

NOTA: Para dar mejor sabor a la mermelada puede utilizar una cazuela de cobre, limpiándola previamente. (Ver instrucciones.)

MERMELADA DE ZANAHORIA Y NARANJA

Ingredientes:

* 6 zanahorias
* 5 naranjas

* 1/2 kg. de azúcar morena
* 2 rajas de canela

Procedimiento:

Cortar las naranjas en rebanadas delgadas con todo y cáscara y poner a cocerlas en agua con el azúcar y la canela hasta que ablanden un poco.

Agregar las zanahorias peladas y cortadas en tiras finas y dejar al fuego hasta que se cuezan.

Se deja enfriar y se refrigera.

MOLLETE DE QUESO Y MANTEQUILLA

Ingredientes:

* 1/4 de kg. de queso Chihuahua o Manchego
* 1/4 de kg. de mantequilla
* 6 yemas de huevo a punto de cordón
* 6 claras de huevo a punto de turrón
* 1 lata de leche Nestlé
* 50 grs. de azúcar morena
* 3 cucharadas de Royal
* 200 grs. de harina integral

Procedimiento:

Acremar la mantequilla y el azúcar, añadir las yemas, la leche y el queso. Incorporar envolviendo suavemente, el Royal, harina y las claras, mezclar bien. Vaciar a un molde de rosca engrasado, hornear 40 minutos a calor mediano.

MOUSSE DE CHOCOLATE

Ingredientes:

* 1 barra de chocolate Turín
* 3 huevos
* 1/4 de crema Lyncott para batir
* 1/4 de taza de azúcar
* Nuez picada

Procedimiento:

Disolver el chocolate en baño María, agregar dos yemas de huevo, el azúcar y mezclar. Batir por separado las dos claras a punto de turrón y la crema Lyncott. Mezclar con el chocolate suavemente. Agregar nuez picada.
Vaciar en un molde. Si se desea, se le puede poner en el fondo una capa de galletas de chocolate molidas con un poquito de mantequilla derretida.

MOUSSE DE ROMPOPE

Ingredientes:

* 1 taza de azúcar glass
* 1 taza de rompope
* 1 clara de huevo
* 1 sobre de grenetina remojada en 1/2 taza de agua tibia

Procedimiento:

Mezclar todos los ingredientes en la licuadora hasta obtener una crema espumosa, refrigerar y decorar con crema chantilly, si se desea.

PERAS CON QUESO

Ingredientes:

* 1 lata de peras en almíbar
* 300 grs. de queso doble crema
* 12 nueces

Procedimiento:

Poner a helar la lata de peras.
Abrirla y escurrirle perfectamente el almíbar.
Acomodar en cada platito dulcero 2 o 3 peras.
Batir el queso y ponerlo con una duya encima de cada pera y adornar con una nuez.

PINOLE DE SOYA

Ingredientes:

* Frijol de soya, el que desee
* Azúcar mascabado
* Canela al gusto

Procedimiento:

Poner a tostar el frijol de soya al comal, dándole un dorado medio.
Enseguida molerlo en seco junto con el azúcar y la canela en la licuadora.
Envasarlo y guardarlo en un lugar seco.

PIÑITAS RELLENAS

Ingredientes:

* 2 piñitas con penacho
* 150 grs. de pasas
* 150 grs. de nueces picadas
* 100 grs. de azúcar morena
* 3 manzanas peladas y ralladas

Procedimiento:

Partir las piñas por la mitad incluyendo el penacho y vaciarlas con un abocador cuidadosamente para no perforar.
Mezclar todos los ingredientes incluyendo la piña y rellenar el cascarón de la piña con la mezcla anterior.

PLÁTANOS AL BOMBÓN

Ingredientes:

* 2 kgs. de plátano dominico
* 100 grs. de mantequilla

* 200 grs. de malvaviscos (bombones) pequeños

Procedimiento:

Ordenar los platanitos sobre un refractario engrasado, colocar encima trocitos de mantequilla y los malvaviscos.
Hornear a 200 °C hasta que doren.

PLÁTANOS AL HORNO (1)

Ingredientes:

* 2 kg. de plátano macho
* 100 grs. de mantequilla
* 1 taza de azúcar

* 50 grs. de pasitas
* 100 grs. de nuez picada

Procedimiento:

Pelar y cortar cada plátano en tres partes, acomodarlos en un refractario formando una capa, encima intercalar trocitos de mantequilla y por último espolvorear las pasitas, la nuez picada y el azúcar.
Hornear a calor mediano a que doren.

PLÁTANOS AL HORNO (2)

Ingredientes:

* 2 kgs. de plátano dominico
* 100 grs. de mantequilla

* 500 grs de bombones chiquitos (malvaviscos)

Procedimiento:

Colocar los plátanos pelados en un refractario formando una capa, encima poner la mantequilla en trocitos y los bombones (cortados en cuadritos si son grandes, lo necesario para cubrir los platanitos).
Hornear a calor mediano hasta que se derritan los bombones.

POSTRE DE CAFÉ

Ingredientes:

* 1 lt. de leche
* 350 grs. de azúcar
* 3 cucharadas de Maicena
* 1 huevo
* 4 yemas

* 1 cucharada de vainilla
* 18 soletas
* 1/4 de litro de café
* 50 grs. de pasas
* 50 grs. de nueces

Procedimiento:

Batir ligeramente el huevo, las yemas y el azúcar, agregar la Maicena, la leche y la vainilla. Poner al fuego moviendo constantemente hasta que se vea el fondo de la cazuela. Se retira del fuego y se agrega el café que sobró después de remojar las soletas que una vez remojadas se habrán colocado en un platón. Vaciar encima la crema y decorar con las pasas y nueces.
Refrigerar.

POSTRE DE MANZANAS

Ingredientes:

* 6 manzanas grandes
* 100 grs. de mantequilla
* 2 tazas de azúcar

* 1 taza de sémola
* 1/2 litro de leche
* 3 huevos

Procedimiento:

Derretir una taza de azúcar para formar caramelo y vaciarlo a un refractario.
Pelar las manzanas, descorazonarlas y cortarlas en gajitos delgados.
Colocar sobre el caramelo una capa de gajitos de manzana, espolvorear encima un poco de sémola, otro poco de azúcar, unos chorritos de leche y algunos trocitos de mantequilla.
Continuar así sucesivamente hasta terminar.
Al final batir los huevos con la leche restante y vaciarlos sobre las manzanas.
Hornear durante 30 minutos a 200 °C.

Postre imitación huevos estrellados

Ingredientes:

* 1/4 de litro de crema batida (Lyncott)
* 200 grs. de azúcar glass
* 4 claras
* 1 lata chica de mitades de duraznos en almíbar
* 1 cucharadita de vainilla

Procedimiento:

Batir la crema sobre hielo con batidora eléctrica o batidor manual de globo. Una vez espesa agregar las claras a punto de turrón, el azúcar y la vainilla.
Revolver con espátula de madera.
Poner porciones de esta crema en platitos chicos, imitando la clara de un huevo estrellado y en el centro acomodar una mitad del durazno en almíbar simulando la yema. Servir frío.

Postre olguita

Ingredientes:

* 1 paquete de malvaviscos grandes y surtido
* 1 lata de leche Nestlé
* 1 lata de piña en almíbar en cuadritos
* 1 lata de duraznos en almíbar en cuadritos
* 100 grs. de nuez picada
* 1 lata de crema Nestlé o 1/4 de kg. de crema espesa
* Maicena, la necesaria

Procedimiento:

Licuar la leche y la crema.
Con unas tijeras y con un poco de Maicena, cortar en cuadritos los malvaviscos.
Mezclar todos los ingredientes perfectamente y dejar refrigerar durante un día.
Si se quiere, se combina con una gelatina dura en cuadritos, de leche o de sabor cereza.

POSTRE TROPICAL

Ingredientes:

* 250 grs. de papaya
* 250 grs. de camote
* 500 grs. de azúcar

* 1/2 pieza de coco
* 2 naranjas
* 50 grs. de pasas

Procedimiento:

Cocer el camote, quitarle la cáscara y picarlo finamente.

Agregar la papaya picada, el coco rallado, el azúcar y el jugo de las naranjas. Poner al fuego moviendo constantemente hasta que se vea el fondo de la cacerola.

Vaciarlo a un platón y adornarlo con las pasitas. Servirlo frío.

QUESO NAPOLITANO

Ingredientes:

* 1/2 kg. de requesón
* 1¹/² latas de leche Nestlé
* 7 huevos

* 100 grs. de azúcar
* Papel aluminio el necesario

Procedimiento:

Batir bien el requesón hasta que se desbaraten los grumos, agregar enseguida la leche y los huevos y continuar batiendo.

Derretir el azúcar hasta formar caramelo con el que se baña el fondo de un refractario.

Vaciar en el refractario la pasta de requesón; tapar con papel aluminio y cocer a baño María durante una hora.

RODETES

Ingredientes:

* 1 taza de mantequilla
* 4 yemas de huevo
* 1 taza de azúcar morena

* 4 tazas de harina integral
* 1/4 de taza de Royal

Para cubrir:

* 125 grs. de gragea roja

Procedimiento:

Cernir los polvos 3 veces, agregar la mantequilla y formar un polvorón.

Amasar ligeramente con las yemas y un poco de agua a formar una masa suave.

Extender con el rodillo y cortar rosquitas.

Cubrir con grageas y hornear a calor mediano hasta que doren y esponjen.

ROLLO DE ZANAHORIA

Ingredientes:

* 1/2 kg. de zanahoria fresca y rallada
* 100 grs. de almendras molidas
* 250 grs. de nuez picada
* 2 latas de leche Nestlé
* Azúcar glass la necesaria

Procedimiento:

Poner al fuego la zanahoria, almendras y leche Nestlé, dejar hervir moviendo constantemente hasta que se vea el fondo a la cacerola, retirar del fuego y seguir moviendo hasta que esté tibio.

Espolvorear muy bien la base en donde se va a amasar con azúcar glass, vaciar la pasta y extender con el rodillo a que quede de un centímetro de grueso.

Cubrir con nuez y enrollar, colocar en papel encerado y refrigerar.

Servir bien frío en rebanadas.

TORREJAS

Ingredientes:

* 12 panes (llamados pechugas de huevo o medias noches o bolillos)
* 1 raja grande de canela
* 3 claras de huevo a punto de turrón
* 1 pieza de piloncillo picado
* 25 grs. de pasas
* 25 grs. de nueces en mitades
* 1 latita de leche Nestlé
* 1 cucharada de canela en polvo

Procedimiento:

Dejar reposar los panes en mitades en la leche Nestlé a que queden perfectamente empapados.

Capear el pan en las claras de huevo y freír.

Hacer una miel con el piloncillo, la canela y las pasas en una taza de agua caliente.

Acomodar en un platón los panes y rociar con la miel, adornar cada uno con las nueces y espolvorear con la canela molida.

TRUFAS DE AVENA

Ingredientes:

* 1¹/² vasos de avena integral
* 1 huevo
* 1 vaso de azúcar morena
* 4 cucharadas de cocoa o algarrobo

* 200 grs. de margarina sin sal
* 1 cucharada de vainilla
* 50 grs. de pasas
*

Procedimiento:

Derretir la margarina a fuego suave y agregar la avena previamente triturada en la licuadora.

Incorporar enseguida el azúcar, cocoa, vainilla y por último los huevos batidos a punto de cordón.

Refrigerar hasta que endurezca.

Añadir entonces las pasas. Formar las bolitas y revolcarlas. Si se desea en chocolate rayado, o coco rayado o nuez molida o azúcar glass. Servir frías.

GALLETAS, PANES Y PASTELES

GALLETAS, PANES, PASTELES

BISQUET DE AJONJOLÍ	*	PAN DE CAJA INTEGRAL
BISQUET DE NATA	*	PAN DE CENTENO
BRAZO DE GITANO	*	PAN DE COCO
BROWNIE DE CHOCOLATE	*	PAN DE LEVADURA
COCOLES DE TRIGO	*	PAN DE MAÍZ
DONAS DE NATA	*	PAN DE NAVIDAD
DONAS DE SOYA	*	PAN DE SOYA
EMPANADAS COLOMBIANAS	*	PAN DULCE INTEGRAL
EMPANADAS DE	*	PAN ESTILO MAMON
CIRUELAS PASAS	*	PAN INTEGRAL EXQUISITO
EMPANADAS DE CHAMPIÑONES	*	PAN INTEGRAL SENCILLO
EMPANADAS DE ESPINACAS	*	PAN NAVIDEÑO EUROPEO
EMPANADAS DE HUITLACOCHE	*	PAN NEGRO DE SOYA
EMPANADAS DE MANZANA	*	PANES INTEGRALES
EMPANADAS DE PIÑA	*	PANQUÉ DE NATAS
EMPANADAS DE RAJAS CON PAPAS	*	PANQUECITO DE GERMEN DE TRIGO
EMPANADAS DE VERDURAS	*	PASTA BÁSICA PARA EMPANADAS
GALLETAS 1, 2, 3	*	PASTA BÁSICA PARA PAYS
GALLETAS DE AVENA (1)	*	PASTEL ANTIGUO
GALLETAS DE AVENA (2)	*	PASTEL CUBANO FUNDIDO
GALLETAS DE COCO	*	PASTEL DE CHISPAS DE CHOCOLATE
GALLETAS DE MAÍZ	*	PASTEL DE CHOCOLATE (1)
GALLETAS DE MANZANA	*	PASTEL DE CHOCOLATE (2)
GALLETAS DE NATA	*	PASTEL DE CHOCOLATE Y NUEZ
GALLETAS DE NUEZ	*	PASTEL DE ELOTE
GALLETAS DE SOYA	*	PASTEL DE HOT CAKES
GALLETAS DE ZANAHORIA	*	PASTEL DE MANZANAS
HOT CAKES DE SOYA	*	PASTEL DE MIGAS SUIZO
HOT CAKES INTEGRALES	*	PASTEL DE NARANJA
NIÑO ENVUELTO	*	PASTEL DE NUEZ SENCILLO
PALITOS DE QUESO	*	PASTEL DE NUEZ Y CAJETA
PALITOS DE ZANAHORIA	*	PASTEL DE PLÁTANO
PAN ALEMÁN DE CAJA	*	PASTEL DE QUESO Y PIÑA
PAN DE AJO	*	PASTEL DE SOLETAS

PASTEL DE SOYA	*	PAY DE PERÓN
PASTEL DE TRES LECHES	*	PAY DE PIÑA
PASTEL DE ZANAHORIA	*	PAY DE QUESO Y FRESAS
PASTEL HELADO	*	PAY DE RAJAS CON PAPAS
PASTEL HÚMEDO	*	PAY DE VERDURAS
PASTEL SUIZO DE MANZANA	*	PAY GELATINA DE NARANJA
PAY DE CIRUELA PASA	*	POLVORONES DE NATA
PAY DE CHAMPIÑONES	*	PUDÍN INGLÉS DE MANZANA
PAY DE ESPINACAS	*	ROSCA REAL
PAY DE HUITLACOCHE	*	STRUDEL DE FRUTAS VIENÉS
PAY DE MANZANA	*	TORTA DE CALABAZA
PAY DE NUEZ Y DÁTIL	*	TRONQUITOS

Bisquet de Ajonjolí

Ingredientes:

* 1 kg. de harina integral
* 6 huevos (separar uno para barnizar)
* 400 gr. de manteca vegetal o margarina
* 1 cucharada de paprika
* 1 taza de azúcar
* 5 cucharadas de Royal
* 1 cucharada de ajonjolí
* Leche, la necesaria

Procedimiento:

Mezclar todos los ingredientes secos.

Colocar en una tabla de amasar y agregar la manteca y los 5 huevos, trabajar amasando con la punta de los dedos o con tenedores procurando que no se caliente la masa.

Añadir la leche poco a poco para hacer una pasta suave y formar una bola, extender con el rodillo a que quede una capa gruesa (de una pulgada y media de espesor).

Cortar con el molde de bisquets (o con un vaso y barnizar con yema de huevo, espolvorear con ajonjolí, meter al horno a 350 °C a que dore.

Bisquet de Nata

Ingredientes:

* 600 grs. de harina integral
* 800 grs. de natas
* 3 cucharadas de Royal
* 1/2 cucharada de sal
* Leche, la necesaria
* Yema de huevo para barnizar

Procedimiento:

Mezclar los polvos y agregar las natas y la leche necesaria amasando hasta formar una pasta suave.

Colocar esta masa sobre una tabla enharinada y extender con el rodillo dándole un grosor de un centímetro, o un poco más si desea.

Cortar los bisquets con el molde o con un vaso, barnizar y hornear a calor mediano (350 °C).

BRAZO DE GITANO

Ingredientes:

* * 1 taza de harina integral
* * 1 yema de huevo
* * 1/2 taza de azúcar
* * 50 grs. de mantequilla

Procedimiento:

Derretir la mantequilla y mezclar con la yema de huevo y la harina, luego agregar el azúcar y mezclar bien.

Agregar la clara de huevo batida a punto de turrón, revolviendo con movimientos envolventes cuidando que no se baje.

Colocar la pasta como de un centímetro de espesor, en molde sobre papel encerado y engrasado.

Hornear de 15 a 20 minutos aproximadamente (sin que se dore).

Sacar y colocar sobre una tela húmeda el pan y envolverla formando un rollo y dejar enfriar. Ya fría desenrollar con cuidado y rellenar al gusto. Volver a enrollar, se puede decorar con betún al gusto. (Ver Contenido.)

Para el relleno se sugiere mermelada de su sabor preferido, cajeta o el mismo betún del decorado.

BROWNIE DE CHOCOLATE

Ingredientes:

* * 1 barra de chocolate amargo
  (Turín, 160 grs.)
* * 150 grs. de mantequilla
* * 380 grs. de queso crema
  (2 barritas Philadelphia)
* * 2 tazas de azúcar
* * 6 huevos
* * 1 taza de harina, más 2 cucharadas
* * 3 cucharaditas de vainilla
* * 1 cucharadita de Royal
* * 1 taza de nuez picada
* * 1 pizca de sal

Procedimiento:

Poner en un tazón la mitad de la mantequilla, los 2 quesos crema, media taza de azúcar, 2 huevos, 2 cucharadas de harina y una de vainilla. Batir perfectamente hasta formar una crema homogénea.

Aparte, mezclar 4 huevos, 1 1/2 tazas de azúcar, batir e ir agregando 1 taza de harina, el chocolate derretido, 2 cucharaditas de vainilla, la sal, el Royal, el resto de la mantequilla y las nueces picadas.

Batir todo perfectamente y vaciar a un molde previamente engrasado, apartando 2 cucharadas de esta mezcla.

Agregar encima la pasta de queso y luego marmolearla entremezclando las 2 cucharadas que habíamos apartado de la mezcla de chocolate.

Hornear a 300 grados durante 30 minutos.

Cocoles de trigo

Ingredientes:

* 1¹ᐟ⁴ kgs. de harina integral
* 1/2 kg. de piloncillo con 150 ml. de agua

* 20 grs. de levadura o 2 cucharadas de polvo para hornear
* 2 cucharadas de canela
* Agua la necesaria

Procedimiento:

Mezclar la harina con la canela y formar una fuente, disolver la levadura en agua tibia, verter en la fuente y dejar reposar por 15 minutos. Empezar a amasar, agregar el aceite y el piloncillo que previamente se disolvió en agua, adicionar poco a poco el agua necesaria hasta formar una masa manejable, untarle por fuera aceite y dejarla reposar por dos horas; después se hacen los cocoles y se hornean a 300 °C.

NOTA: Cuando se utilice Royal en vez de levadura se mezclará éste con la harina y la canela directamente.

Donas de nata

Ingredientes:

* 1 taza de natas frescas o crema agria
* 2 tazas de harina integral
* 1 cucharada de Royal

* 2 huevos
* 9 cucharadas de mascabado
* 2 cucharadas de canela molida
* Aceite para freír el necesario

Procedimiento:

Acremar la nata con el azúcar mascabado, e ir incorporando uno a uno los huevos y por último los polvos y la canela.
Formar las donas y freír en abundante aceite caliente.

DONAS DE SOYA

Ingredientes:

* 125 grs. de harina de soya
* 500 grs. de harina integral
* 1/2 taza de azúcar morena
* 1 taza de leche de vaca o
  1 lata de leche condensada
* 2 huevos

* 2 cucharadas de Royal
* 200 grs. de mantequilla
* Canela, vainilla o jugo de
  naranja al gusto
* Aceite para freír el necesario
* Papel estraza

Procedimiento:

Mezclar la harina de soya con el resto de ingredientes a excepción del aceite, amasar hasta formar una masa uniforme y dejar reposar durante una hora.

Extender la masa con el rodillo dejándola con un centímetro de grosor, cortar las donas y freír en suficiente aceite bien caliente. Desgrasar con papel estraza y servir bañadas en azúcar.

EMPANADAS COLOMBIANAS

Ingredientes:

* 3$^{1/2}$ tazas de harina integral
* 2 huevos batidos
* 50 grs. de manteca vegetal
* 3 cucharadas de Royal

* 1 cucharada de azúcar mascabado
* 1 cucharada de sal
* Agua helada la necesaria
* Papel estraza

Relleno:

* 3 tazas de carne de soya
  para picadillo
* 2 jitomates asados y
  3 dientes de ajo picados
* 1 cebolla picada

* 25 grs. de almendras
  peladas y picadas
* 100 grs. de aceitunas
* 3 cucharadas de aceite de oliva
* Sal y pimienta al gusto

Procedimiento:

Hacer una fuente de los polvos e incorporar la manteca y los huevos con 1/2 taza de agua helada, amasar hasta formar una masa uniforme, agregando el agua necesaria. Dejar reposar 25 minutos envuelta en plástico en el refrigerador.

Extender con el rodillo a formar tortillitas delgadas, rellenar con el picadillo, cerrar bien los bordes y freír en suficiente aceite, escurrir en papel estraza las empanadas fritas.

Para el picadillo:

Freír en el aceite de oliva la soya (que previamente se habrá hidratado y exprimido) junto con el jitomate picado, el ajo y la cebolla.

Añadir enseguida las almendras y aceitunas y el resto de los ingredientes y dejar sazonar al gusto. Dejar enfriar y rellenar con esto las tortillas.

EMPANADAS DE CIRUELAS PASAS

Se siguen las instrucciones de "Pasta básica para empanadas".
Ver receta en esta sección. El relleno se elabora como sigue:

Ingredientes:

* 1/2 kg. de ciruelas pasas
* 1/4 de nuez picada
* 1 lata chiquita de leche condensada

Procedimiento:

Remojar las ciruelas pasas durante una hora, escurrir, deshuesar y cortar en trocitos.
Mezclar las ciruelas pasas ya cortadas con la nuez picada y la leche condensada.
Copiar las instrucciones de "Pasta básica para empanadas". (Ver Contenido.)

EMPANADAS DE CHAMPIÑONES

Seguir las instrucciones de "Pasta básica para empanadas". Ver receta en esta sección. El relleno se elabora como sigue:

Ingredientes:

* 1/2 kg. de champiñones
* 1 cebolla picada
* 50 grs. de mantequilla
* Pimienta molida
* Sal al gusto

Procedimiento:

Lavar los champiñones perfectamente, cortarlos en tiritas.
Sofreír la cebolla en la mantequilla.
Agregar los champiñones, salpimentar y dejar 15 minutos a fuego lento.
Proceder a rellenar las empanadas y continuar con las instrucciones de "Pasta básica para empanadas".

EMPANADAS DE ESPINACAS

Seguir las instrucciones de "Pasta básica para empanadas". Ver receta en esta sección. El relleno se elabora como sigue:

Ingredientes:

* 1/2 kg. de espinacas
* 1 cebolla mediana picadita
* 2 limones (el jugo)
* 100 grs. de nuez picada

Procedimiento:

Lavar las espinacas, cortarlas en trocitos y mezclarlas con los demás ingredientes.
Proceder a rellenar la empanada aplastando un poco la espinaca.
Continuar con la receta de "Pasta básica para empanadas".

EMPANADAS DE HUITLACOCHE

Seguir las instrucciones de "Pasta básica para empanadas". Ver receta en esta sección. El relleno se elabora como sigue:

Ingredientes:

* 1 kg. de huitlacoche
* 1 cebolla
* 3 dientes de ajo
* 3 ramas de epazote

Procedimiento:

Lavar y rebanar el huitlacoche muy bien, picar finamente la cebolla, el ajo y el epazote. Colocar todo en una cacerola con un chorrito de aceite y tapar. Dejar cocinar a fuego lento sin que se cueza demasiado. Continuar con las instrucciones de "Pasta básica para empanadas"

EMPANADAS DE MANZANA

Seguir las instrucciones de "Pasta básica para empanadas". Ver receta en esta sección. El relleno se elabora como sigue:

Ingredientes:

* 1/2 kg. de manzana
* 1 taza de azúcar
* 1 cucharada de canela molida

Procedimiento:

Pelar, descorazonar las manzanas y cortarlas en medias lunas.
Mezclar el azúcar y la canela y en esto revolcar los gajitos de manzana.
Continuar con las instrucciones de "Pasta básica para empanadas".

EMPANADAS DE PIÑA

Seguir las instrucciones de "Pasta básica para empanadas". Ver receta en esta sección. El relleno se elabora como sigue:

Ingredientes:

Relleno de Mermelada de Piña

* 1 piña mediana
* 1/2 kg. de azúcar
* 2 cucharadas soperas de Maicena
* Una pizca de bicarbonato

Procedimiento:

Licuar y colar la piña y ponerla a hervir con una pizca de bicarbonato para quitarle el ácido.
Agregarle también el azúcar y la Maicena previamente disuelta en un poco de agua. Dejar a que espese.

NOTA: Para hacer mermelada de otros sabores seguir el mismo procedimiento, cambiando solamente la piña por la fruta deseada en las mismas proporciones.

EMPANADAS DE RAJAS CON PAPAS

Seguir las instrucciones de "Pasta básica para empanadas". Ver receta en esta sección. El relleno se elabora como sigue:

Ingredientes:

* 1/2 kg. de chiles poblanos
* 3 papas
* 1/2 cebolla
* 1 cucharada de aceite
* 1/2 taza de agua
* Sal al gusto

Procedimiento:

Lavar, desvenar y cortar los chiles en tiritas. Picar las papas y las cebollas en cuadritos. Colocar todo en una cacerola. Añadir el aceite, el agua y la sal. Tapar, dejar cocinar a fuego lento hasta que las papas estén casi cocidas.
Continuar con las instrucciones de "Pasta básica para empanadas".

EMPANADAS DE VERDURAS

Se siguen las instrucciones de "Pasta básica para empanadas".
Ver receta en esta sección. El relleno se elabora como sigue:

Ingredientes:

* 1 zanahoria
* 1 calabacita
* 1 chayote
* 1 chile poblano
* 1/2 cebolla
* 3 dientes de ajo
* 1 camote chico
* 1 papa
* 2 cucharadas de aceite
* 1/2 taza de agua
* Sal al gusto

Procedimiento:

Lavar y picar las verduras finamente. Vaciarlas a una cacerola con el aceite, la sal y el agua, tapar y dejar a fuego lento nada más a que sancochen.
Seguir todo el procedimiento de la receta acerca de "Pasta básica para empanadas".

GALLETAS 1, 2, 3

Ingredientes:

* 225 grs. de mantequilla
* $2^{1/2}$ tazas de harina
* 3/4 de taza de azúcar glass

* 2 yemas de huevo
* 1 barra de chocolate Turín

Procedimiento:

Derretir el chocolate en baño de María. Agregar el resto de ingredientes y amasar hasta formar una pasta homogénea. Extender con el rodillo. Cortar las galletas con un vaso. Hornear sobre charola engrasada a 150 °C durante 15 minutos. Decorar untando encima un poco de mermelada y colocando otra galleta encima. Se puede derretir un poco más de chocolate y decorar con él las galletas, con chorritos a través de una coladera.

GALLETAS DE AVENA (1)

Ingredientes:

* $1^{1/2}$ tazas de harina integral
* 1/2 taza de nuez o almendra picada
* $1^{3/4}$ de tazas de mascabado
* 1 cucharada de sal
* 1 cucharada de canela en polvo

* 3 tazas de avena integral
* 1 taza de mantequilla o margarina (derretida)
* 2 huevos
* 1/2 taza de leche

Procedimiento:

Mezclar los polvos con el mascabado, la sal, la canela y la avena integral, formar una fuente y en el centro dejar caer uno a uno los huevos, la mantequilla derretida y por último la leche y las nueces.

Revolver todo muy bien y formar una pasta uniforme.

Formar las galletas virtiendo la pasta a cucharadas sobre una lámina engrasada, dejando un espacio de 3 o 4 centímetros entre una y otra.

Hornear a 200 °C durante 15 minutos aproximadamente.

GALLETAS DE AVENA (2)

Ingredientes:

* 4 tazas de avena
* $1^{1/2}$ tazas de aceite
* 1/2 taza de miel
* 6 cucharadas de leche

* 3 tazas de harina integral
* 1 taza de mascabado
* 100 grs. de dátiles picados

Procedimiento:

Batir en un tazón el aceite y el mascabado. Agregar el resto de ingredientes mezclando perfectamente.
Hacer bolitas con la pasta aplanándolas un poco para darles forma de galleta.
Hornear sobre charolas engrasadas y enharinadas a calor mediano durante 20 minutos.

GALLETAS DE COCO

Ingredientes:

* 3 tazas de coco rallado
* 2 tazas de nuez picada
* $1^{1/2}$ tazas de Corn Flakes

* 1 taza de azúcar
* 5 claras de huevo batidas a punto de turrón

Procedimiento:

Mezclar todos los ingredientes perfectamente a formar una masa uniforme, se ponen cucharaditas sobre láminas engrasadas.
Se mete al horno a fuego moderado hasta que estén tostadas.

GALLETAS DE MAÍZ

Ingredientes:

* 1/2 taza de harina integral
* $1^{1/2}$ tazas de harina de maíz
* 1/2 taza de piloncillo molido
* 1/2 taza de manteca vegetal

* $1^{1/2}$ cucharadas de Royal
* Una pizca de anís
* Una cucharadita de bicarbonato
* Media taza de agua

Procedimiento:

Hervir en el agua el piloncillo y el anís hasta formar una miel espesa.
Dejar enfriar y revolver con el resto de ingredientes a formar una masa suave.
Extender con el rodillo la masa y dejar un grueso de 1/2 centímetro, cortar galletas y acomodar en láminas engrasadas. Meter al horno precalentado a calor mediano aproximadamente 25 minutos.

GALLETAS DE MANZANA

Ingredientes:

* 1/2 taza de mantequilla
* 1 taza de azúcar mascabado
* 2 huevos
* 1$^{3/4}$ de taza de harina integral
* 1/2 taza de avena integral

* 1/2 cucharada de sal
* 2 cucharadas de Royal
* 1/2 cucharada de canela molida
* 1$^{1/2}$ tazas de manzana rallada finamente

Procedimiento:

Mezclar todos los ingredientes perfectamente y formar las galletas; colocarlas sobre láminas engrasadas y hornear por espacio de 15 minutos a 350 °C.

GALLETAS DE NATA

Ingredientes:

* 400 grs. de harina integral
* 6 yemas de huevo

* 150 grs. de azúcar mascabado
* 1 taza de natas de leche

Procedimiento:

Batir la nata con el azúcar, añadir las yemas y la harina necesaria para formar una pasta suave.
Extender con el rodillo dejando 1/2 centímetro de grosor, cortar las galletas en forma redonda y embetunar con huevo.
Colocar en latas engrasadas y hornear a 300 °C hasta que doren.

GALLETAS DE NUEZ

Ingredientes:

* 150 grs. de nuez molida
* 300 grs. de harina integral

* 100 grs. de azúcar
* 300 grs. de mantequilla

Procedimiento:

Mezclar todos los ingredientes; formar bolitas y colocarlas sobre una charola engrasada. Hornear a 300 °C durante el tiempo necesario a que doren.
Una vez fuera del horno revolcarlas en azúcar granulada, o si desea mejor en azúcar glass.

GALLETAS DE SOYA

Ingredientes:

* 1/4 de kg. de harina de soya (o la masa sobrante de la leche de soya: Ókara)
* 150 grs. de harina integral
* 150 grs. de harina blanca
* 200 grs. de azúcar mascabado

* 200 grs. de manteca vegetal o mantequilla
* 1 cucharada de Royal
* Una pizca de bicarbonato
* Agua la necesaria
* Una pizca de sal

Procedimiento:

Mezclar las harinas con el Ókara o la harina de soya, el azúcar, el Royal, el bicarbonato y la sal, enseguida agregar la mantequilla y el agua necesaria para formar una pasta uniforme.

Amasar todo perfectamente y extender con el rodillo, cortar las galletas del grueso y forma que se guste y acomodar en láminas engrasadas, procurando que no queden muy juntas.

Hornear a 200 °C aproximadamente 15 minutos.

GALLETAS DE ZANAHORIA

Ingredientes:

* 1/3 de taza de aceite
* 2/3 de taza de azúcar
* 1 huevo
* 2 tazas de harina integral
* 1/2 cucharada de Royal

* 1/2 cucharada de bicarbonato
* 1/2 cucharada de canela molida
* 1 taza de zanahoria rallada
* $1^{1/4}$ tazas de avena
* l/2 cucharada de sal

Procedimiento:

Mezclar todos los ingredientes perfectamente y formar las galletas.

Colocarlas sobre láminas y meter al horno caliente a 400 °C por espacio de 10 minutos.

HOT CAKES DE SOYA

Ingredientes:

* 2 tazas de harina de soya (o la masa sobrante de la leche de soya: Ókara)
* 2 tazas de harina integral
* 1 huevo
* 2 cucharadas de azúcar mascabado
* 2 cucharadas de Royal
* Leche de soya la necesaria
* Miel y mantequilla al gusto

Procedimiento:

Mezclar la yema de huevo con el azúcar y una poca de leche, añadir las harinas, el Royal y otra poca de leche para formar un atole espeso.

Por último agregar la clara de huevo bien batida y revolver todo muy bien, vaciar porciones de esta mezcla en una sartén engrasada con mantequilla y extender formando una tortilla.

Dejar a que cueza por un lado a fuego lento y después voltear del otro lado para que también se cueza y retirar.

Servir bien calientes con miel y cuadritos de mantequilla.

NOTA: También se puede preparar con leche de vaca.

HOT CAKES INTEGRALES

Ingredientes:

* 1 taza de harina integral
* 1 taza de germen de trigo
* 2 cucharaditas de Royal
* 1/2 cucharadita de sal
* 50 grs. de nueces picadas (opcional)
* 2 huevos
* 2 tazas de leche
* 2 cucharaditas de vainilla
* 6 cucharadas de aceite

Procedimiento:

Mezclar los primeros 6 ingredientes perfectamente en un tazón.

Los 4 últimos ingredientes se licuan y se mezclan con lo anterior.

Se revuelve todo perfectamente.

Se vacía por cucharadas sobre un comal caliente untado de mantequilla, dándoles la forma de Hot Cakes. Se cuecen por ambos lados.

Servirlos con un trocito de mantequilla y miel de abeja, mermelada o leche Nestlé.

NIÑO ENVUELTO

Ingredientes:

* 6 huevos
* 8 cucharadas de azúcar
* 8 cucharadas de harina integral
* 4 cucharadas de mantequilla
* 2 cucharadas de mantequilla para engrasar

* 2 cucharadas de vainilla
* 2 cucharadas de Royal
* 1/4 de kg. de mermelada al gusto
* 100 grs. de nuez picada

Procedimiento:

Levantar las claras a punto de turrón duro y aparte levantar las yemas a punto de cordón duro con el azúcar.

Incorporar envolviendo todos los ingredientes.

Vaciar a un molde extendido previamente engrasado y forrado de papel estraza engrasado.

Hornear 20 minutos aproximadamente a 200 °C.

Retirar el pan de la charola y papel evitando que se rompa, acomodar debajo de la pasta una tela húmeda del mismo tamaño de ésta y enrollar juntos en forma de taco y dejar así hasta que se enfríe la pasta.

Después desenrollar y untar con la mermelada y nueces picadas, espolvoreando un poco de azúcar.

Volver a enrollar y colocar cuidadosamente en una charola, decorar con crema pastelera o betún al gusto (ver Contenido) y nuez picada.

Si se desea se puede bañar con lo siguiente:

Miel para bañarlo:

* 1 taza de azúcar
* 1/4 de taza de agua
* 1 cucharada del vainilla
* 1 raja de canela

Procedimiento:

Hervir todos los ingredientes hasta formar una miel.
Retirar del fuego, dejar enfriar.
Bañar el pan.

PALITOS DE QUESO

Ingredientes:

* 1/4 de taza de aceite
* 1 taza de harina blanca
* 1 taza de harina integral
* 1/4 de kg. de queso amarillo rallado

* 1 cucharada de Royal
* 2 huevos (separar uno para barnizar)

Procedimiento:

Rallar el queso y mezclar con el resto de ingredientes.
Formar palitos largos y barnizar con el huevo restante.
Colocar en láminas engrasadas.
Hornear a calor mediano a que doren.

PALITOS DE ZANAHORIA

Ingredientes:

* 6 zanahorias tiernas ralladas finamente
* 1 cucharada de mantequilla
* 1 cucharada de azúcar mascabado

* 1 cucharada de harina de trigo integral
* 1 cucharadita de canela en polvo
* 1 huevo

Procedimiento:

Se mezcla todo muy bien, haciendo palitos del largo deseado.
Hornear sobre charola engrasada a 200 °C durante 30 minutos.

PAN ALEMÁN DE CAJA

Ingredientes:

* 1/4 de kg. de harina integral
* 125 grs. de margarina
* 5 grs. de bicarbonato

* 1 cucharadita de cremor tártaro
* 4 huevos
* 150 grs. de azúcar

Procedimiento:

Mezclar la harina con el bicarbonato y el cremor tártaro.
Acomodarla en forma de fuente y colocar al centro el resto de ingredientes.
Amasar perfectamente.
Dejar reposar la pasta en lugar tibio durante 30 minutos.
Colocarla en molde de caja previamente engrasado y enharinado.
Hornear a 220 grados durante 30 minutos o más.

PAN DE AJO

Ingredientes:

* Pan integral
* Mantequilla
* Dientes de ajo
* Queso rallado

Procedimiento:

Machacar los ajos con la mantequilla, untar en el pan integral y espolvorear con queso rallado y hornear hasta que se derrita el queso y la mantequilla.

NOTA: No hay cantidades ya que todo depende del gusto y la cantidad que se quiera preparar.

PAN DE CAJA INTEGRAL

Ingredientes:

* 1 kg. de harina integral
* 60 grs. de levadura
* 100 grs. de mantequilla
* 3 cucharadas de azúcar
* 50 grs. de ajonjolí
* 2 huevos
* 1 cucharada de sal
* Leche la necesaria

Procedimiento:

Disolver la levadura en l/2 taza de agua tibia y mezclar con una taza de harina y una poca de leche, dejar reposar 20 minutos en un lugar tibio.

Aparte revolver la harina con la mantequilla, leche y azúcar, y amasar hasta formar una pasta uniforme.

Añadir la levadura y seguir amasando.

Apartar la mitad de la pasta y amasarla por separado, a la primera incorporarle los huevos y seguir amasando durante 5 minutos; envolverla en una bolsa de plástico engrasada y colocar en un lugar tibio hasta que casi doble su volumen. Si gusta puede añadir más azúcar o sal según sea el gusto.

La pasta que no tiene huevo se vacía a un molde de caja engrasado y hornear a calor mediano aproximadamente 45 minutos.

Con la otra pasta hacer panecillos, untarlos con leche y espolvorear encima el ajonjolí.

Hornear a calor mediano una hora aproximadamente.

PAN DE CENTENO

Se sigue el mismo procedimiento que los panes integrales y se sustituye la harina de trigo integral por harina de centeno en las mismas proporciones. Ver receta en esta sección.

PAN DE COCO

Ingredientes:

Mezcla No. 1

* 2 huevos
* 1/4 de taza de margarina

* 3/4 de taza de mascabado
* 1/4 de taza de leche

Mezcla No. 2

* 1/2 taza de harina integral
* 2 cucharadas de Royal

* 1/2 cucharada de sal

Mezcla No. 3

* 2 cucharadas de margarina
* 1/3 de taza de azúcar mascabado
* 1/2 taza de coco ya rallado

* 1 cucharada de harina integral
* 1 cucharada de canela

Procedimiento:

Combinar perfectamente la mezcla No. 1.
Mezclar bien la mezcla No. 2 y agregar a la No. 1, revolviendo bastante bien.
Verter en un molde previamente engrasado y enharinado y extender bien la pasta.
Enseguida mezclar la mezcla No. 3 y verter encima de la pasta anterior.
Hornear durante 30 minutos a 300 °C.

PAN DE LEVADURA

Ingredientes:

* 2 sobres de levadura seca (9 grs. c/u)
* 1¹/² tazas de agua caliente
* 6 tazas de harina integral
* 1 cucharada de aceite de oliva
* 1 cucharada de ajonjolí
* 2 cucharadas de sal

Procedimiento:

Disolver la levadura en el agua caliente, e incorporar la harina junto con la sal, amasar en una superficie plana, hasta formar una masa que se pueda manejar. Colocar sobre una superficie enharinada y trabajarla hasta que esté tersa, elástica y no se pegue a las manos.

Formar una bola con la masa y engrasarla con un poco de aceite, envolver con un plástico también engrasado y colocar en un lugar tibio hasta que aumente el doble de su volumen.

Volver a trabajar la masa hasta que quede de nuevo a su volumen normal, dividir en 2 partes iguales y extender cada una de ellas con el rodillo hasta formar círculos de un diámetro de 20 centímetros aproximadamente.

Barnizar con el aceite encima de cada círculo, espolvorear con la semilla de ajonjolí y acomodar ambas en láminas engrasadas.

Meter al horno precalentado a 200 °C y dejar que se cueza durante 30 minutos aproximadamente.

PAN DE MAÍZ

Ingredientes:

* 1 taza de harina de maíz
* 1 taza de harina de trigo integral
* 2 cucharadas de azúcar
* 1/2 cucharadita de Royal
* 1 taza de leche
* 1/4 de kg. de manteca vegetal
* 1 huevo

Procedimiento:

Se revuelven los ingredientes batiendo perfectamente hasta que quede todo bien incorporado. Se vacía en molde cuadrado engrasado previamente o en moldes para panquecitos. Meter a horno caliente a 200 °C hasta que adquieran un color dorado claro.

PAN DE NAVIDAD

Ingredientes:

* 2 sobres de levadura seca
  (9 grs. c/u)
* 1 taza de agua caliente
* 125 grs. de mantequilla
* 1/2 taza de azúcar mascabado

* 3 huevos enteros
* 2 yemas de huevo
* 1 limón verde (la raspadura)
* 6 o 7 tazas de harina integral
* 1/2 cucharada de sal

Relleno:

* 1 taza de pasitas
* 3/4 de taza de avellanas
  picadas

* 3/4 de taza de fruta cubierta
  en cuadritos
* 1/4 de taza de azúcar mascabado

Procedimiento:

Disolver la levadura en el agua caliente; aparte acremar la mantequilla y el mascabado, e incorporar sin dejar de batir los huevos uno a uno, la sal, la ralladura de limón y sólo 4 tazas de harina integral.

Ya que esté mezclado todo perfectamente, añadir la levadura disuelta y la harina restante, a formar una masa que pueda manejarse.

Trabajar la masa sobre una superficie enharinada durante 5 o 10 minutos, hasta que esté tersa y elástica, en caso de estar pegajosa, añadir un poco más de harina.

Formar una bola con esta masa, engrasarla y envolverla con un plástico y dejar reposar en un lugar tibio hasta que doble su volumen normal.

Volver a trabajar la masa sobre la misma superficie y extender con las manos a formar una torta redonda y gruesa.

Aparte mezclar los ingredientes del relleno y distribuir a lo largo de la masa.

Dividir la masa en 3 partes iguales y vaciar cada una en moldes redondos y hondos (de 14 centímetros de diámetro por 20 de fondo aproximadamente) previamente engrasados.

(Cada molde debe llenarse hasta la mitad.)

Cubrir los moldes con un plástico y dejar de nuevo en un lugar tibio para que esponje casi al punto de rebasar el borde del molde.

Meter al horno precalentado a 175 °C durante 45 minutos aproximadamente, retirar del horno y dejar enfriar.

Desmoldar los panes y barnizar la superficie con mantequilla.

PAN DE SOYA

Ingredientes:

* 1/4 de kg. de harina de soya (o masa sobrante de la leche de soya: Ókara)
* 150 grs. de harina integral
* 150 grs. de harina blanca
* 1 sobre de levadura seca (9 grs.)
* 4 cucharadas soperas de azúcar morena

* 1 cucharada de mantequilla derretida
* Canela o vainilla al gusto
* Leche de soya la necesaria (o de vaca)
* Una pizca de sal

Procedimiento:

Mezclar muy bien las harinas con la soya, enseguida añadir el azúcar, la sal y la levadura previamente disuelta en 1/2 vaso de leche caliente. Formar una fuente y en el centro agregar la mantequilla y una poca de leche.

Amasar todo perfectamente y si hace falta, adicione un poco más de leche para formar una masa elástica y fácil de manejar. Ya lista la masa, añadir por último la canela molida o vainilla al gusto, acomodar en pequeños moldes previamente engrasados y dejarlos reposar 20 minutos en un lugar tibio para que suba.

Hornear a 200 °C aproximadamente 30 minutos, ya que estén perfectamente cocidos los panes.

NOTA: Procurar que la masa al vaciarla a los moldes no pase más de la mitad de la profundidad de éstos, ya que al esponjar necesitan buen espacio.

PAN DULCE INTEGRAL

Se hace de la misma forma que el pan integral, sólo se sustituye la sal por 75 gramos de mascabado y 75 gramos de miel, 100 gramos de nueces, pasas y dátiles (o acitrón) al gusto. Ver receta en esta sección.

PAN ESTILO MAMON

Ingredientes:

* 1/4 de harina de arroz
* 100 grs. de harina integral
* 1 lata de leche Nestlé
* 8 huevos
* 1/4 de kg. de mantequilla blanda

* 100 grs. de azúcar morena
* 1 limón (el jugo)
* 1 cucharada de Royal
* 100 grs. de nuez picada

Procedimiento:

Mezclar perfectamente la harina de arroz, de trigo y el Royal. Acremar la mantequilla con el azúcar, agregar las yemas a punto de cordón acremando con la leche.

Añadir las claras a punto de turrón alternando y sin batir mucho, envolviendo suavemente. Mezclar con las harinas. Vaciar a moldes de panqué engrasados y adornar con la nuez.

Hornear a calor mediano por 30 minutos aproximadamente.

PAN INTEGRAL EXQUISITO

Ingredientes:

* 3/4 de taza de trigo, remojado 24 horas
* $1^{1/2}$ tazas de leche calentada a punto de hervir y enfriada
* 1 cucharada de levadura
* 1/3 de taza de miel de abeja

* 2 cucharadas de mantequilla
* $5^{1/2}$ a $6^{1/2}$ tazas de harina de trigo integral
* 1/2 taza de germen de trigo
* 2 cucharaditas de sal

Procedimiento:

Poner a hervir los granos de trigo en la misma agua en que se remojaron, hasta que estén suaves.

Disolver la levadura en 1/4 de taza de agua tibia, verter en un tazón y agregar la leche, la miel, la mantequilla derretida y la sal.

Añadir 4 tazas de harina integral y batir hasta que esté lisa y elástica la masa. Agregar otra taza y media de harina y el germen de trigo amasando bien sobre una tabla enharinada.

Ya bien amasada, colocar en un tazón engrasado y dejar reposar hasta que se haga el doble de volumen (una hora y media aproximadamente), sacar el aire golpeándola un poco y se amasa con los granos de trigo.

A esta pasta puede dársele la forma que se desee: pan de molde en un molde engrasado; bolillo, hogaza, etc.

Cualquier forma se tapa con una toalla y se deja reposar durante 45 minutos en un lugar tibio.

Se hornea a 200 °C durante 45 minutos aproximadamente.

PAN INTEGRAL SENCILLO

Ingredientes:

* 4 tazas de harina integral
* 2 cucharadas de leche en polvo
* 1 cucharada de azúcar
* 1 cucharada de Royal

* 50 grs. de mantequilla derretida
* 1 cucharada de sal
* Una pizca de bicarbonato
* Agua tibia la necesaria

Procedimiento:

Mezclar perfectamente todos los ingredientes e ir agregando el agua tibia poco a poco hasta obtener una pasta suave.

Vaciar a moldes engrasados y hornear a 200 °C por espacio de 20 a 30 minutos.

PAN NAVIDEÑO EUROPEO

Ingredientes:

- ☆ 85 grs. de almendras peladas
- ☆ 85 grs. de pasas blancas
- ☆ 85 grs. de pasas negras
- ☆ 50 grs. de naranja cubierta en cuadritos
- ☆ 50 grs. de limón cubierto en cuadritos
- ☆ 1 sobre de levadura seca (9 grs.)
- ☆ 1/3 de taza de agua caliente

- ☆ 1 taza de leche
- ☆ 150 grs. de mantequilla
- ☆ 1/4 de taza de azúcar morena
- ☆ 1/4 de taza de miel de abeja
- ☆ 3 a 5 tazas de harina integral
- ☆ 1 cucharada de extracto de limón
- ☆ Una pizca de jengibre en polvo
- ☆ Azúcar glass al gusto
- ☆ Una pizca de sal

Procedimiento:

Disolver la levadura en el agua caliente, aparte calentar la leche y derretir aquí la mantequilla, añadir el azúcar y la miel moviendo hasta que se disuelva y dejar enfriar.

Aparte mezclar la harina con el jengibre y la sal, formando una fuente, y en el centro deberá agregarse poco a poco la leche y la levadura ya disuelta en el agua.

Amasar constantemente hasta formar una pasta suave, e incorporar poco a poco el extracto de limón junto con las almendras y la fruta cubierta.

Si la masa está muy pegajosa, añadir un poco más de harina.

Trabajar la masa en una superficie enharinada hasta que se ponga suave y elástica.

Formar una bola con la masa y engrasarla con un poco de aceite, cubrir con un plástico y dejarla reposar en un lugar tibio hasta que aumente su volumen al doble, (aproximadamente 2 horas).

Volver a trabajar la masa por un momento y después dividirla en 2 porciones iguales.

Extender cada una con el rodillo hasta formar un óvalo de 30 centímetros de largo por 12 de ancho, doblar a lo largo, a manera de birote y redondear los extremos.

Colocar los panes sobre una lámina engrasada, cubrir con algún plástico y volver a dejar reposar en un lugar tibio durante una hora.

Pasado este tiempo, retirar el plástico y hornear los panes a 190 °C durante 50 minutos aproximadamente.

NOTA: Como esponjan bastante, es recomendable quitar la parrilla de arriba de su horno, ya que puede estorbar al momento de que esponjen los panes.

Retirar del horno, dejar enfriar y despegar cada pan de la lámina para que después se decore con azúcar glass bien espolvoreada.

Pan negro de soya

Ingredientes:

* 1/4 de kg. de harina de soya (o la masa restante de la leche de soya: Ókara)
* 300 grs. de harina de trigo
* 100 grs. de salvado
* 1 sobre de levadura seca (9 grs.)
* 1 huevo
* 1 cucharada de manteca vegetal
* Piloncillo molido al gusto
* Pasas y nueces picadas al gusto
* Leche la necesaria

Procedimiento:

Mezclar la soya con la harina, el salvado y la levadura previamente disuelta en 1/2 vaso de leche caliente.

Añadir el resto de ingredientes junto con la leche necesaria para formar una masa elástica y fácil de trabajar.

Por último agregar las pasas y las nueces, colocar la masa en moldes engrasados y dejar reposar aproximadamente 20 minutos en un lugar tibio para que esponje. Hornear a 200 °C durante 30 minutos aproximadamente.

Panes integrales

Ingredientes:

* 500 grs. de harina integral
* 1 cucharada de azúcar mascabado
* 50 gramos de mantequilla
* 20 grs. de levadura seca (sobrecitos)
* 1 cucharada de leche o agua
* 1 cucharadita de sal

Procedimiento:

Hacer una fuente con la harina y en el centro poner azúcar, sal y la levadura disuelta en un poco de agua tibia y dejar reposar durante 30 minutos. Revolver poco a poco y agregar mantequilla amasando.

Agregar leche o agua, seguir amasando. Después de que se hace una bola, poner en un recipiente, cubrir con un lienzo húmedo y poner a reposar por una hora junto al piloto (estufa), este procedimiento de amasar y reposar cerca del piloto por una hora se repite 2 veces más.

Dar al pan la forma deseada, bolillo, caja, etc. y hornear a 200 °C durante 45 minutos aproximadamente.

PANQUÉ DE NATAS

Ingredientes:

* 4 huevos
* 1 taza de azúcar
* 1/2 taza de nata
* $2^{1/2}$ tazas de harina integral

* $2^{1/2}$ cucharadas de Royal
* 2 cucharadas de vainilla
* Leche la necesaria
* Azúcar glass al gusto

Procedimiento:

Batir la nata con el azúcar, agregar los huevos uno a uno sin dejar de batir, e incorporar poco a poco la harina, el Royal y la sal, alternando con un poco de leche hasta formar una masa un poco aguada.

Por último añadir la vainilla y vaciar a un molde forrado previamente con papel encerado.

Hornear a 180 °C durante 20 minutos aproximadamente, haciendo la prueba con un palillo.

Retirar del horno y dejar enfriar, sacar el panqué del molde y adornar espolvoreando encima el azúcar glass.

PANQUECITO DE GERMEN DE TRIGO

Ingredientes:

* 2 tazas de germen de trigo crudo
* 1 taza de harina integral
* 1 taza de azúcar
* 2 cucharadas de Royal

* $1^{1/2}$ vasos de leche
* 1/2 vaso de agua
* Pasas al gusto
* Nueces al gusto
* Ajonjolí para adornar

Procedimiento:

Mezclar todos los ingredientes perfectamente hasta formar una masa uniforme. (Queda bastante líquida.)

Vaciar en moldes de panquecitos previamente engrasados y enharinados o en platitos encerados para panqués, llenando hasta la mitad.

Espolvorear el ajonjolí sobre los panquecitos.

Hornear aproximadamente 25 minutos a calor mediano.

PASTA BÁSICA PARA EMPANADAS

Ingredientes:

Pasta empanadas:

* 1 kg. de harina integral
* 2 paquetitos de levadura en polvo (8 grs. c/u)
* 1 taza de azúcar

* 1/4 de kg. de manteca vegetal
* 1 huevo para barnizar
* Una cucharadita de sal

Procedimiento:

Derretir la manteca. Disolver la levadura en un vaso de agua tibia.

Mezclar todos los ingredientes y amasar hasta formar una pasta uniforme.

Hacer bolitas del tamaño deseado y extenderlas con rodillo sobre una mesa enharinada. Colocar el relleno en el centro, doblarlas por mitad, cerrando bien los bordes. Barnizar con la yema de huevo.

Hornear a fuego moderado hasta que estén doraditas.

PASTA BÁSICA PARA PAYS

Ingredientes:

* $1^{1/2}$ tazas de harina integral
* 100 grs. de mantequilla
* 1/2 cucharadita de Royal
* 1 cucharada de azúcar

* 1/2 cucharadita de canela molida
* 1/2 taza de agua
* 1 huevo para barnizar
* Una pizca de sal

Procedimiento:

Formar con la harina una fuente.

Colocar en el centro el resto de ingredientes con excepción del huevo y el agua. Ir cortando la harina con dos cuchillos, incorporando el agua poco a poco, hasta formar una mezcla uniforme. La masa no deberá tocarse con las manos para evitar que se caliente.

Una vez lista la pasta, extender con rodillo en una tabla previamente enharinada, al tamaño del molde y dejar una pequeña porción de pasta para hacer las tiritas de adorno.

Engrasar y enharinar el molde de pays y colocar encima la pasta que ya ha extendido, dándole forma según el contorno del molde y cortando los bordes sobrantes.

Poner enseguida el relleno*. La pasta sobrante se extiende y de ahí cortar tiritas para adornar el pay, poniendo primero líneas en sentido vertical y luego horizontal, formando así cuadritos.

Barnizar con huevo. Con el dorso de un tenedor, presione sobre los bordes del pay para que tenga mejor presentación. Hornear a 175 grados durante 40 minutos.

*Pueden ser rellenos dulces o salados. Enseguida le damos algunas sugerencias, pero por supuesto usted puede, con un poco de imaginación y buen gusto, elaborar otras variedades.

PASTEL ANTIGUO

Ingredientes:

* 1 lata de leche evaporada
* 1 lata de leche condensada
* 1 cucharada de vainilla
* 5 yemas
* 2 docenas de soletas
* 450 grs. de mermelada de fresa o zarzamora
* Nuez picada al gusto

Procedimiento:

Batir perfectamente las yemas y agregarlas a las leches; poner a hervir a fuego lento y cuando suelte el hervor retirar y añadir la vainilla.

En un molde refractario colocar una capa de soleta, otra de mermelada y encima bañar con el atole anterior.

Continuar sucesivamente este procedimiento hasta terminar con el atole.

Adornar con la nuez picada y refrigerar. Servir frío.

PASTEL CUBANO FUNDIDO

Ingredientes:

* 1/4 de kg. de azúcar
* 1/4 de kg. de chocolate amargo
* 1/4 de kg. de mantequilla
* 1/4 de lt. de agua
* 75 grs. de harina
* 3 yemas de huevo

Procedimiento:

Poner a hervir el agua con el azúcar y cuando suelte el hervor, agregar el chocolate y la mantequilla en trozos pequeños.

Dejar a fuego lento y mover constantemente hasta formar una mezcla homogénea.

Aparte, mezclar la harina con las yemas una a una y vaciar esta pasta sobre la crema de chocolate, batiendo para que quede bien incorporado todo.

Verter lo anterior a un molde redondo previamente engrasado.

Hornear a 180 °C en baño María durante una hora aproximadamente.

Retirar del horno y dejar enfriar durante 12 horas.

Decorar al gusto y servir.

PASTEL DE CHISPAS DE CHOCOLATE

Ingredientes:

* 1 taza de leche Nestlé
* 1 taza de nuez molida
* 1 taza de coco rallado
* 1 taza de chispas de chocolate
* 2 paquetes de galletas Marías
* 200 grs. de mantequilla

Procedimiento:

Moler en la licuadora las galletas, revolver con la mantequilla derretida y hacer una pasta. Colocarla en el fondo del molde.

Mezclar aparte los demás ingredientes y vaciarlos al molde.

Hornear a 175 °C.

PASTEL DE CHOCOLATE (1)

Ingredientes:

* 12 huevos
* $1^{1/2}$ vasos de azúcar mascabado
* 3 vasos de nuez molida
* 2 cajas de chocolate (Turín) amargo (320 grs.)

* 225 grs. de mantequilla
* Azúcar glass (para decorar) la necesaria

Procedimiento:

Licuar perfectamente los huevos, el azúcar mascabado y la mantequilla, añadir el chocolate ya derretido en baño María.

Volver a licuar, añadir la nuez molida, mezclar perfectamente todos los ingredientes y vaciar a un molde engrasado y enharinado.

Hornear a calor mediano durante 30 minutos.

Si desea puede decorarlo con azúcar glass, o su betún favorito. (Ver Contenido.)

PASTEL DE CHOCOLATE (2)
(10 a 12 porciones)

Ingredientes:

* $2^{1/4}$ tazas de harina integral
* $1^{3/4}$ de tazas de azúcar morena
* 150 grs. de mantequilla sin sal a temperatura ambiente (blanda)
* 3/4 de taza de leche
* 4 tabletas de chocolate amargo para repostería (Turín) (120 grs.) derretidas a baño María

* 1/2 cucharadita de bicarbonato de sodio
* 3/4 de taza de leche
* 3 huevos
* $1^{1/4}$ cucharadas de Royal
* 1 cucharadita de extracto de vainilla
* 1 cucharadita de sal

Procedimiento:

En un tazón grande mezclar la harina, el azúcar, el Royal, el bicarbonato y la sal, agregar la mantequilla y el chocolate derretido.

Batir perfectamente durante 10 o 15 minutos. Agregar después la leche, huevos y la vainilla. Batir otro tanto más. Verter esta mezcla en dos moldes (de aproximadamente 40 y 30 centímetros de diámetro) engrasados y enharinados. Hornear durante 30 minutos aproximadamente. Se deja enfriar.

Se rellena y se cubre con betún de chocolate o blanco. (Ver Contenido.)

Se decora con mitades de nueces o con cerezas.

PASTEL DE CHOCOLATE Y NUEZ

Ingredientes:

- ★ 6 huevos
- ★ 120 grs. de mantequilla
- ★ 1 caja de chocolate amargo (Turín) (160 grs.)

- ★ 1 taza de nuez molida
- ★ 4 cucharadas de leche
- ★ 185 grs. de azúcar

Procedimiento:

Poner en la licuadora la leche, el azúcar, la mantequilla derretida, el chocolate también derretido y los huevos. Licuar y mezclar con la nuez molida.
Vaciar a un molde engrasado y hornear a 180 °C durante 45 minutos.
Sugerimos decorar este pastel con el betún de chocolate. (Ver Contenido.)

PASTEL DE ELOTE

Ingredientes:

- ★ 8 elotes tiernos y desgranados
- ★ 100 grs. de mantequilla derretida
- ★ 1 cucharada de canela molida

- ★ 1 cucharada de Royal
- ★ 400 grs. de azúcar morena
- ★ 5 huevos

Procedimiento:

Moler en la licuadora los huevos, el azúcar y la mantequilla, e ir incorporando poco a poco el elote desgranado y seguir licuando añadiendo el resto de ingredientes.
Formar una mezcla homogénea. Engrasar un molde y después forrarlo perfectamente con papel estraza, cortando los bordes salientes del molde. Engrasar muy bien el papel por encima.
Vaciar a este molde el licuado y hornear a 250 °C aproximadamente una hora.

NOTA: Lo licuado no queda como masa sino como un atole espeso.

PASTEL DE HOT CAKES

Ingredientes:

* 2 tazas de harina de hot cakes
  (ver receta en esta sección)
* 4 huevos

* 1 vaso de azúcar
* 1 vaso de jugo de naranja
* 1 vaso de aceite

Procedimiento:

Licuar todos los ingredientes, vaciar en un molde engrasado y hornear a 175 °C durante 40 minutos aproximadamente.

PASTEL DE MANZANAS

Ingredientes:

* 2 kgs. de manzanas golden
* 200 grs. de mantequilla
* $2^{1/2}$ tazas de azúcar morena
  o mascabado

* $1^{1/2}$ tazas de harina integral
* $1^{1/2}$ tazas de nuez picada
* 2 cucharadas de canela en polvo

Procedimiento:

Pelar, descorazonar y partir en gajos delgados las manzanas.
Engrasar un refractario con mantequilla, acomodar en él la mitad de los gajitos de manzana, espolvorear encima una taza de azúcar y una cucharada de canela. Colocar encima el resto de manzana y espolvorear enseguida otra taza de azúcar y la canela restante.
Aparte formar una masa con la mantequilla derretida, la harina, la nuez, 1/2 taza de azúcar y el agua necesaria. Ya bien amasada, extenderla y colocarla sobre las manzanas a que cubra el molde.
Barnizar con huevo, si se desea, hornear a 200 °C durante una hora.

PASTEL DE MIGAS SUIZO

Ingredientes:

* 4 tazas de migas de pan
* 1 taza de jocoque o yogurt
* 1/2 taza de pimientos morrones rojos, picados
* 1 lata de leche evaporada
* 1/2 taza de apio picado (muy tierno)

* 12 ciruelas pasas escaldadas y cortadas en pedazos
* 1/2 taza de nueces
* 1 cucharadita de jengibre rallado
* 1 taza de requesón o cottage
* 1/4 de kg. de queso rallado
* Sal al gusto

Procedimiento:

En un recipiente poner primero el pan, luego el jocoque, los pimientos rojos, añadiendo las ciruelas pasas, el requesón, la sal, la leche evaporada, etc. hasta mezclar perfectamente todos los ingredientes con excepción del queso.
Engrasar el molde con mantequilla. Vaciar la mezcla.
Espolvorear encima la mitad del queso rallado.
Meter al horno precalentado a 300 grados. A los 10 minutos bajar el horno a 250 grados. A los 25 minutos sacar, voltear, poner el resto de queso y volver a meter al horno de 15 a 20 minutos más.

PASTEL DE NARANJA

Ingredientes:

* 3 tazas de harina integral
* 2 cucharadas de Royal
* 250 grs. de mantequilla
* $1^{1/2}$ tazas de azúcar

* 6 huevos
* 2 cucharadas de vainilla
* 3 naranjas
* 1 limón

Procedimiento:

Acremar la mantequilla con el azúcar y la vainilla, añadir la ralladura de la cáscara de las naranjas y el limón e ir incorporando los huevos uno a uno alternando con los polvos y el jugo de naranja y batir hasta formar una pasta suave.
Vaciar la pasta en un molde engrasado.
Introducir al horno caliente (300 grados) durante 4 minutos y después bajar a fuego lento a (200) y dejar por 30 minutos.
Estará listo si al introducirle un palillo éste sale seco.

PASTEL DE NUEZ SENCILLO

Ingredientes:

* 100 grs. de nuez
* 1 lata de leche Nestlé
* 2 huevos

Procedimiento:

Licuar todos los ingredientes y vaciar a un molde engrasado.
Meter al horno a calor mediano durante 40 minutos.

PASTEL DE NUEZ Y CAJETA

Ingredientes:

* 1/2 kg. de nuez molida	* 2 cucharadas de Royal
* 1/4 de kg. de Maicena	* 8 cucharadas de harina integral
* 6 huevos	* 2 tazas de azúcar
* 3 latas de leche Nestlé	* 30 grs. de mantequilla

Procedimiento:

Acomodar las latas cerradas de leche Nestlé en una olla con el agua necesaria a que las cubra y poner a hervir durante una hora.
Aparte mezclar la harina, la Maicena y el Royal.
Poner a hervir $1^{1/2}$ tazas de agua con las 2 tazas de azúcar hasta formar un almíbar.
Aparte batir las claras de huevo a punto de turrón e ir agregando el almíbar batiendo hasta que esté casi frío.
Añadir las yemas y continuar batiendo.
Revolver perfectamente este batido con los polvos anteriores y 3/4 partes de la nuez molida.
Engrasar un molde con mantequilla y poner una capa delgada de esta mezcla, como de 3 centímetros de grosor, meter al horno caliente a fuego lento durante 10 o 15 minutos.
Ya cocido sacar el pan del molde, colocar en un platón y untar encima con cajeta, es decir con el preparado de la leche Nestlé, espolvoreando un poco de la nuez que apartamos, continuar así, horneando otra capa de pan, colocándola sobre la capa anterior intercalando la cajeta y así sucesivamente hasta terminar con la pasta (5 o 6 capitas).
Al final untar el pastel con la cajeta sobrante y espolvorear con la nuez molida restante.

Pastel de plátano

Ingredientes:

* 2 huevos
* $1^{1/2}$ tazas de azúcar
* 125 grs. de mantequilla
* 2 cucharadas de vainilla
* 1 cucharadita de Royal

* 1/2 cucharadita de bicarbonato
* $2^{1/2}$ tazas de harina
* 1/2 taza de leche
* 3 plátanos tabasco

Procedimiento:

Batir todos los ingredientes, menos el plátano.
Machacar el plátano, agregar y volver a batir. Si la mezcla queda muy espesa agregar un chorrito más de leche. Meter al horno en molde engrasado a 175 °C hasta que se cueza.

Pastel de queso y piña

Ingredientes:

* 2 tazas de pasta para pay (ver receta en el Contenido)

Relleno:

* 3 tazas de piña molida
* $1^{1/2}$ tazas de azúcar morena
* 3/4 de taza de leche Nestlé
* 1/4 de queso doble crema

* 2 cucharadas de Maicena
* 3 claras a punto de turrón
* 2 yemas

Procedimiento:

Ya preparada la pasta para el pay, extenderla con el rodillo y forrar uno o dos moldes engrasados y enharinados.
Mezclar la piña con el azúcar y colocarlos sobre la pasta.
Aparte licuar la leche, queso, claras, Maicena y yemas, vaciar al molde y hornear a calor mediano hasta que dore.

PASTEL DE SOLETAS

Ingredientes:

* 30 soletas
* 1/2 kg. de crema para batir (Lyncott)
* 2 kgs. de mango petacón
* 1/2 taza de agua
* 1/2 taza de Kalhúa
* Nueces o chocolate al gusto

Procedimiento:

Poner a remojar las soletas en el agua mezclada con el Kalhúa durante 5 minutos aproximadamente.

Colocar en un molde refractario una capa de soletas, otra de mango en rebanadas, encima la crema bien batida, continuar así acomodando las capas sucesivamente hasta terminar con la crema batida.

Adornar con las nueces o chocolate rallado encima y colocar en el congelador durante 40 minutos aproximadamente.

PASTEL DE SOYA

Ingredientes:

* 2 tazas de harina de soya (o masa restante de la leche de soya: Ókara)
* 1 taza de harina integral
* 1 taza de harina blanca
* 1 1/2 sobres de levadura seca (12 grs.)
* 1 huevo
* 2 tazas de azúcar morena
* 1 taza de coco rallado
* 100 grs. de mantequilla
* Vainilla al gusto
* Leche de soya o de vaca, la necesaria

Procedimiento:

Mezclar las harinas con el azúcar y la levadura ya disuelta en 1/2 vaso de leche caliente.

Aparte derretir la mantequilla y revolver con el huevo y una poca de leche, añadir esto a lo anterior y por último el coco rallado y la vainilla.

Mezclar perfectamente todo y vaciar a moldes engrasados.

Meter al horno precalentado a calor mediano durante 25 minutos aproximadamente.

PASTEL DE TRES LECHES

Ingredientes:

Pasta:

* 250 grs. de harina integral
* 250 grs. de azúcar morena
* 2 cucharaditas de polvo de hornear
* 10 yemas de huevo
* 2 tazas de leche caliente
* 10 claras de huevos

Crema:

* 1 lata de leche Nestlé
* 1 lata de leche Clavel
* 1 taza de crema
* 1 cucharada de vainilla

Procedimiento:

Mezclar la harina con el polvo de hornear. Batir las yemas con el azúcar hasta que aclaren; sin dejar de batir, añadir la harina con el polvo de hornear y poco a poco ir agregando la leche caliente. Aparte se baten las claras a punto de turrón y agregar a la mezcla anterior, incorporando todo muy bien con movimientos envolventes, sin llegar a batir. Esta mezcla se vierte en dos moldes engrasados y se hornea a 350 °C durante 35 minutos.

Aparte se licuan todos los ingredientes de la crema y con esta mezcla se baña y rellena el pastel ya frío. Se refrigera.

PASTEL DE ZANAHORIA

Ingredientes:

* 2 tazas de azúcar morena
* 3/4 de taza de aceite de maíz
* 4 huevos
* 2 tazas de harina integral
* 2 cucharaditas de bicarbonato
* 1 cucharada de canela en polvo
* 3 tazas de zanahoria rallada
* 1 cucharadita de vainilla

Procedimiento:

Mezclar el azúcar con el aceite, incorporar los huevos uno a uno, batiendo vigorosamente, agregar la harina, mezclada con el bicarbonato y la canela, alternando con la zanahoria hasta que todo esté bien integrado. Agregar la vainilla.

Poner la mezcla en dos moldes engrasados y enharinados a 375 °C aproximadamente 45 minutos.

Se puede decorar al gusto.

PASTEL HELADO

Ingredientes:

* 2 paquetes de galletas
  (rancheras o costeñas)
* 250 grs. de mantequilla
* 50 grs. de café

* 3 huevos
* 1 lata de leche Nestlé
* 150 grs. de nuez picada
* Pasas al gusto

Procedimiento:

En $1^{1/2}$ tazas de agua poner a hervir el café durante 3 minutos y colar. Ir mojando las galletas en el café hasta suavizarlas y acomodarlas en un molde sin engrasar. Colocar encima una capa de crema que se prepara de la siguiente manera:
Batir la mantequilla y una vez acremada agregar un huevo entero y dos yemas, seguir batiendo e incorporar la leche Nestlé y mezclar bien.
Untar una capa de esta crema sobre la primera capa de galletas y enseguida nueces y pasas, después otra capa de galletas luego crema, nueces y pasas, etc. y así sucesivamente hasta terminar.
Refrigerar. Servir bien frío.

PASTEL HÚMEDO

Ingredientes:

* 350 grs. de harina integral
* 3 cucharadas de Royal
* 100 grs. de harina de arroz
* 300 grs. de azúcar morena
* 300 grs. de mantequilla

* 4 huevos
* 1/2 taza de jugo de naranja
* 350 grs. de coco fresco
  rallado
* 1/4 de kg. de pasitas

Procedimiento:

Acremar la mantequilla con el azúcar.
Añadir las yemas una a una, batiendo constantemente; incorporar los polvos y las claras a punto de turrón junto con el jugo de naranja. Dejar reposar por 30 minutos.
Debe quedar una masa no muy seca, por último mezclar las pasas enharinadas y el coco rallado.
Vaciar a un molde engrasado y enharinado y hornear aproximadamente 45 minutos a calor mediano.

PASTEL SUIZO DE MANZANA

Ingredientes:

* 1/4 de lata de leche Nestlé
* 2 cucharadas de Royal
* 2 tazas de harina integral

* 1/2 taza de mantequilla
* 2 yemas
* Agua la necesaria

Relleno:

* 4 manzanas peladas en rodajas finas
* 3/4 de lata de leche Nestlé
* 1 cucharada de Maicena

* 4 claras de huevo
* 2 yemas
* 1/4 de kg. de queso doble crema
* 25 grs. de nuez

Procedimiento:

Formar un polvorón con los polvos y la mantequilla.

Añadir 1/4 de lata de leche Nestlé, las yemas y si hace falta un poco de agua helada, formar con la raspa una masa tersa.

Extender con el rodillo a formar una tortilla delgada y forrar moldes de pay.

Acomodar en el centro del molde de pay las rebanadas de manzana formando una rosa.

Licuar las claras, yemas, la Maicena, el resto de leche Nestlé y el queso doble crema perfectamente, vaciar al molde bañando las manzanas y espolvorear con nuez picada.

Hornear a calor mediano aproximadamente 40 minutos, sacar y dejar enfriar.

PAY DE CIRUELA PASA

Se siguen las instrucciones de "Pasta básica para pays". Ver receta en el Contenido. El relleno se elabora como sigue:

Ingredientes:

* 1/2 kg. de ciruela pasa
* 1/4 de kg. de nuez picada

* 1 lata chiquita de leche condensada

Procedimiento:

Remojar las ciruelas pasas durante una hora, escurrir, deshuesar y cortar en trocitos.

Mezclar las ciruelas pasas ya cortadas con la nuez picada y la leche condensada.

Vaciar todo esto en el molde donde previamente estará colocada la pasta para el pay. Continuar con las instrucciones de "Pasta básica para pays". Servir frío.

PAY DE CHAMPIÑONES

Seguir las instrucciones de "Pasta básica para pays". Ver receta en el Contenido.
El relleno se elabora como sigue:

Ingredientes:

* 1/2 kg. de champiñones
* 1 cebolla picada
* 50 grs. de mantequilla
* Pimienta molida
* Sal al gusto

Procedimiento:

Lavar los champiñones perfectamente, cortarlos en tiritas.
Sofreír la cebolla en la mantequilla.
Agregar los champiñones, salpimentar y dejar 15 minutos a fuego lento.
Proceder a rellenar el pay y continuar con las instrucciones de "Pasta básica para pays".

PAY DE ESPINACAS

Seguir las instrucciones de "Pasta básica para pays". Ver receta en el Contenido.
El relleno se elabora como sigue:

Ingredientes:

* 1/2 kg. de espinacas
* 1 cebolla mediana picadita
* 2 limones (el jugo)
* 100 grs. de nuez picada

Procedimiento:

Lavar las espinacas perfectamente, cortarlas en trocitos y mezclarlas con los demás ingredientes.
Proceder a rellenar el pay aplastando un poco la espinaca.
Continuar con la receta de "Pasta básica para pays".

PAY DE HUITLACOCHE

Seguir las instrucciones de "Pasta básica para pays". Ver receta en el Contenido. El relleno se elabora como sigue:

Ingredientes:

* 1 kg. de huitlacoche
* 1 cebolla
* 3 dientes de ajo
* 3 ramas de epazote
* Sal al gusto

Procedimiento:

Lavar y rebanar el huitlacoche muy bien, picar finamente la cebolla, el ajo y el epazote. Colocar todo en una cacerola con un chorrito de aceite.
Dejar cocinar tapando a fuego lento sin que se cueza demasiado.
Vaciar al molde donde previamente estará colocada la pasta para el pay.
Continuar con las instrucciones de "Pasta básica para pays". Servir caliente.

PAY DE MANZANA

Seguir las instrucciones de "Pasta básica para pays". Ver receta en el Contenido. El relleno se elabora como sigue:

Ingredientes:

* 1/2 kg. de manzanas
* 1 taza de azúcar
* 1 cucharada de canela molida

Procedimiento:

Pelar y descorazonar las manzanas y cortarlas en medias lunas.
Mezclar el azúcar, la canela y en esto revolcar los gajitos de manzana.
Acomodar en capas directamente sobre el molde donde previamente estará colocada la pasta básica para pays.
Continuar colocando los gajitos de manzana hasta que quede lleno el molde.
Continuar con las instrucciones de "Pasta básica para pays". Servir frío.

PAY DE NUEZ Y DÁTIL

Ingredientes:

* 1 paquete de galletas Marías (molidas)
* 3 huevos
* 1 lata de leche Nestlé
* 1/4 de kg. de nuez picada
* 1/4 de kg. de dátiles picados
* 100 grs. de mantequilla

Procedimiento:

Mezclar las galletas molidas con la mantequilla para formar una pasta y forrar el molde de pay con esta pasta.
Aparte mezclar perfectamente los huevos, la leche Nestlé, las nueces y los dátiles, vaciar al molde de pay y hornear a calor mediano por 25 minutos.

PAY DE PERÓN

Ingredientes:

* 350 grs. de harina integral
* 1 cucharada de Royal
* 50 grs. de harina para reserva blanda

* 150 grs. de mantequilla blanda
* 2 huevos
* 1/2 cucharada de sal

Para el relleno:

* 100 grs. de azúcar
* 1 cucharada de canela molida

* 4 perones grandes
* 1 huevo para barnizar

Procedimiento:

Formar una fuente con la harina y agregar los huevos, amasar con la punta de los dedos e incorporar al mismo tiempo la mantequilla.

Ya que se forma una masa suave y tersa se refrigera por 20 minutos.

Forrar con 3/4 partes de la pasta un molde de pay previamente engrasado, rebanar finamente los perones y poner por capas espolvoreando con el azúcar y la canela encima de la pasta, intercalando trocitos de mantequilla.

Extender el resto de la pasta y cubrir el pay, barnizar con el huevo ligeramente batido y hornear a calor mediano durante 30 minutos.

PAY DE PIÑA

Ingredientes:

* $1^{1/2}$ tazas de harina integral
* 1 huevo
* 3/4 de taza de mantequilla

* 1 cucharada de Royal
* 1/2 taza de azúcar
* 1/2 cucharada de sal

Relleno:

* $2^{1/2}$ tazas de piña finamente picada

* 1/2 taza de agua
* 1 cucharada de Maicena

Procedimiento:

Batir la mantequilla con el azúcar y la sal, incorporar los polvos. Añadir el huevo y un poco de agua, formar una masa suave y si hace falta agregar un poco más de agua.

Extenderla con el rodillo y forrar un molde de pay, previamente engrasado y enharinado, apartando una pequeña porción de la masa.

Rellenar con la piña preparada y ponerle encima tiras en forma de reja para que cubra el relleno.

Hornear a calor mediano durante 35 minutos, si quiere se puede barnizar el enrejado con clara de huevo batido antes de hornear.

Relleno:

Mezclar la Maicena y agua, poner al fuego y dejar hervir 5 minutos moviendo para que no se pegue.

Incorporar la piña y 1/2 vaso de agua, dejar cocer 15 minutos más. Dejar enfriar.

PAY DE QUESO Y FRESAS

Ingredientes:

* 30 galletas Marías molidas
* 100 grs. de mantequilla

Relleno:

* 4 huevos
* 2 quesos crema grandes
  (190 grs. c/u)
* 1/4 de kg. de crema
* 1 lata de leche Nestlé
* 1 cucharada de vainilla

Decorado:

* 1 cucharadita de agar-agar
* 2 cajas de gelatina fresa
* 4 vasos de agua
* 250 grs. de fresas

Procedimiento:

Mezclar las galletas con la mantequilla para formar una pasta que se extenderá sobre el molde para pay previamente engrasado.

Licuar los ingredientes del relleno y vaciar esta mezcla sobre la pasta del pay. Hornear a 300 °C durante 30 minutos.

Dejar enfriar y preparar el decorado como sigue:

Poner el agua en una ollita, vaciar ahí el agar-agar y la gelatina de fresa. Disolverlas y poner al fuego hasta que suelte el hervor. Dejar enfriar y vaciar sobre el pay donde previamente se habrán colocado las fresas ya limpias. Refrigerar.

PAY DE RAJAS CON PAPAS

Seguir las instrucciones de "Pasta básica para pays". Ver receta en el Contenido. El relleno se elabora como sigue:

Ingredientes:

* l/2 kg. de chiles poblanos
* 3 papas
* l/2 cebolla
* l/2 taza de agua
* Aceite una cucharada
* Sal al gusto

Procedimiento:

Lavar, desvenar y cortar los chiles en tiritas. Picar las papas y las cebollas en cuadritos.

Colocar todo en una cacerola. Añadir el aceite, el agua y la sal. Tapar, dejar cocinar a fuego lento hasta que las papas estén casi cocidas.

Vaciar esto en el molde donde previamente estará colocada la pasta para el pay; continuar con las instrucciones de "Pasta básica para pays". Servir caliente.

PAY DE VERDURAS

Se siguen las instrucciones de "Pasta básica para pays". Ver receta en el Contenido. El relleno se elabora como sigue:

Ingredientes:

- ✶ 1 zanahoria
- ✶ 1 calabacita
- ✶ 1 chayote
- ✶ 1 chile poblano
- ✶ 1/2 cebolla
- ✶ 3 dientes de ajo

- ✶ 1 camote chico
- ✶ 1 papa
- ✶ 2 cucharadas de aceite
- ✶ 1/2 taza de agua
- ✶ Sal al gusto

Procedimiento:

Lavar y picar la verdura finamente.

Vaciarla a una cacerola con el aceite, la sal y el agua, tapar y dejar a fuego lento nada más a que sancochen.

Retirar del fuego y verter todo sobre el molde previamente forrado con la pasta de pay.

Esta lista de verduras es nada más que una sugerencia, pues usted puede variarlas obteniendo así sabores diferentes cada vez.

PAY GELATINA DE NARANJA

Ingredientes:

- ✶ 1/2 paquete de galletas Marías bien molidas
- ✶ 1/2 taza de mantequilla diluida
- ✶ 1 taza de agua

- ✶ 1 paquete de gelatina agar-agar de naranja
- ✶ 1 lata de leche evaporada

Procedimiento:

Mezclar las galletas molidas con la mantequilla diluida y amasar hasta formar una pasta.

Disolver la gelatina en el agua hirviendo, esperar a que empiece a cuajar para después batirla con la leche hasta que haga espuma.

Vaciar a un platón forrado con la pasta de galletas y mantequilla, y refrigerar hasta que cuaje.

POLVORONES DE NATA

Ingredientes:

* 300 grs. de nata
* 200 grs. de azúcar
* 1 taza de aceite

* 1 cucharada de canela en polvo
* 1 cucharada de Royal
* Harina integral la necesaria

Procedimiento:

Batir la nata con el azúcar, e incorporar la canela y el aceite poco a poco, junto con el Royal.

Ya que se forme una crema espesa, añadir la harina necesaria para dar consistencia a la pasta.

Formar los polvorones y colocarlos en láminas engrasadas, hornear a 250 °C hasta que doren y retirar del horno inmediatamente para evitar que se pongan duros.

PUDÍN INGLÉS DE MANZANA

Ingredientes:

* 4 manzanas
* 300 grs. de pan inglés
* 225 grs. de azúcar
* 150 grs. de mantequilla
* 5 huevos

* 100 grs. de pasas
* 1/4 de lt. de leche
* 1 limón
* 1 cucharadita de canela en polvo

Salsa:

* 200 grs. de azúcar
* 75 grs. de mantequilla
* 4 yemas

* 1/4 de lt. de agua
* Una pizca de nuez moscada

Procedimiento:

Pelar y picar las manzanas en cuadritos, mezclarlas con la mitad del azúcar, la canela, la raspadura del limón, las pasas y el pan cortado en cuadritos.

Batir la mantequilla con el azúcar restante, agregar las yemas una por una y luego la mezcla anterior, enseguida la leche y por último las claras batidas a punto de turrón.

Vaciar a un molde engrasado, forrado de papel estraza y vuelto a engrasar sobre el papel.

Cocer al horno en baño María a 200 grados durante una hora.

Vaciar a un platón, quitar el papel y cubrir con la salsa.

Se puede servir caliente o frío.

Preparar la salsa batiendo la mantequilla con el azúcar, agregar las yemas una a una.

Incorporar bien, agregar el agua hirviendo y poner a fuego suave sin dejar de mover.

Cuando espese bastante retirar del fuego y agregar la nuez moscada.

Rosca real

Ingredientes:

* 150 grs. de harina integral
* 100 grs. de mantequilla
* 4 huevos

* 2 yemas
* 1/4 de lt. de agua

Relleno:

* 200 grs. de mermelada de chabacano
* 1 clara

* 3 cucharadas de crema
* 50 grs. de azúcar glass

Procedimiento:

Poner al fuego el agua y la mantequilla, al soltar el hervor, agregar la harina, mezclando bien.

Dejar al fuego suave hasta que forme una bola compacta.

Retirar del fuego, dejar enfriar 20 minutos y enseguida ir agregando los huevos uno a uno, lo mismo que las yemas mezclando todo perfectamente.

Extender sobre una charola engrasada, formando una rosca.

Hornear durante 20 minutos a 200 °C.

Ya fría se parte a la mitad, se rellena y se espolvorea con el azúcar glass.

El relleno se prepara batiendo la clara a punto de turrón, enseguida se mezcla con la mermelada y la crema.

STRUDEL DE FRUTAS VIENÉS

Ingredientes:

* 20 grs. de levadura comprimida (una cucharada)
* 1/4 de taza de agua tibia
* 2 tazas de harina integral
* 2 cucharadas de azúcar

* 2 huevos ligeramente batidos (por separado yema y clara)
* 1/4 de taza de leche
* 1 barra de mantequilla ablandada
* 1/2 cucharada de sal

Relleno:

* 100 grs. de nueces picadas
* 100 grs. de pasas
* 100 grs. de acitrón, en tiritas
* 100 grs. de higo seco picadito

* 100 grs. de ciruela pasa deshuesada
* 1/2 taza de azúcar
* 1 cucharada de canela

Procedimiento:

Disolver la levadura en 1/4 de taza de agua tibia y una cucharada de azúcar.

Revolver la harina con la sal y el azúcar restante, colocar la masa en una tabla de amasar.

Agregar la mantequilla y revolver con la punta de los dedos a que la masa esté grumosita.

Añadir las yemas, la leche y la levadura disuelta, revolver bien y amasar unos minutos sobre la mesa hasta que la pasta quede unida y no se pegue al golpearse.

Poner la masa sobre un plato y dejar que repose en un lugar tibio o en el sol (tapada con una servilleta).

Dividir la masa en dos partes y extender con el rodillo, formar dos rectángulos de 30 centímetros de largo por 15 de ancho.

Mezclar todos los ingredientes del relleno y rellenar los dos rectángulos dejando dos centímetros de margen en cada lado.

Enrollar en forma de niño envuelto, dejando la línea de unión hacia abajo.

Colocar los rollos en una charola engrasada y untándolos con claras batidas con azúcar.

Hornearlos a calor mediano aproximadamente 20 minutos a que dore.

NOTA: Se puede rellenar con manzanas peladas y cortadas en gajitos que se revuelcan en azúcar (una taza) y canela (una cucharada).

TORTA DE CALABAZA

Ingredientes:

* 1 taza de azúcar
* 1 taza de calabacitas en crudo ralladas
* 1 taza de harina integral
* 1 cucharada de Royal

* 100 grs. de mantequilla blanda
* 3 huevos
* Pan molido el necesario
* Una pizca de sal

Procedimiento:

Batir la mantequilla con el azúcar y una vez esponjada se le añaden las calabacitas ralladas mezclando muy bien. Incorporar los huevos enteros, la harina previamente mezclada con la sal y el Royal.

Vaciar a un molde untado con mantequilla y espolvorear con el pan molido. Meter al horno durante 20 minutos a 300 °C.

TRONQUITOS

Ingredientes:

* 1 kg. de harina
* 250 grs. de mantequilla
* 250 grs. de manteca vegetal
* 2 huevos

* 100 grs. de azúcar morena o mascabado
* Leche necesaria para amasar
* Relleno de ate al gusto

Procedimiento:

Hacer una fuente con la harina, juntar las dos grasas, el Royal y el huevo. Amasar con palitos o tenedores. La masa queda un poco chiclosa.

Meterla media hora al refrigerador.

Después extenderla con el rodillo y cortarla en cuadritos que se rellenan con ate, enrollarla en forma de tronquitos.

Barnizarla con huevo y espolvorearla con azúcar. Hornear a 250 °C de 30 a 40 minutos.

BEBIDAS

BEBIDAS

ATOLE DE SOYA CON FRUTAS	* LECHE DE SOYA (VER CONTENIDO)
BEBIDA DE FRUTAS	* PONCHE DE FRUTAS
BEBIDA DE FRUTAS SECAS	* PONCHE NAVIDEÑO
CAFÉ DE SOYA	* PONCHE ROMANO
CONGA	* REFRESCO DE CEBADA
CHAMPURRADO DE SOYA	* REFRESCO DE MENTA
EMOLIENTE	* REFRESCO DE SOYA
FRUTILECHE	* REFRESCO SONROSADO
HORCHATA COMBINADA	* ROMPOPE
JUGO DE FRUTAS CON	* ROMPOPE DE LIMÓN
PEREJIL	* ROMPOPE RÁPIDO

411

ATOLE DE SOYA CON FRUTAS

Ingredientes:

* 1/4 de kg. de soya germinada
* 1/2 kg. de fruta; fresa, piña o guayaba
* 2 lts. de agua
* 1 raja de canela (opcional)
* Piloncillo o azúcar mascabado al gusto

Procedimiento:

Licuar perfectamente el germinado y la fruta en un litro de agua.
Aparte poner a hervir el resto del agua con la canela y cuando suelte el hervor, agregar el licuado anterior. Endulzar al gusto y dejar a fuego lento a que hierva durante unos minutos.
Servir frío o caliente.

BEBIDA DE FRUTAS

Ingredientes:

* 1 kg. de su fruta predilecta
* 100 grs. de dátiles
* 1/2 lt. de agua o más
* Azúcar o miel si se desea
* Canela en polvo

Procedimiento:

Licuar perfectamente todos los ingredientes y colarlos.
Añadir el agua necesaria según se desee de espeso. Endulzar si se requiere.
Esta bebida es muy digestiva, laxante y nutritiva, puede prepararla con una fruta diferente cada día.
(Papaya, manzana, mango, mamey, fresas, melón, etc.)

BEBIDA DE FRUTAS SECAS

Ingredientes:

* 1/4 de kg. de higos secos
* 1/4 de kg. de ciruelas pasas
* Miel de abeja al gusto

Procedimiento:

Lavar y remojar las frutas durante 2 horas. Deshuesar las ciruelas pasas y licuar con el resto de los ingredientes en el agua donde se remojaron.
Servir bien fría.
Esta bebida además de ser deliciosa, de buen gusto y muy refrescante, es laxante y muy estomacal.

CAFÉ DE SOYA

Ingredientes:

* Frijol de soya al gusto
* Azúcar
* Agua o leche al gusto

Procedimiento:

Poner a tostar el frijol que desee en el comal o tostador, dándole el dorado que guste, si quiere antes de retirar del calor espolvoréele un poco de azúcar.
Moler en la licuadora y después, emplear de la misma forma que el café común y corriente.
Servir solo o con leche según el gusto.

CONGA

Ingredientes:

* 1 taza de jugo de piña
* 1 taza de jugo de naranja
* 1 taza de puré de papaya
* 1 taza de puré de fresas
* 1 taza de puré de melocotones
* 1 taza de puré de mango
* 4 tazas de agua
* 1/2 taza de gajos de naranja picados
* 1/2 taza de piña picada
* 1/2 taza de papaya picada
* 1/2 taza de fresas picadas por la mitad
* 1/2 taza de melocotones picados
* 1/2 taza de mango picado
* 1/2 taza de nuez picada
* 1/2 taza de pasas
* Miel de abeja al gusto
* Cubitos de hielo al gusto

Procedimiento:

Mezclar todos los ingredientes, endulzar al gusto y servir con cubitos de hielo al gusto.

CHAMPURRADO DE SOYA

Ingredientes:

* 1/4 de kg. de frijol de soya
* 400 grs. de masa de maíz
* 30 grs. de cocoa

* 4 lts. de agua
* Piloncillo al gusto
* Canela al gusto

Procedimiento:

Poner a tostar el frijol en una sartén o comal, dándole un dorado medio. Después, moler perfectamente en seco en la licuadora y disolver junto con la masa en 2 litros de agua.

Aparte en una olla grande, poner a hervir los 2 litros de agua restantes con el piloncillo y la canela.

Cuando suelte el hervor, añadir el líquido anterior con la masa y el frijol ya bien disueltos, dejar hervir 10 minutos moviendo constantemente para que no se pegue.

Por último agregar la cocoa previamente disuelta en un poco de agua y dejar hervir nuevamente durante 3 minutos.

EMOLIENTE (bebida peruana)

Ingredientes para 5 litros:

* 1/4 de kg. de cebada
* 75 grs. de linaza
* 1 zanahoria
* 1 manzana
* 3 ramitas de llantén o diente de león
* 3 ramitas de cola de caballo

* 3 ramitas de boldo
* 3 ramitas de manzanilla
* 3 ramitas de hierbaluisa
* 1 rebanada de piña (con todo y cáscara)
* Jugo de limón al gusto
* Azúcar o miel al gusto

Procedimiento:

Tostar la cebada hasta darle un color amarillo, ponerla a hervir junto con la linaza en 5 litros de agua durante una hora.

Enseguida, agregar las hierbas, la piña, la zanahoria y la manzana.

Dejar hervir 10 minutos más y dejar reposar por 20 minutos. Colar y servir endulzada con miel o azúcar al gusto.

Puede servirse fría o caliente.

Es una bebida muy refrescante además de ser diurética y laxante.

414

FRUTILECHE

Ingredientes:

* 1 taza de fresas
* 2 plátanos
* 2 duraznos

* 1/2 taza de azúcar
* 1 lt. de leche
* Canela al gusto (en polvo)

Procedimiento:

Desinfectar perfectamente las fresas, lavar muy bien los duraznos y deshuesarlos. Licuar las frutas con un poco de leche, vaciar a una jarra e incorporar la leche. Endulzar y servir espolvoreando un poco de canela.

HORCHATA COMBINADA

Ingredientes:

* 1/2 taza de almendras
* 4 tazas de leche fría
* 1 melón mediano

* 8 cucharadas de azúcar
* Hielo al gusto (picado)

Procedimiento:

Para quitarle la cascarita a las almendras hay que remojarlas en agua caliente durante 15 minutos; pelar y quitarle las semillas al melón y ponerlo en la licuadora junto con el resto de los ingredientes.
Servir con hielo.

JUGO DE FRUTAS CON PEREJIL

Ingredientes:

* 2 tazas de jugo de naranja
* 3/4 de taza de jugo de limón
* 6 cucharadas de perejil picado

Procedimiento:

Después de haber exprimido el jugo de ambos cítricos, mezclar los ingredientes perfectamente.
Servir acompañado de cubitos de hielo al gusto.

Ponche de Frutas

Ingredientes:

* 20 tejocotes
* 1/2 kg. de guayabas
* 1 raja grande de canela
* 100 grs. de ciruelas pasas
* 125 grs. de pasas

* 2 rebanadas de piña
* 25 grs. de flor de jamaica
* 25 grs. de tamarindo
* 1/2 lt. de jugo de caña

Procedimiento:

Cocer ligeramente los tejocotes y pelarlos.

Hervir el resto de ingredientes a excepción del jugo de caña y el azúcar.

Preparar un caramelo con el azúcar y agregarlo a lo anterior. Retirar del fuego y agregar el jugo.

Ponche Navideño (40 personas)

Ingredientes:

* 1 kg. de tejocote
* 1 kg. de guayaba
* 125 grs. de jamaica
* 1/2 kg. de tamarindo

* 3/4 de kg. de ciruela pasa
* 200 grs. de pasitas
* 1/4 de kg. de nuez picada
* Azúcar al gusto

Procedimiento:

Remojar en agua caliente la jamaica desde la noche anterior, al igual que los tamarindos ya pelados.

Exprimir el tamarindo y la jamaica y poner a hervir el jugo de ambos.

Aparte, hervir el bagazo de la jamaica y después licuarlo, colarlo y añadirlo al jugo anterior.

Partir la guayaba por la mitad y descorazonarla, hacer lo mismo con el tejocote y deshuesar las ciruelas pasas.

Cocer los corazones del tejocote y la pulpa de la guayaba, licuarlos y vaciar ya colada en la misma olla donde estén los otros jugos.

Aparte, poner a cocer las guayabas ya despulpadas, las ciruelas ya deshuesadas y las 3/4 partes de tejocotes. Ya cocidas, licuar y vaciar sin colar a la misma olla donde estén los jugos.

Cocer la cuarta parte que quedó de los tejocotes en trocitos con las pasitas y posteriormente vaciar a la olla así enteros.

Añadir el azúcar hasta el final y al servir en cada taza se espolvorea una cucharadita de nuez picada.

PONCHE ROMANO

Ingredientes:

- * 6 naranjas
- * 2 limones
- * 1/2 kg. de azúcar
- * 1/2 lt. de agua

- * 20 clavos
- * 1 raja de canela
- * 3 claras de huevo

Procedimiento:

Poner al fuego el azúcar, clavos y canela. Dejar hervir durante 2 minutos, retirar y agregar la cáscara de naranjas y del limón. Tapar y dejar reposar durante 2 horas.

Agregar después el jugo de las 6 naranjas y los 2 limones. Colar y poner en el congelador. Cuando empieza a cuajar se le agregan las claras batidas a punto de turrón, se mezcla muy bien y se refrigera.

REFRESCO DE CEBADA

Ingredientes:

- * 2 lts. de agua
- * 2 cucharadas de cebada
- * 1 raja de canela

- * 1 limón verde
- * Azúcar morena al gusto
- * Hielo si se quiere

Procedimiento:

Poner al fuego un litro de agua con la canela y la cáscara del limón. Cuando suelte el hervor, agregar la cebada y dejar cocer por 30 minutos.

Retirar del fuego y pasar por una coladera, agregar el otro litro de agua y endulzar al gusto.

Por último añadir cubitos de hielo.

REFRESCO DE MENTA

Ingredientes:

- * 1/4 de taza de menta picada
- * 1 cucharada de azúcar
- * 2/3 de taza de agua hirviendo
- * 1 naranja (el jugo)
- * 1 limón (el jugo)

- * 1 taza de agua mineral
- * Cubos de hielo al gusto
- * Ramitas de menta fresca para adornar

Procedimiento:

Mezclar en el agua hirviendo la menta picadita junto con el azúcar, dejar enfriar y añadir los jugos.

Refrigerar durante 2 horas, colar y agregar el resto de los ingredientes. Servir adornando con una ramita de menta.

REFRESCO DE SOYA

Ingredientes:

* 3 lts. de leche de soya (helada)
* 3 lts. de agua
* 50 grs. de avena
* 1/2 kg. de papaya (licuada)
* Azúcar al gusto

Procedimiento:

Remojar la avena en los tres litros de agua durante tres horas y media, enseguida, colar y mezclar con la leche helada.
Endulzar al gusto y añadir la papaya bien molida.

REFRESCO SONROSADO

Ingredientes:

* 1 lt. de agua de jamaica o de tamarindo
* 1 raja de canela
* 1/4 de kg. de fresas
* Azúcar al gusto
* Hielos al gusto

Procedimiento:

Licuar las fresas previamente desinfectadas con una taza de jamaica o tamarindo. Mezclar con el resto de los ingredientes, endulzar y servir.

ROMPOPE

Ingredientes:

* 2 lts. de leche
* 6 yemas de huevo
* 3 cucharadas de Maicena
* 1/8 de taza de alcohol
* 100 grs. de almendras peladas y molidas
* 1/4 de cucharadita de nuez moscada
* 1 raja de canela
* Azúcar al gusto

Procedimiento:

Apartar una taza de leche y hervir el resto con la canela y el azúcar.
Aparte, licuar la taza de leche con las yemas y la Maicena, y vaciar esto poco a poco. Cuando la leche que está en la lumbre, suelte el hervor, mover constantemente hasta que espese.
Remojar la nuez moscada en el alcohol dejándola tapada en reposo durante 2 o 3 horas. Colarla y vaciarla al rompope cuando esté frío.
Refrigerar. Servir frío espolvoreando encima la almendra molida.

ROMPOPE DE LIMÓN

Ingredientes:

* 1/2 taza de leche en polvo
* 3 tazas de leche
* 1 limón mediano (el jugo)
* 2 huevos
* Canela en polvo al gusto
* Miel al gusto

Procedimiento:

Batir perfectamente el jugo de limón, las yemas, una cucharada de miel y por último las leches, sin dejar de batir.

Calentar esta mezcla a fuego lento y retirar antes de que suelte el hervor.

Aparte, batir las claras de huevo a punto de turrón, agregándole poco a poco la miel al gusto, e incorporar esto a lo anterior, mezclando perfectamente. Servir espolvoreando la canela molida al gusto.

ROMPOPE RÁPIDO

Ingredientes:

* 1 lata de leche condensada helada
* 1 lata de leche evaporada helada
* 5 yemas de huevo
* 3 cucharadas de canela molida
* Una pizca de color vegetal amarillo (opcional)

Procedimiento:

Batir todos los ingredientes en la licuadora con sólo media cucharada de canela molida.

Colar y vaciar a vasitos o copas, servir espolvoreando con el resto de la canela.

CONSEJOS PRÁCTICOS

Cómo escaldar las verduras

Hervir el agua necesaria según la cantidad de verduras a escaldar.

En el caso de la col, la coliflor u otras verduras de olor fuerte, se puede agregar al agua una pizca de anís, un trozo de cebolla, etc.

Cuando el agua suelta el hervor agregar las verduras ya bien lavadas y apagar el fuego.

Dejar reposar durante 10 minutos a las que son muy duras; durante 5 minutos a las semiduras y de entrada por salida a las verduras de hoja o a las que son muy suaves.

Escurrir y utilizar según se desee.

Cómo hidratar la carne de soya

La carne de soya se compra texturizada en las tiendas de nutrición o supermercados. Viene en diferentes presentaciones: picadillo, trozos y tartaletas, según el platillo que se vaya a preparar y adicionada con sabores o al natural.

Para hidratar la carne de soya se pone a hervir el agua necesaria de acuerdo a la cantidad de carne. Se agregan hierbas de olor, ajo, cebolla y cualquier condimento que se desee.

Cuando el agua suelte el hervor, se agrega la carne y se deja hervir durante 15 minutos. Esto además de hidratarla ayuda a que su digestión sea más fácil.

Enseguida se escurre, se deja enfriar y se exprime perfectamente con ambas manos.

Se procede a preparar la carne de soya según la receta que seleccione.

Cómo lavar y desparasitar las verduras

Para este propósito nos serán de gran utilidad en la cocina, tres tipos diferentes de cepillos: uno suave, uno semiduro y uno duro.

Con éstos podemos lavar perfectamente las verduras dependiendo de su consistencia, suaves como las de hoja, duras como los tubérculos.

Aquellas que se van a comer con todo y corteza (que es lo ideal, pues recuerde que muchas de ellas tienen precisamente debajo de ésta, la mayoría de sus nutrientes) deberán lavarse perfectamente antes de cocerse.

Las que se van a comer crudas, como las verduras de hoja, además de lavarse perfectamente deberán también desparasitarse de la siguiente manera:

Poner en un traste hondo el agua necesaria para cubrir las verduras.

Agregar una cucharadita de sal de mar por cada litro de agua. Dejar que se disuelva y proceder a colocar las verduras que se dejarán reposando de 10 a 15 minutos como máximo.

La sal ejerce sobre las células una presión osmótica que destruye huevecillos y parásitos pero también puede destruir vitaminas y minerales, de ahí que no debe excederse el tiempo de desparasitación.

Una vez transcurrido este tiempo escurrir la verdura y proceder a enjuagarla perfectamente, de preferencia bajo el chorro de agua para que por la acción mecánica de ésta se eliminen los restos de huevecillos y parásitos, quedando perfectamente limpia la verdura.

Si queremos dar un toque crujiente a nuestras ensaladas, debemos refrigerarlas por media hora mínimo antes de servirlas.

También se aconseja cortar las verduras de hoja de preferencia con los dedos para evitar así su oxidación.

CÓMO LIMPIAR TRASTOS DE COBRE

Se pone la cacerola o sartén a fuego suave.

Se frota por dentro con medio limón y un poco de sal gruesa. Se continúa frotando con la otra mitad del limón hasta que quede la cazuela completamente brillante.

Se retira del fuego, se lava bien con agua y jabón y está lista para utilizarse.

CÓMO PREPARAR ACEITE DE AJOS

Ingredientes:

* ☆ 1/4 de kg. de ajos
* ☆ 3/4 de lt. de aceite de preferencia de girasol o de maíz

Procedimiento:

Licuar los ingredientes al máximo y verterlos sin colar en un frasco, taparlo y dejarlo reposar 15 días.
Se usa para guisados o bien para aderezar ensaladas.

Cómo preparar aceite de oliva

Ingredientes:

* ✱ 3/4 de lt. de aceite de cocina (girasol, maíz, soya, cártamo)
* ✱ 1/4 de kg. de aceitunas de barril

Procedimiento:

Machacar un poco las aceitunas para que suelten su aceite y sabor, vaciarlas a un frasco de vidrio junto con el aceite; tapar y macerar durante 30 días, y listo. Es un aceite exquisito para aderezar ensaladas, etc.

Cómo preparar royal

Ingredientes:

* ✱ 100 grs. de Maicena
* ✱ 100 grs. de bicarbonato
* ✱ 50 grs. de ácido tartárico

Procedimiento:

Mezclar los ingredientes perfectamente y cernir por 6 veces. Envasar posteriormente.

Cómo preparar vinagre de manzana

Ingredientes:

* ✱ 1 lt. de agua
* ✱ 1 pieza de piloncillo
* ✱ 1 manzana grande rallada

Procedimiento:

Cortar en trozos pequeños el piloncillo, vaciar todos los ingredientes a un frasco de vidrio y tapar con un pedazo de tela para que transpire. Dejar macerar durante ocho días y colar. Refrigerar después.

BIBLIOGRAFÍA

(1) *Dietas para la Salud*
Dra. Frances More Lappé,
Editorial Bruguera, 1979.

(2) *Emilio o la Educación*
Libro Segundo
Jean Jacobo Rousseau (págs. 103,
104 y 105).

(3) *Valor Nutritivo de los Alimentos Mexicanos*
Mercedes Hernández, et al.
Instituto Nacional de la Nutrición
México, 1983.

(4) *Bioquímica*
Albert Lehninger, Cap. 13
Worth Publishers Inc.
Barcelona, 1983.

(5) *Recomendaciones de Nutrimentos para la Población Mexicana*
Dr. Héctor Bourges R.
Cuadernos de Nutrición No. 4
págs. 273-274
México, 1976.

(6) *How to Get Well*
Dr. Paavo Airola Ph.D., N.D.
Health Plus, Publishers
Arizona, 1974, USA.

(7) *Alimentación y Nutrición*
Dr. Héctor Bourges R.
Cuadernos de Nutrición No. 4
pág. 275
México, 1976.

(8) *Martin E. A. Nutrition in Action*
Martin, E. A.
Holt, Rinehart and Winston,
págs. 56-71.
New York, 1974.

(9) *Natural Health, A Modern Aproach*
Ing. Francisco Chávez M.
págs. 192-194.
Chicago, Ill. 1982.

(10) *Composición de los Alimentos*
Manual de Agricultura No. 8
USDA.

(11) *Diet and Nutrition*, Cap. 4
Rudolph Ballentine, M.D.
The Himalayan International Institute
Honesdale Pennsylvania, 1978.

(12) *Nuevos conceptos para comer mejor*
Lic. Alejandra M. Sosa, et al.
Instituto Nacional de la Nutrición
México, 1984.

(13) *Nutrition Concepts and Controversies*
Whitney, E. N.
West Publishing C.,
Minnesota, 1982.

(14) *The Handy Five Food Guide*
Janice M. Dodds
Department of Nutrition Education,
Teachers College
Columbia University, New York.

(15) *Misiones Culturales*, SEP
México, 1954.

ESTA EDICIÓN DE 2 000 EJEMPLARES SE TERMINÓ
DE IMPRIMIR EL 23 DE JUNIO DE 1995 EN LOS
TALLERES DE LITOGRÁFICA INGRAMEX, S.A.
CENTENO 162, COL. GRANJAS ESMERALDA
09810 MÉXICO, D.F.